# 불교공동체와 계율

# 불교공동체와 계율

신성현 지음

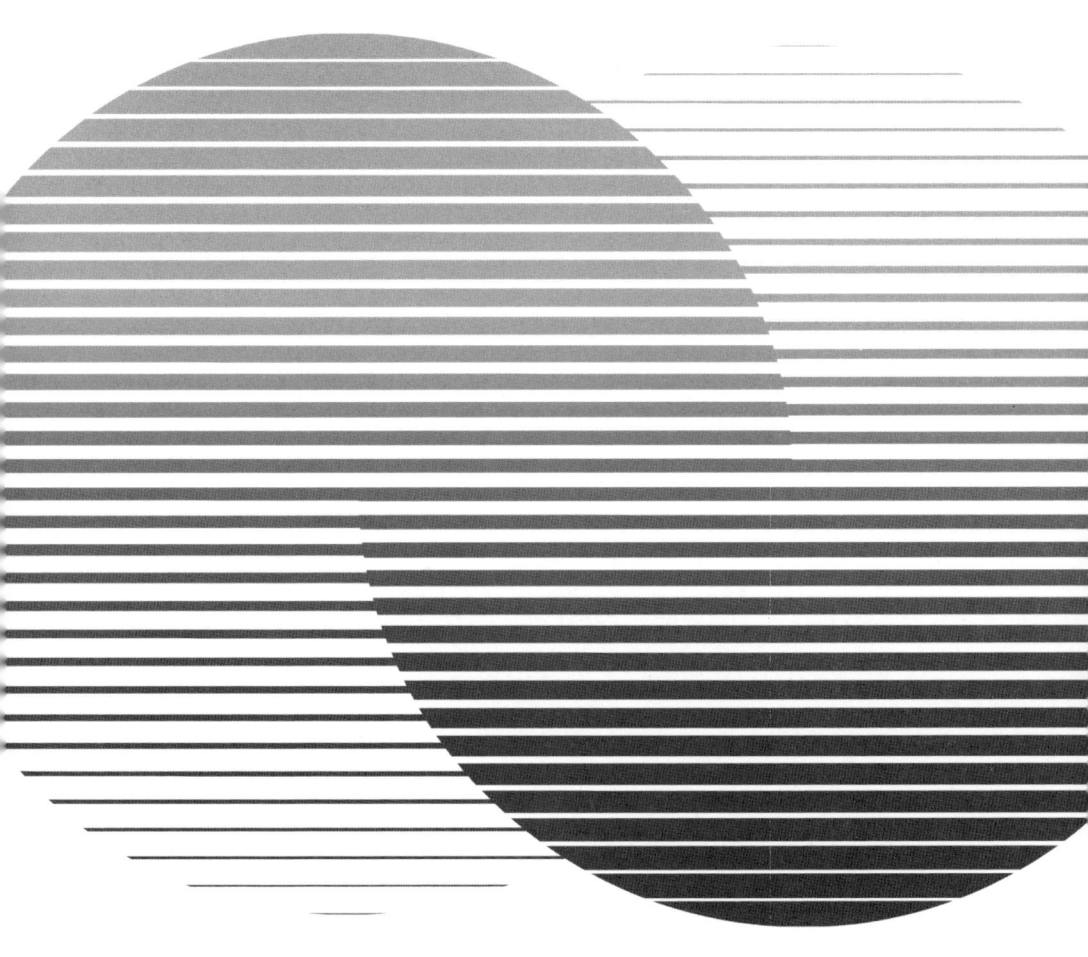

여래

## 인사말

나는 거의 매일 한강공원을 걷는다. 한강과 어우러져 조성된 공원은 시민들을 위해 잘 정리되고 꾸며져 있기에 걷기에 제격이다. 걷는 일은 나에게 중요한 일과이자 명상의 시간이기도 하다. 하지만 걷다보면 옆의 자전거 도로에서 경주하듯 달리는 자전거 무리에 위협을 느끼곤 한다. 오히려 20km 이상 제한 표지판 앞에서는 더 무섭게 속도를 낸다.

공원입구 경사로에는 "자전거는 끌고 가라"는 표시판이 있지만 그 경고가 무색할 정도로 자전거를 끌고 가는 사람은 거의 드물다. 왜 사람들은 법으로 규제하지 않으면 말을 들으려 하지 않을까? 인간에게 룰(rule)을 지키는 일은 교양과 상식 같은 것이다. 인간의 본성이 이럴진대 어찌 만사를 법으로만 다스릴 수 있겠는가?

사실 알고 보면 과거로부터 오늘날에 이르기까지 인간은 얼마나 도덕적이고 윤리적이었는가를 거론하기에 앞서 비상식적이고 비교양적인 존재였다. 나의 부친은 8·15 광복 이후 군대에 입대하였는데, 당시 신병들이 기본적인 일상규칙도 제대로 몰라 대중과 식사하는 법, 세수하는 법, 용변 보는 법 등 일거수일투족 하나하나 다시 교육시켜야 했다고 한다. 그들은 농사를 짓다가 군대에 징집되어 왔으며 초등학교조차 다니지 못한 사람이 대부분이었다. 불과 70~80여 년 전의 일도 이러한데, 2500여 년 전 붓다 재세 당시의 상황이 어찌했는가는 어렵지 않게 짐작될 것이다.

붓다의 시대는 문명(civilization)의 변환기였다. 국가의 형태가 갖추어지기 시작하였고 상공업이 점차 발달하는 등, 정치·사회·경제·문화 여러 방면에서 변이가 일어났던 시기였다. 그러면서 바라문 종교와 베다 성전을 전면적으로 부정하는 육사외도 등 자유로운 사상가도 등장하였다. 붓다는 이런 문명의 전환기에 새로운 패러다임을 제시하였다. 인간을 비윤리에서 윤리로, 반지성에서 지성의 존재로 전환시켰다. 또한 인간은 궁극적인 목적인 해탈·열반을 지향할 때 완전한 삶을 누릴 수 있다는 진리의 세계를 가르치셨다. 이를 위해 붓다는 공동체를 만드셨고, 우리는 그것을 교단 또는 승가라고 부른다.

교단은 재가자 교단과 출가자 교단의 이중구조로 조직된다. 붓다는 재가자에게는 출가자에 대한 보시를, 출가자에게는 재가자에 대한 전법을 강조하셨다. 재가자에게는 오계와 팔재계를, 출가자에게는 구족계를 지키게 하여 자신과 교단을 잘 다스릴 수 있는 매뉴얼(manual)을 구축하셨다. 그리고 이러한 내용은 율장이라고 불리는 문헌에 고스란히 나타난다.

율장은 크게 두 부분으로 구성되어 있다. 경분별부에서는 출가자가 지켜야 하는 바라제목차를 설명하고, 건도부는 출가자 전원이 참여해야 하는 포살, 갈마 등 의식을 설명하는 내용이 중심을 이룬다. 즉 율장은 불교교단의 조직과 구성원, 구성원의 일상다반사 등 다양한 내용을 담고 있는 귀중한 자료집이다. 그레고리 쇼펜(Gregory Schopen)의 근본설일체유부율에 대한 연구가 더욱 관심을 끄는 것은 이러한 이유에 기인할 것이다. 그래서 나는 평소 율장이라는 문헌이 엄청난 보고(寶庫)라고 생각하여 깊은 관심을 가져왔다.

율장의 교리 용어는 경전의 용어와는 다르다. 경전을 아무리 잘 해석하여도 율장의 용어, 개념을 모르면 정확히 이해할 수 없다. 이는 율장에 대한 단어 하나하나를 정확히 공부해야 가능하다. 지금도 마찬가지이지만 나의 대학원 수학시절에는 율장 연구자가 거의 없었다. 나는 큰 연구 성과를 거두지 못하였지만 율장의 연구에 관심 갖고 지속한 것만으로 자족하고 싶다.

나는 오늘날 한국에서 불교가 오히려 과거보다 후퇴하는 경향을 띠는 것은 그 동안 율장에 대한 새로운 이해가 부재하기 때문이라고 생각한다. 그동안 율장에서 설명되는 포살, 자자 등 용어 하나하나에 주목하고 관심을 가져왔으며 또한 현대사회에 맞도록 새롭게 이해하고 해석해야 한다고 생각해 왔다. 그렇게 해야 한국에서 불교가 문화를 주도할 수 있으리라고 믿기 때문이다.

예를 들면 사찰음식은 사찰이라는 공간을 넘어 일상의 식탁에도 스며들어야 하고, 템플스테이는 더 보편화 되어야 하며, 불교에 대한 차원 높은 이야기가 우리들의 대화 주제가 되어야 한다고 생각한다. 예전에 대만 불광산사를 방문하였다가 사찰 안에 호텔 레스토랑, 스타벅스, 심지어 결혼식장까지 있는 것을 보고 대만불교의 대중화에 놀란 적이 있다. 베트남에서는 불교의 영향으로 한 달에 한 번은 육식을 하지 않는 것이 유행한다는 뉴스도 그러하다. 이처럼 불교가 현실과 조화되어야 한다.

우리도 한 달에 한번 정도는 육식을 피하고, 술을 마시지 않으며, 이와 더불어 결혼식 등 문화행사가 사찰에서 진행되길 바란다. 그리고 이러한 콘텐츠의 개발에는 율장이라는 문헌을 재해석함으로써 가능하다고 생각한다. 율장은 시대현실에 맞게 규정을 새롭게 적용시켜왔기 때문이다. 오늘의 대중은 무명 속에서 답을 구하고 있다. 사찰에서 답을 찾지만 정작 불상은 침묵하고 있는 것이 오늘의 현실이니 답답하다.

필자는 불교학자로서 이러한 현실을 인식하고 그에 대한 답을 찾고자 불교교단과 계율에 대한 연구를 지속하였다.

본 저서는 필자가 지난 30여 년간 발표한 계율과 교단에 관한 논문들 가운데 가려 뽑은 10편의 논문이다. 붓다의 가르침이 탁월하다 할지라도 계율과 교단이 없었다면 불교라는 종교는 이미 사라졌을 것이다. 붓다는 이미 완벽한 계율과 교단을 재세 시에 제정하고 시설하셨다. 즉 그는 성도 직후 계율과 교단을 기획하고 설계하신 것이라 생각한다. 다른 종교는 오랜 시간을 걸쳐 규율과 교단을 절차적으로 완성시켜가지만 붓다는 이미 재세 시에 이를 완성시켰던 것이다. 완벽한 계율과 교단을 구축하였기에 붓다 당시나 입멸 이후에도 구성원 서로간의 쟁론은 있었지만 전쟁은 없었다.

본 저서는 초기불교, 대승불교, 그리고 동아시아와 한국에서의 계율 정신과 어떻게 교단이 변용되었는가를 살펴볼 수 있다. 이를 통하여 불교의 속살이 아닌 그 외형적인 특징을 발견할 수 있을 것이다. 더불어 붓다와 그 제자들이 정법을 홍포하고 발전 유지하기 위한 노력들도 살펴볼 수 있을 것이다.

동국대학교 불교대학 불교학부 정년을 앞두고 있으니 생각들이 앞을 가린다. 지난 30여 년 동안 작성했던 논문을 묶어 책으로 엮자니 여러 상념들이 번뇌가 되었다. 언제 다시 사람 몸 받고 부처님 법 만나 이 몸 제도할까? 용수보살은 중론을 쓰고 앞에 귀경게를 붙였다. 나도 "모든 인연법을 설하여 주신 부처님께 귀의합니다"라는 말로 마무리 하려고 한다.

마지막으로 금생에 사제 간의 인연을 맺은 사랑하는 제자들에게 감사하는 말을 전하고 싶다.

# 목차

- 인사말 _ 004
- 목차 _ 010

## 제1부 초기불교의 계율과 교단

### 제1장 승가갈마를 통해 본 재가와 출가의 관계
- Ⅰ. 들어가는 말 ———————————————— 019
- Ⅱ. 출가와 재가의 정의 ————————————— 021
- Ⅲ. 재가자의 출가자에 대한 의무 ————————— 023
- Ⅳ. 출가자와 재가자의 관계 ——————————— 030
- Ⅴ. 갈마를 통해 본 출가자와 재가자 ——————— 033
  1. 의지갈마 ——————————————————— 033
  2. 구출갈마 ——————————————————— 034
  3. 하의갈마 ——————————————————— 036
  4. 복발갈마 ——————————————————— 037
  5. 학가갈마 ——————————————————— 039
- Ⅵ. 나오는 말 ————————————————— 040

제2장 초기불교 승가에서 화상과 제자의 관계
 Ⅰ. 들어가는 말 ·········· 043
 Ⅱ. 화상제도의 성립 ·········· 045
 Ⅲ. 화상의 자격 ·········· 056
 Ⅳ. 화상법과 제자법 ·········· 063
  1. 화상법 ·········· 064
  2. 제자법 ·········· 068
 Ⅴ. 나오는 말 ·········· 071

제3장 불교 화합승의 실현에 대한 일고
 - 의식주의 공평한 분배를 중심으로 -
 Ⅰ. 들어가는 말 ·········· 075
 Ⅱ. 화합승의 의미 ·········· 076
 Ⅲ. 의식주의 공평한 분배 ·········· 081
  1. 옷의 분배 ·········· 083
  2. 음식의 분배 ·········· 086

## 목차

  3. 주처의 분배 —————————————————— 090
 Ⅳ. 물품의 공평한 분배 ————————————————— 092
 Ⅴ. 나오는 말 ———————————————————— 096

### 제4장 초기불교 교단에서 가섭과 아난의 관계
 Ⅰ. 들어가는 말 ——————————————————— 099
 Ⅱ. 아난과 가섭의 교단에서의 지위 —————————— 101
  1. 다문제일 아난 ————————————————— 101
  2. 두타제일 가섭 ————————————————— 106
 Ⅲ. 아난과 가섭의 불화 ——————————————— 112
 Ⅳ. 아난에 대한 문책 ———————————————— 115
 Ⅴ. 아난의 제자와 제2결집 —————————————— 122
 Ⅵ. 나오는 말 ———————————————————— 126

### 제5장 초기불교 승가 분열에 대하여
　　- 붓다 당시를 중심으로 -
　Ⅰ. 들어가는 말 ———————————————— 129
　Ⅱ. 불교 승가의 발전과 견제 ————————————— 130
　Ⅲ. 불교 승가의 내부 문제 발생 ———————————— 134
　Ⅳ. 상수제자의 도전과 다툼 ————————————— 140
　Ⅴ. 불교 승가의 분열과 항쟁 ————————————— 146
　Ⅵ. 나오는 말 ———————————————— 154


## 제2부 대승불교의 계율과 교단

### 제6장 불식육계(不食肉戒) 일고
　Ⅰ. 들어가는 말 ———————————————— 159
　Ⅱ. 붓다 당식의 식육(食肉) ————————————— 161
　Ⅲ. 불식육(不食肉) 문제의 대두 ———————————— 166
　Ⅳ. 율장의 색미식계(索美食戒) ———————————— 174

## 목차

 Ⅴ. 대승계경의 불식육 ─── 181

 Ⅵ. 나오는 말 ─── 189

### 제7장 보살계의 성립에 대한 재고

 Ⅰ. 들어가는 말 ─── 193

 Ⅱ. 재가신자의 계 ─── 194

  1. 삼귀오계(三歸五戒) ─── 195

  2. 팔관재계(八關齋戒) ─── 208

 Ⅲ. 보살계의 성립과 사상적 의의 ─── 214

  1. 대승계경의 성립 배경 ─── 214

  2. 보살계의 성립 및 그 의의 ─── 217

 Ⅳ. 나오는 말 ─── 222

### 제8장 동아시아 계율 이해 연구

 Ⅰ. 들어가는 말 ─── 225

 Ⅱ. 계율의 의미와 전이 ─── 227

 Ⅲ. 동아시아 계율의 전개 ─── 230

1. 중국의 계율 수용 ─────────── 230
　　2. 한국의 계율 전개 ─────────── 238
　　3. 일본의 계율 발전 ─────────── 254
　Ⅳ. 나오는 말 ; 동아시아 계율의 현대적 의의 ─── 256


## 제3부 불교 계율과 윤리

### 제9장 율장에 나타난 남녀차별의 문제
　Ⅰ. 들어가는 말 ───────────── 263
　Ⅱ. 인도 전통사회의 성차별 ───────── 265
　Ⅲ. 율장에 나타난 남녀불평등 ──────── 268
　Ⅳ. 불교에서 성의 평등 ─────────── 276
　Ⅴ. 남녀차별적 표현에 대한 이해 ─────── 286
　Ⅵ. 나오는 말 ───────────── 294

## 제10장 원광의 세속오계에 대한 재고

Ⅰ. 들어가는 말 ─────────────── 297
Ⅱ. 세속오계에 대한 사상 검토 ─────── 299
　1. 화랑오계라고 하는 견해 ─────── 301
　2. 유교적 사상이라는 견해 ─────── 303
　3. 불교적 사상이라는 견해 ─────── 306
　4. 삼교 조화적 사상이라는 견해 ──── 309
Ⅲ. 원광의 『열반경』 연구 ─────────── 312
Ⅳ. 나오는 말 ───────────────── 325

▦참고문헌 _ 328

제1부

# 초기불교의 계율과 교단

제1장

# 승가갈마를 통해 본 재가와 출가의 관계

## I. 들어가는 말

초기불교 교단에 관한 연구를 살펴보면 불교교단에 기여한 재가자의 역할이 적지 않았음에도 재가자에 대한 중요성을 비중있게 다룬 논문이 많지 않음을 발견할 수 있다. 하지만 초기불교교단의 성립과 발전을 정확하게 이해하기 위해서는 재가자의 교단에 대한 기여와 역할을 살펴보는 것이 매우 중요하다. 붓다 당시 붓다를 따르는 제자들로 형성된 공동체를 우리는 승가라고 한다. 본래 승가는 사성계급의 첫 번째인 바라문과 달리 카스트 또는 출신성분의 속박에서 벗어난 자유로운 신분의 수행자인 사문(沙門, samaṇa)을 좇아 형성된 제자들의 집단을 일컫는 말이었다. 승가는 불교교단만을 지칭하는 것이 아닌 고대 인도사회의 일종의 수행

공동체를 일컫는 단어였다. 불교공동체는 사부대중으로 구성된다. 사부대중(四部大衆, cattāri parisā)은 출가중인 비구중과 비구니중, 재가중인 우바새중과 우바이중으로 양분된다.

이들 모두는 불교공동체를 이루는 중요한 구성원이다. 불교가 종교로서 존재하기 위해서는 출가중인 비구와 비구니는 물론, 재가자중인 우바새와 우바이도 이에 못지않게 필요한 구성원이다. 우바새와 우바이가 사라지게 된다면 종국 비구·비구니 또한 존재하지 않게 되고 종국에 불교는 종교로서의 가치가 상실되기 때문이다.

비구·비구니라는 단어는 '걸식하여 먹는 사람'이라는 의미를 함축하며 걸식하는 대상을 전제조건으로 한다. 또한 우바새·우바이라는 단어는 '모시는 사람'이라는 의미로 모시는 대상을 전제조건으로 하여 성립된다. 이 둘은 서로가 분리될 수 없는 서로를 반드시 필요로 하는 의존관계 속에서 그 의미가 살아난다. 따라서 율장에서는 이 둘의 관계를 원만하게 유지하기 위한 승가갈마가 상세히 설명되어 있다. 이는 둘 사이에 분쟁이 일어나는 사건을 미연에 막고 해결하기 위한 조치이다.

본 장에서는 재가자와 출가자의 정의와 역할을 살펴보고 불교교단 내에서 재가자와 출가자의 지위와 관계, 특히 율장 건도부에 나타난 여러 갈마를 통해 이 둘의 상호관계를 고찰하는 것을 목적으로 한다.

## Ⅱ. 출가와 재가의 정의

출가자는 남성인 비구와 여성인 비구니로 구성된다. 출가자의 정의를 파악하기 위해 먼저 출가(出家)[1]의 의미를 『맛지마 니까야』를 통해 살펴보자.

> 가정이란 지극히 좁고 괴로운 곳이요, 집을 떠나 도를 배우는 것은 환히 드러나고 넓고 큰 것이다. 내가 지금 집에 있을 경우 사슬에 묶인 몸과 목숨이 다하도록 범행을 닦을 수 없을 것이다. 나는 차라리 적은 재물이건 많은 재물이건 이 재물을 버리고, 적거나 많거나 친족을 떠나 수염과 머리를 깎고 가사를 입고, 지극한 믿음으로써 출가하여 집 없이 도를 배우리라.
> 그는 그 뒤에 적건 많건 재물을 다 버리고, 적거나 많거나 친족을 떠나 수염과 머리를 깎고 가사를 입고, 지극한 믿음으로써 출가하여 집 없이 도를 배운다. 그는 집을 떠난 뒤에는 친족의 상을 버리고, 비구의 중요한 가르침을 받아 금계를 닦아 익히고, 종해탈(從解脫)을 지켜 보호하며, 또 위의와 예절을 잘 거두어 잡고, 털끝만한 죄를 보아도 언제나 두려워하는 생각을 품으며, 배운 계를 받아 지닌다.[2]

---

[1] 한역 출가는 빨리어 pabbajjā와 산스끄리뜨어 pravrajyā에 해당한다. 기본 어의는 '나아간다(the going forth)'이며 '집에서 집이 없는 삶으로 나아간다'와 '믿음에 따라 집에서 집이 없는 삶으로 나아간다'가 경전 속에 반복적으로 나타나 있다.
[2] Majjhima Nikāya Ⅰ, 179.

출가라고 하는 행위는 세속이라는 세계를 전제로 하여 성립된다. 우리가 일상생활을 영위하는 세속을 떠나 수행자의 세계로 들어가는 행위가 바로 출가이기 때문이다. 출가의 의미는 부모, 형제, 친구, 연인 등 모든 인연을 끊고, 재물, 명예 등 세속적인 욕망과 가치관을 버리고 세속과는 근본적으로 다른 가치관을 지닌 성계에서 인생의 근원적인 문제를 해결하고자 하는 것을 말한다.[3]

반면 재가는 여러 용례에서 보듯[4] 세속을 떠나지 않고 붓다의 법을 믿고 따르는 사람을 말한다. 재가는 '집 없는 삶으로 나아가기 이전의 집에서의 삶'을 살아가는 사람이다. 특히 재가남성은 우빠사까(upāsaka, 優婆塞), 재가여성은 우빠시까(upāsikā, 優婆夷)라고 하였다.[5]

붓다 시대부터 불교교단은 출가중인 비구와 비구니, 재가중인 우바새와 우바이의 사부대중으로서 구성되어 왔다. 구체적으로 우바새는 '불·법·승 삼보를 가까이에서 섬기는 사람들'을 뜻한다. 『앙굿따라 니까야』에서는 붓다는 우바새가 되는 조건에 대하여 다음과 같이 설명하고 있다.[6]

> 우바새는 바른 믿음[正信]을 완전히 갖추어 남도 완전히 갖추도록 해야 하고, 스스로도 깨끗한 도덕적인 삶을 확립하고 남도 확

---

3) 재가는 산스끄리뜨어로 gṛhastha(집에 사는 자), gṛhin(집을 소유하고 사는 자), agārika 또는 āgārika(집을 돌보는 자, 집에 사는 자), gahaṭṭa-vatta(재가 지계 수행자) upāsaka, upāsikā 등의 용례를 통하여 그 의미를 파악할 수 있다.
4) 平川彰 編(1997), 『佛敎漢梵大辭典』, 290a.
5) 청신사(淸信士), 청신녀(淸信女) 또는 신남(信男), 신녀(信女) 등 다양하게 불리어 왔다.
6) 오계파지운동국제본부 편(1995), 『五戒把持』, 103.

립하게 한다. 자신도 보시하고 남도 행하도록 하고, 스스로 여러 비구들을 뵙고 남도 그렇게 하도록 한다. 스스로도 열심히 법을 듣고 남도 또한 듣게 한다. 스스로도 법을 가지고 남도 받아 가지게 한다. 스스로도 이치를 관찰하고 남도 관찰하게 한다. 스스로도 깊은 이치를 알아 법에 따르고 향하며 닦으면서 남도 깊은 이치를 알아 법을 따르고 향해 수순하여 닦게 한다.[7]

재가자가 되는 기본조건은 삼보에 귀의하는 것이다. 나아가 오계(五戒, pañca-sīla)의 수지까지로 확장되며, 계속해서 오계에 팔재계를 더하기도 한다.[8] 불교전통에 따르면 진정한 재가자가 되기 위해서는 삼보에 귀의하는 깨끗한 믿음을 지니고 오계를 실천하는 데에 있다. 그리고 이를 마음속에 깊이 굳게 받아 지니는 것이다.

## III. 재가자의 출가자에 대한 의무

『대반열반경』에는 "항상 오계를 지키는 이에게는 첫째 큰 재산, 둘째 명망, 셋째 자신감, 넷째 평온한 죽음, 다섯째 죽음 뒤의 행복과 같은 다섯 가지 좋은 결과를 얻을 것"[9]이라는 설명이 보인다.

재가자는 오계를 온전히 실천하여 다섯 가지 좋은 결과를 얻기

---

7) Aṅguttara Nikāya IV, 220-222, 『雜阿含經』 권33(T2, 236c).
8) 조준호(2008), 「출가와 재가가 나누어진 사상적 이유」, 『불교평론』 35, 211.
9) Digha Nikāya II, 86.

를 원하지만, 현실은 오계를 지키는 일을 쉽지 않게 한다. 사회생활을 영위해야만 하는 재가자에게는 이는 어찌 보면 당연하다. 그래서 오계의 분수(分受)를 열어놓고 있다. 자신의 처지에 의해 오계를 온전히 실천할 수 없지만 그 일부만 지키는 것도 허용한다. 이는 오계의 일부만이라도 지키게 함으로써 마침내 오계 전부를 준수할 수 있는 여지를 열어 놓아 가능한 한 많은 재가자를 포용하기 위한 조치라고 볼 수 있다.

> 오계에 5종의 수계법이 있는데, 이를 5종의 우바새라 한다. 첫째는 일분행(一分行) 우바새, 둘째는 소분행(少分行) 우바새, 셋째는 다분행(多分行) 우바새, 넷째는 만분행(滿分行) 우바새, 다섯째는 단음우바새(斷婬優婆塞)이다. 일분행자는 오계 중에 1계를 받는다. 4계를 수지할 수 없기 때문이다. 소분행자는 2계를 받거나 3계를 받는 사람이다. 다분행자는 4계를 받으며, 만분행자는 오계를 전부 받는 사람이다. 단음자는 오계를 받고난 뒤에 다시 스승 앞에 나아가 스스로 서약하고, '나는 내 처와도 성관계를 갖지 않겠습니다'라고 한다. 이를 오계라 이름한다.[10]

『숫따니빠따』에서는 재가자의 수행에 대해 설명하면서, '재가자가 서약해야 할 계(gahaṭṭhā-vatta)'에 대한 설명을 다음과 같이 하고 있다.[11]

---

10) 『大智度論』 권13(T25, 158c).
11) Sutanipāta V, 394-399.

1. 생명을 죽이지 말 것이며 다른 이로 하여금 죽이게 해서도 안 된다.
2. 주지 않은 물건을 가지지 말 것이며 다른 이로 하여금 가지게 해서도 안 된다.
3. 청정하지 않은 행을 해서는 안 된다.
4. 사람이 모인 자리에서 누구에게라도 망언을 해서는 안 되며, 다른 이에게 하도록 해서도 안 된다.
5. 술을 자신이 마셔서도 안 되며 남에게 마시게 해서도 안 된다. 어리석은 사람은 술에 취하여 악한 일을 저지르며, 술에 취해 있는 남에게도 악한 일을 행하게 한다.

이와 같이 오계 덕목을 들면서 '재가자가 서원해야 할 계'라고만 할 뿐, 처음부터 오계라고 설명하지는 않는다. '다섯 가지 악', '다섯 가지 적의의 두려움' 등으로 부르고 있다가 마침내 다섯 가지 계를 오계라고 하였다. 그러면서 이상적 불교인은 오계를 지녀야 하며, 이를 지님으로써 좋은 곳에 태어날 수 있다고 가르치고 있다. 『앙굿따라 니까야』에서는 오계에 대하여 다음과 같이 밝히고 있다.

대덕이여! 어떤 사람을 계를 갖춘 우바새라 하는가? 만약 우바새가 살생을 멀리 떠나고, 주지 않은 물건을 취하는 것을 멀리 떠나고, 부부 이외의 부정한 관계를 멀리 떠나고, 망령된 말을 멀리 떠나고, 술 마시는 일과 마작 등 온갖 노름행위를 멀리 떠난다면 이를 계를 갖춘 우바새라고 한다.[12]

여기에서는 재가자 오계의 정형화된 형태가 보인다. 한역경전에서는 이는 불살생, 불투도, 불사음, 불망어, 불음주로 일반화되어 나타난다.

『잡아함경』에서는 부부생활 등 오욕락을 누리며 살아가는 우바이는 유신견(有身見)과 계취견(戒取見), 의심을 끊을 경우 수다원의 경지에 이를 수 있다고 한다. 또 오욕락을 누리며 사는 우바새는 이러한 세 가지 번뇌를 끊게 되면 사다함이 될 수 있다. 재가자가 아나함이 되기 위해서는 부부생활을 금한 후 수행을 통해 오하분결(五下分結; 탐욕, 분노, 유신견, 계취견, 의심)을 끊어야 한다.[13]

붓다께서 오계의 수지와 더불어 재가자의 실천으로 들고 있는 것은 사불괴정(四不壞淨)이다. 불괴정은 어떤 것에 의해서도 무너지지 않는 깨끗한 믿음을 말하는 것이다. 불괴정의 믿음은 붓다, 붓다의 가르침인 법, 붓다를 받드는 승가와 계의 네 가지에 대한 믿음이며, 그렇기에 네 가지 불괴정이라 하는 것이다. 다시 말하면 삼보와 오계에 대한 네 가지 무너지지 않는 깨끗한 믿음이다.[14]

한편 재가자는 삼보에 귀의하고 오계를 지키고 자신의 형편에 따라 승가에 보시하는 것이 장려되었다. 그러나 재가자에 있어 보시는 강제에 의한 것이 아닌 자발적인 것이다. 재가자가 승가에 보시를 행하지 않는다 할지라도 그것으로 인하여 승가로부터 어떠한 비난과 제재를 받지는 않는다. 이러한 재가자의 보시행위로 마련된 시혜물로 교단이 유지·존속될 수밖에 없었기에 재가자의

---

12) Aṅguttara Nikāya VI, 250.
13) 김성철(2003),「출가자의 삶과 재가자의 수행 목표」,『불교와 문화』54, 104-105.
14) 이상규(2004),『전해오는 부처의 가르침 VII』, 129-130.

보시행은 당연한 것이었다.

　재가자는 승가에 경제적 지원뿐만 아니라 여러 가지 편의를 제공했다.[15] 그리고 재가자는 다른 사람들에게도 신(信), 계(戒), 보시(布施), 문(聞)을 적극적으로 권장하였다. 당시 바라문 종교와 자유사상가의 등장 등 사상계의 각축장에서 불교가 급속한 발전을 이룩하였다는 것은 주지의 사실이다. 이는 물론 붓다 개인의 탁월한 인품과 교법의 완벽함 등에 힘입은 바이지만, 이 또한 재가자의 적극적인 호응과 역할이 없었다면 불가능했을 것이다.[16] 당시의 시대적 상황을 고려해 볼 때, 왕이나 부호들의 귀의는 승가사회를 확장 발전시키는 절대적인 원동력이 되었을 것이다.[17]

　가장 대표적인 예는 마가다국의 빔비사라(Bimbisāra)[18] 왕이다. 율장 속에 나타나는 빔비사라 왕은 죽림정사를 보시했고, 불교를 공식적으로 보호하였으며, 포살을 붓다에게 권청하는 등 불교 발전을 위해 최선을 다하였다. 그를 통해 재가자로서 출가자들에게 온 몸을 다하는 우바새의 전형을 발견할 수 있다.

　재가자와 출가자는 지켜야 하는 계와 율을 달리 한다. 재가자는 계만을 지키면 되지만 출가자는 계와 동시에 율을 준수하여야

---

15) 초기의 출가자와 재가자의 관계는 재가자가 식사를 공양하면 그 답례로 비구들이 법을 설하고 또 다시 유행하는 식이었다. 영구적인 거주처 정사가 건립됨에 따라 재가중들과 끊임없는 관계가 성립됐다. 승가사회가 유행에서 정주의 조직으로 변화하면서 재가자의 보시는 불교의 중심 개념 중 하나가 되었다. Uma Chakravarti, 박제선 역(2004), 『고대인도사회와 초기불교』, 96.
16) 신성현(1997), 「초기불교교단과 국가와의 관계 -율장을 중심으로-」, 『불교학보』, 327.
17) 목정배(2001), 『계율학 개론』, 39.
18) 빔비사라의 귀의는 『사분율』 권33(T22, 798b)과 『오분율』 권16(T22, 110b)에서 찾아볼 수 있다.

한다. 또한 율을 어길 경우 이에 상당하는 처벌을 받게 되어있다. 전적으로 재가자의 보시에 의존하여 살아가는 출가자는 재가자와 다른 엄격한 규율이 요구된다.

이처럼 출가자와 재가자는 각기 직분과 역할이 다르지만, 모두가 '붓다의 가르침을 듣는 자'[19], 그리고 따르는 자라는 점에서 공통된다. 재가자는 출가자에게 보시하고 존경하고 따르는 자이지만, 재가자의 신분이 다르다고 해서 출가자보다 열등하고 출가자가 우월하다는 의미는 아니다. 출가자와 재가자는 서로가 필요로 하며 서로를 인정하며 공경하는 관계인 것이다.

『장아함경』의 『선생경(善生經)』에는 재가자와 출가자가 서로를 어떻게 대하여야 하는가에 대한 설명이 보인다.

> 선생아, 단월은 마땅히 다섯 가지 방법으로 사문을 공양해 받들어야 한다. 어떤 것이 다섯 가지 방법인가? 첫째는 몸의 사랑을 행하는 것이다. 둘째는 입의 사랑을 행하는 것이다. 셋째는 뜻의 사랑을 행하는 것이다. 넷째는 때를 맞추어 보시하는 것이다. 다섯째는 문을 막지 않는 것이다.
> 선생아, 만일 시주가 이 다섯 가지 방법으로써 사문을 공양해 받들면 사문은 또 여섯 가지 방법으로써 가르쳐야 한다. 첫째는 보호하여 악을 짓지 않게 하는 것이다. 둘째는 착한 것을 가르쳐 주는 것이다. 셋째는 선한 마음을 품게 하는 것이다. 넷째는 듣지 못한 것을 듣게 하는 것이다. 다섯째는 이미 들은 것을 잘 알

---

19) 中村元, 정태혁 역(1993). 『原始佛敎』, 185.

게 하는 것이다. 여섯째는 하늘의 길을 열어 보이는 것이다. 선생아, 이렇게 단월이 사문을 공양해 받들면 그는 안온하여 걱정이나 두려움이 없을 것이다.[20]

재가자는 출가자를 몸과 입과 뜻으로 받들어 모시고, 자기 집에 언제라도 방문할 수 있도록 문호를 개방하고, 필요한 물품을 제공해 주어야 한다. 반면에 출가자는 재가자에게 자신이 배운 붓다의 가르침을 가르쳐 주고, 바른 길로 나아갈 수 있도록 인도해 줄 책무가 있다. 이는 다름 아닌 재시(財施)와 법시(法施)의 관계라 할 수 있으며, 이 상호관계가 잘 유지되어야 불교 승가가 오랫동안 머물 수 있다.

율장에서는 출가자와 재가자와의 갈등이 충돌[21]하는 사건이 발견된다. 이는 각자의 책임과 의무를 소홀하게 한 것에서 기인한다. 훌륭한 재가자들이 많이 나타나는 곳에는 탁월한 출가자들이 많이 배출될 수밖에 없다. 재가자가 발심하여 출가하는 것이 일반적 경향이며, 재가자는 출가자의 공급원이기 때문이다. 출가자가 출가자다운 삶을 영위하지 못할 때, 재가자는 출가자에 대해 비판하게 되며 종국 출가자에 대한 존경은 사라지게 된다. 출가자와

---

20) 『長阿含經』(T1, 72a).
21) 출가자와 재가자의 관계에서 두드러진 특징은 출가자들이 재가자들을 통제하기 힘들었다는 사실이다. 이 둘 사이에 불협화음이 생겼을 때, 출가자들이 의사를 표현하기 위해 취할 수 있는 유일한 방법은 제공된 보시물에 대한 거부의 상징적인 표현으로 자기 발우를 뒤집어 놓아 재가자가 공덕을 쌓는 것을 허용하지 않는 것이었다. 출가자와 재가자는 보시를 매개로 한 관계지만, 서로 견고한 유대가 없는 상황에서는 관계가 쉽게 소원해질 수 있었다. Uma Chakravarti, 박제선 역(2004), 『고대인도사회와 초기불교』, 102.

재가자가 서로 존중과 의무를 다하지 않을 때 서로의 상호관계는 무너지게 될 것이다.

이와 같이 초기불교시대의 출가와 재가의 관계는 상호 호혜적이었다. 경제적인 측면에서 보면 공양을 받는 자와 공양하는 자로서 지원하는 관계를 가지며, 종교적인 측면에서는 설법하는 자와 설법을 듣는 자라는 교사적인 관계였고, 진리적 측면에서는 법의 상속자와 외호자라는 상호보완 관계였다. 즉 수행과 설법과 같은 종교적인 행위에서는 출가자가 지도자이며 재가자는 추종자였지만, 교단을 지원하고 외호하는 입장에서는 재가자가 보다 중심적이고 출가자는 피보호적 입장에 서 있었다는 것을 알 수 있다. 이 둘의 관계가 원만하게 유지되며 스스로의 역할을 다하였을 때 불교는 발전하였고, 그렇지 못하였을 때 불교는 쇠락하였음을 불교역사를 통하여 볼 수 있다.

## IV. 출가자와 재가자의 관계

붓다의 최초기 제자는 재가자인 우바새였다. 붓다가 보리수 아래에서 해탈의 즐거움을 누리고 있을 때 따뿟사(Tapussa), 발리야(Bhalliya)라고 하는 두 상인이 길을 가다가 음식[밀환]을 공양하고 재가신도가 되었기 때문이다. 그 이후에 붓다는 녹야원으로 가서 다섯 비구를 제도했다. 이를 보면 출가보다 재가가 먼저 생겼음을 알 수 있다.

율장에 나타나는 재가자의 역할은 여섯 가지 정도로 정리되어 설명된다. ① 삼보에 귀의하며 항상 그 의미를 되새겨야 한다. ② 오계를 수지하도록 노력한다. ③ 매달 6회 팔재계[22]를 지켜 이 날은 설법을 듣도록 해야 한다. ④ 하안거를 마친 비구에게 가사장삼을 보시한다. ⑤ 붓다의 탄생지, 성도지, 초전 법륜지 그리고 열반지 등의 성지를 참배한다. ⑥ 불탑 등의 성스러운 유적[聖跡]들을 참배한다.[23] 율장에서는 이처럼 재가자가 실천해야 할 덕목을 구체적으로 제시하고 있다.

그리고 재가자의 자격상실에 대해서도 자세히 보여주고 있다. 『사분율』에서는 "비구를 보아도 선뜻 일어서지 않고, 선뜻 절을 하지 않으며, 비구가 앉는 것을 달갑게 여기지 않으며, 무슨 말을 해도 들은 체 하지 않고, 의복 의식 따위를 요구하면 비구를 업신여겨 주지 않으며, 많이 가졌으면서도 조금 주고, 고운 것이 있으면서도 거친 것을 주는 것" 등 아홉 가지를 말하고 있다. 이러한 아홉 가지를 행하는 재가자는 신자로서 자격을 상실한다고 설명하고 있다.[24] 경전에서는 재가자의 몇 가지 유형을 보여주고 있다. 왕과 왕족, 촌장, 대신과 귀족, 지방 관리, 장군, 바라문 사제나 교리학자, 수학자, 의사, 고급 유녀, 지주, 거상, 대상, 고리대금업자 등과 같이 다양하였다. 당시 사회·경제적으로 큰 영향력이 있었던

---

22) 팔재계란 오계에 ⑥ 정오 이후에 음식을 먹지 않는다. ⑦ 꽃이나 향을 몸에 장식하거나 바르지 않는다. ⑧ 다리가 있는 침대에서 자지 않는다 등의 세 가지를 더 보탠 것으로서, 오계보다 확장된 청정한 삶을 지내자는 데 그 뜻이 있다.
23) 조준호(2003), 「초기경전에 나타난 재가자의 위상과 신행생활」, 『불교평론』 14, 134.
24) 이태원(2000), 『초기불교 교단생활』, 63.

상류층의 사람들이 자주 등장한다. 한편 이발사, 농부, 코끼리 조련사, 옹기장이, 금속 세공업자나 범죄인 또는 거지들과 같이 하류층의 사람도 등장한다.[25] 이처럼 재가자는 왕에서부터 거지에 이르기까지 각계각층의 다양한 부류 사람들이었다. 특히 왕이나 대상과 같은 상인 계층의 불교로의 귀의는 승가의 발전 더 나아가 불교 발전에 크게 기여하였다.

출가승가는 전적으로 재가자의 보시에 의존하여 성립되었고 유지되었다. 붓다 재세 시부터 재가자의 건의와 요구를 받아들여 승가의 의식과 계율이 제정 확립되었다. 이는 승가공동체가 사회여론을 받아들여서 의식과 계율을 제정하였고 개변하였음을 의미한다. 출가승가는 항상 재가자와 일반사회의 여론에 귀를 열어 놓고 들으려 하였다.

붓다는 스스로 발우를 들고 걸식을 행하였고 재가자를 직접 만났다. 또한 진리의 가르침을 가능한 많은 사람에게 전하려고 노력했다. 그리고 자신의 장례절차마저도 재가자들에게 당부하였다. 마지막에는 그동안 많이 만난 출가자보다는 재가자와의 소통을 원하였다. 승가 내의 금전 취급도 재가자들에게 직접 맡도록 하였다.

붓다는 출가중만이 아니라, 재가중이 포함된 사부대중을 제자로서 인정하였고 재가자의 전법활동을 칭찬했다.[26] 출가자와 재가

---

25) 조준호(2008), 「출가와 재가가 나누어진 사상적 이유」, 『불교평론』 35, 115.
26) 외도를 항복 받는 굴다 장자, 깊은 법을 잘 설명하는 우파굴 장자, 묘한 법을 잘 설명하는 최상부의 우바새, 남 건지기를 좋아하는 사자 왕자, 항상 모든 중생을 가엾이 여기는 석가족의 마하아나마, 설법을 잘 하는 앙길사 우바이, 외도를 항복받는 바수타 우바이, 항상 자비삼매를 행하는 마하광 우바이, 남을 가르치기 좋아하는 시리부인 등이 있다. 『增一阿含經』 권3(T2,

자 모두를 제자로서 평등하게 대하고 이들 각자 자신의 위치에서 수행할 것을 당부하셨다. 불교의 궁극 목표인 해탈로 나아가기 위해 부단히 노력하는 제자들은 승속을 넘어서 가치롭게 인정하셨던 것이다.

## V. 갈마를 통해 본 출가자와 재가자

출가와 재가의 상호관계를 발전적으로 유지하고, 출가와 재가 간에 어떤 문제가 발생하거나 사건이 일어나는 것을 방지하거나 해결하기 위하여 제도적으로 승가에서는 어떤 조정방법이 있었나를 살펴보는 것은 중요하다고 생각한다. 그 제도적인 장치가 바로 승가갈마를 통한 해결이다. 이러한 갈마에는 의지갈마, 구출갈마, 하의갈마, 복발갈마, 학가갈마 등이 있다.

### 1. 의지갈마

의지갈마(依止羯磨, nissaya-kamma)가 생긴 인연담을 보면 시월(施越; 『사분율』에서는 僧芻)이라는 비구가 어리석고 총명하지 못하며 교계를 받지 않고 재가자와 함께 있으면서 반복하여 승잔죄를 지었다. 때문에 비구들은 그에게 별주(別住)를 주고 본일치(本日治)를 주고 마나타를 주기를 반복한 것에[27] 의해 생겨났다. 그런 비구에 대

---

560ac).
27) 『彌沙塞部和醯五分律』 권24(T22, 163).

해 의지갈마를 주어 한 사람의 비구가 그를 감독하고 지도하며 의지하게 하는 것이다. 즉 감독하는 비구(의지하게 하는 비구)는 의지하는 비구에게 경전을 외우게 하고, 많이 듣게 하며, 아함에 능통하게 하고, 법을 가지게 하며, 율을 가지게 하는 등 많은 것을 익히게 해야 하고, 이때 의지갈마를 받은 비구는 항상 감독하는 비구 밑에서 의지하여 모든 행동을 하도록 해 나쁜 행동을 교정 받아야 한다.[28]

## 2. 구출갈마[29]

구출갈마(驅出羯磨, pabbājaniya-kamma)는 비구가 재가신자와 특별한 관계를 가지며 교제하거나 여러 가지 오락이나 유희를 즐기며 스스로 타락하고 재가자들의 믿음도 타락시키는 등의 출가자로서 부끄러운 행동을 함으로 인해서 시행되었고, 세간에서 추문을 일으킬 염려가 있는 비구를 현전승가로부터 별주시켜 이런 행동을 제지시키고 반성하고 개선시키기 위한 갈마이다. 이는 승잔죄에 상당하는 무거운 징벌이지만 일시적인 추방으로 참회와 함께 여법하게 행법을 실천한 후에는 해(解)갈마를 통해서 승가에 복귀하게 된다.

재가신자를 선하지 못하게 물들이고[汚家] 악행을 행하는 비구에게 승가는 백사갈마에 의해 구출갈마를 행하면, 그 비구는 주처 즉 현전승가에서 구출되어 별주를 하게 된다. 별주하게 하는 이유

---

28) Vinayapiṭaka II, 7-9.
29) 신성현(2008), 「驅出羯磨에 대한 소고」, 『한국불교학』 51, 5-29 참조.

는 비구를 악행을 저지른 곳으로부터 격리시켜 악행을 행한 것에 대해 뉘우치고 참회하도록 하기 위함이다. 이는 다른 비구들이 그에게 물들지 않게 한다는 이유도 있을 것이다. 그러나 비구가 악행을 저지르고 나서 바로 자기의 죄를 인정하고 참회를 하면 구출갈마를 받지 않아도 된다. 이 갈마의 목적은 잘못을 행한 비구를 참회하고 개선시키기 위한 조치이므로 참회를 바로 했다면 갈마까지 갈 필요가 없는 것이다. 그 당시에 참회를 하지 않아 구출갈마를 받았다면, 별주하는 동안 참회와 함께 행법을 법답게 행하여 승가로부터 해갈마를 받으면 바로 승가에 복귀 가능하다. 이 갈마의 징벌 기간은 일정하게 정해지지 않기 때문에 참회만 한다면 바로 승가에 복귀하여 정지된 비구로서의 자격과 권리를 행사할 수 있게 된다.

구출갈마가 생겨난 인연담을 보면 아습비(阿濕卑)와 부나바사(富那婆娑)가 나쁜 행동을 하여 남의 집을 더럽히기도 하고, 재가자의 집에 가서 남자가 있든 여자가 있든 재가자와 함께 같은 평상에 앉고 같은 그릇에 음식을 먹고 같은 그릇으로 음료수를 마시며, 노래·춤·익살 등 갖가지 재롱을 떠는 등 비구로서 위의를 지키지 않아서 생겨났다. 즉 비구가 스스로 신구의(身口意) 등으로 나쁜 업인 희락(戱樂), 비행(非行), 사명(邪命) 등을 가지고 재가자의 깨끗한 신앙심을 떨어뜨린다든지 여인에게 고상하지 못한 말 등을 하여 세속 사회에 추문을 일으킬 염려가 있는 비구에 대해 그러한 일들을 하지 못하도록 하고 아울러 잘못을 반성하고 개선한다는 취지에서 생겨났다. 구출갈마를 받은 비구는 그곳으로부터 축출되어 부르지 않았는데 청정한 대중이 사는 곳에 오면 안 되고, 의사를 전달하고 싶으면 항상 경계 밖에서 서신으로 전달해야 한다. 참회를 할 때도 마찬가지이며, 풀어 주기를 요청할 때도 서신으로 하여야 한다. 만약 당사자가 진심으로 참회하여 대중에게 풀어 주기를 서신으로 요청하면 대중은 다른 갈마와 같이 백사갈마에 의해 풀어 주면 된다.[30]

### 3. 하의갈마

하의갈마(下意羯磨, paṭisāraṇiya-kamma)는 비구를 재가자 집에 가지 못하도록 하는 갈마이다. 이 갈마는 출가자가 재가자를 매도하거나 불이익을 주었을 경우에 승가의 결의로 피해를 준 비구가 재가자에게 사죄를 하여 용서를 비는 것으로 출가자로서는 자존심을 상하게 하는 참회법이다.

『사분율』[31]에 보면, 비구가 ① 나쁜 말로 재가자를 꾸짖고, ② 방편으로 재가자에게 손해를 주며, ③ 이익 없는 짓을 하고, ④ 살 곳이 없게 하고, ⑤ 재가자와 싸우며, ⑥ 재가자들 앞에서 부처님을 비방하고, ⑦ 재가자들 앞에서 부처님 법을 비방하며, ⑧ 재가자들 앞에서 비구를 비방하고, ⑨ 재가자들 앞에서 상스러운 욕을 하며, ⑩ 법답게 재가자들에게 허락하고서 뒤에 실체가 없다고 하는 등 위의가 없는 사람에게 내리는 갈마이다. 다시 말하면 이 열 가지 가운데 한 가지를 범하면 백사갈마에 의해 대중의 승인을 받

---

30) Vinayapiṭaka Ⅱ, 9-15.
31) 『四分律』 권44(T22, 892a-893c).

아 재가자의 집에 가지 못하게 하는 것이 하의갈마이다. 이렇게 한 뒤 여덟 가지 자격을 갖춘 유능한 비구를 백이갈마를 통해 뽑아 재가자 집에 가서 참회를 해야 한다.[32] 만약 재가자가 참회를 받지 않으면 죄를 범한 비구가 직접 가서 참회해야 한다. 혼자서 가는 것이 부끄러우면 거들어 줄 사람과 함께 가도 좋다. 사죄할 때까지는 비구나 비구니로서의 자격이 박탈되므로 출가생활을 지속하고 싶으면 싫더라도 사죄하러 갈 수밖에 없다.

이렇게 참회한 후 갈마를 받은 비구가 진심으로 풀어 주기를 두 번, 세 번 말하여 청하면 이것도 백사갈마에 의해 대중의 승인을 받아 풀어주면 된다.

### 4. 복발갈마

복발갈마(pattaṃ-nikkujjita-kamma)는 재가자가 출가자에 대해 나쁜 짓을 했을 경우 재가자에게 행하는 징벌갈마이다. 복발은 말 그대로 발우를 엎어 버리는 것이다. 발우를 엎어 출가자에게 잘못을 저지른 재가자로부터 공양 받는 것을 거부하는 것이다. 이렇게 하여 재가자에게 공덕을 쌓을 기회를 박탈하여 다음 생의 복을 받는 것도 차단하는 것이다. 『사분율』[33]에 보면, 한 비구가 재가자로 하여금 다른 청정한 비구를 사실이 아닌 죄를 가지고 비방하도록 해서 생겼다고 밝히고 있다. 다시 말하면 재가자가 청정한 출가자를 비방하면 백이갈마에 의해 승가의 허락을 받아 복발갈마를 주

---

32) 이태원(2000), 『초기불교 교단생활』, 267.
33) 『四分律』 권53(T22, 958c-959a).

어 재가자로 하여금 승가와 왕래하지 못하게 하는 징벌이다.

붓다께서는 재가자에게 다음과 같은 허물이 있으면 복발갈마를 주라고 하였다. ① 출가자들의 보시를 얻지 못하도록 도모하고, ② 출가자의 불이익을 도모하고, ③ 출가자의 주처 즉 머무를 곳을 얻지 못하도록 도모하고, ④ 출가자를 비방하고, ⑤ 출가자와 출가자 사이를 이간질 하고, ⑥ 부처님을 비방하고, ⑦ 법을 비방하고, ⑧ 승가를 비방하는 것 등 여덟 가지이다.[34] 이 가운데 한 가지 죄만 저질러도 복발갈마를 주어야 한다.

이러한 허물이 있는 재가자에게 복발갈마를 통지할 때는 유능한 대표자를 뽑아야 한다. 즉 ① 잘 들을 줄 알고, ② 잘 말하며, ③ 잘 이해하고, ④ 남을 잘 이해시키며, ⑤ 남의 말을 받아들이며, ⑥ 잘 기억하고, ⑦ 좋고 나쁜 말의 이치를 아는 등 여덟 가지를 갖춘 비구를 백이갈마를 통해 뽑아 재가자에게 보내어 통지하면 된다. 만일 이 통지를 받은 재가자가 진심으로 참회를 원할 경우 승가는 이를 받아들여 백이갈마에 의해 죄를 풀어 주면 재가자에 대한 복발갈마는 해제된다.

재가자 측이 출가자에 대해 나쁜 짓을 했을 경우의 징벌 규정인 복발갈마는 재가자가 우바새나 우바이인 재가자일 경우에 한해서만 행해진다. 승가는 불교신도가 아닌 일반인이 아무리 심한 행동을 했다고 해도 어떠한 징벌이나 처벌도 행할 수 없다. 복발갈마는 보시에 의한 선업이 더 이상 쌓이지 않게 된다는 것을 의미한다. 그러므로 우바새나 우바이의 입장에서는 현세뿐만 아니라

---

34) 이자랑(2009), 『나를 일깨우는 계율이야기』, 160.

내세까지도 영향을 끼치는 중대사가 된다. 복발갈마는 하의갈마와는 반대로 재가자에 대해 승가가 징벌을 가하는 것이다.[35] 복발의 해제를 원하는 재가신도는 승가 전원 앞에서 자신의 잘못을 사죄하고, 승가가 이것을 인정하면 원래의 상태로 복귀할 수 있다. 이러한 방법으로 승가와 일반사회 사이에 생긴 분쟁과 갈등은 해소될 수 있었던 것이다.

## 5. 학가갈마

재가신자들 중에는 신심이 너무 깊은 나머지 자신의 생활형편도 고려하지 않고, 무모하게 기부를 계속하는 사람도 있다. 자신의 생활도 돌보지 않고 가족들이 뿔뿔이 흩어지든지 상관하지 않고, 오로지 승가에 보시하는 것에만 열중하는 신도들이다. 이런 이들은 어느 시대에나 존재하였다. 붓다 당시에도 이러한 신자들이 있었으며, 그 대처방안 또한 마련되어 있었다.[36] 그것이 바로 학가갈마(學家羯磨)이다. 승가갈마를 통하여 그러한 신자의 집에는 가지 않도록 하여 신도가 무리하게 보시하지 않도록 결의하는 것이다.[37] 비구들은 학가갈마를 받은 재가신자의 집에 가서는 걸식하는 것이 금지된다. 받을 수 있는 곳에서는 얼마든지 받자는 막무가내가 아닌 것이다. 그렇게 하면 종국에는 그 재가신자도 돌아서

---

35) Vinayapiṭaka Ⅱ, 124-127.
36) 佐々木閑, 원영 역(2007),『출가, 세속의 번뇌를 놓다』242.
37) 특히,『오분율』에 이 규칙이 상세하게 나타난다(『彌沙塞部和醯五分律』T22, 72c-73b). 그밖에『사분율』(T22, 696c-697b),『십송률』(T23, 131c-132c),『근본설일체유부비나야』(T23, 900ab),『근본설일체유부필추니비나야』(T23, 1016c

게 되고 사회의 비판을 받을 것이 뻔하기 때문이다.

일반사회와의 사이에서 경제적인 마찰을 일으키면 반드시 승가 측이 지게 된다. 곧 세간의 존경을 잃어버리고 재가자의 신심도 없어지고 종국에 보시도 끊어져서 불교 승가는 쇠퇴할 것이다. 승가가 소멸하면 결국 수행의 장을 확보하는 것조차 불가능해져 불교는 사라지게 된다. 이러한 사태를 막기 위해서는 신도에게 폐를 끼치는 무리한 보시를 요구해서는 안 되는 것이다.[38]

이상의 여러 가지 갈마법은 출가자와 재가자를 함께 다스리는 법으로 넓은 의미로 교단을 통제하고 잘 이끌어 가는 법이라 할 수 있다. 율에 따르면 세간과의 원활한 공존관계를 유지하는 불교 승가이지만, 수행이라고 하는 본래 목표를 잃어버릴 만큼 신도와 깊은 관계를 갖는 것은 엄격히 금지되어 있었다. 이것은 지극히 당연한 조치였을 것이다.

## VI. 나오는 말

율장을 보면 출가자의 계율 가운데 많은 조문들이 재가자의 비난과 비판에 의해서 출가자로서의 비법이라 규정되어 새롭게 율로서 제정되거나 율 조문이 개변되는 경우를 쉽게 찾아볼 수 있다. 출가자는 음식을 비롯한 일상생활을 전적으로 재가자의 보

---

-1017b), 『마하승기율』(T22, 398b-399b). 이와 같은 집을 '학지인정을 받은 집'(sekhasammata kula)이라고 한다. 학지인정을 받은 줄 알면서도 그 집에서 보시를 받은 비구, 비구니는 죄가 된다(Vinayapiṭaka IV, 178-181).
38) 佐々木閑, 원영 역(2007), 『출가, 세속의 번뇌를 놓다』, 242-243.

시에 의존하여 살아가야 하기 때문에 재가자의 신심을 떨어뜨리는 어떠한 행동도 금지하였기 때문이다. 초기경전인 『이띠웃따까(Itivuttaka)』에서는 출가자와 재가자의 관계에 대하여 잘 보여준다.

"재가자와 출가자는 서로 의존하여 참된 법과 최상의 안온함에 이른다. 출가자는 재가자로부터 의류와 생필품과 침구 그리고 약품을 받는다. 이에 재가자는 선서(善逝)인 출가자를 의지하여 아라한의 반야지혜와 선정을 믿는다. 현생에서 닦아 좋은 세계에 이르는 길과 기쁨이 있는 욕락의 천상을 성취한다."

이러한 관계를 경전에서는 재시와 법시로 설명하고 있다. 이처럼 출가와 재가는 재보시와 법보시를 통한 상호 호혜적 관계가 있다. 이 관계가 원만하게 유지되어야 불교 승가는 유지되고 번영한다. 이 관계가 트러블로 인하여 균형이 깨지면 분쟁과 다툼이 일어난다. 그렇게 된다면 불교 승가는 오래 머물 수 없다. 이 둘의 관계를 바르고 균형 있게 지속시키기 위하여 율장에서는 승가갈마에 의한 조치가 보인다. 의지갈마, 구출갈마, 하의갈마, 복발갈마, 학가갈마 등이 바로 그것이다. 이러한 갈마를 통하여 출가자와 재가자가 너무 가까이 하거나 또한 멀리 떠나는 관계를 피하게 하였다. 이러한 승가갈마들은 출가자의 청정과 위의와 재가자의 신심과 존경을 유지하게 해 주었다. 불교 승가는 출가자만의 독점물은 아니다. 출가자가 재가자를 지나치게 가까이 하면 불교 승가는 세속화되고 그렇다고 너무 멀리 한다면 종교적 역할은 상실되고 말 것이다.

이 글은 「승가갈마를 통해 본 재가와 출가의 관계」(『한국교수불자연합학회지』 17(2), 한국교수불자연합회, 2011, 31-52)를 수정·보완한 것이다.

제2장

# 초기불교 승가에서 화상과 제자의 관계

## I. 들어가는 말

불교 승가가 다른 종교 교단과 차별화되는 하나의 특징은 평등 무차별이라고 하는 점이다. 불교 승가는 모든 이에게 평등을 특징으로 삼고 있으며 무차별의 원칙을 적용하고 있었다. 불교 승가에서는 바라문이든 수드라든 붓다를 믿고 그 가르침을 실천하고자 하는 사람이라면 누구라도 들어올 수 있었다. 붓다가 성도하신 뒤 범천의 권청[梵天勸請]에 의해 설법을 결의하였을 때 "감로(甘露)의 법문(法門)은 열려져 있다. 귀가 있는 이는 들어라"[1]고 말했다. 이는 불교가 시작부터 모든 사람들에게 교법의 문호를 열고 있음을 의미한다. 그의 가르침을 믿고 따르고자 하는 사람은 인종, 계급,

---

1) Vinayapiṭaka I, 341.

노소 그리고 성별을 묻지 않고 붓다의 가르침을 받을 수 있었던 것이다.

이와 같이 모든 사람들에게 평등하게 교법을 개방하였다는 것은 미증유의 사건이었다. 붓다는 인간의 본성이 본래 평등하다는 것을 주장할 뿐 아니라 그것을 승가의 제도와 운영에도 실제로 반영 실현하였다. 승가의 상하질서는 가문에 의하여 정해지거나 깨달음의 깊고 얕음에 의해 정해지는 것이 아니라, 먼저 출가한 자가 선배가 되는 것임[2]을 규정하였다.

한편 불교 승가가 누구에게나 개방되어 입단에 제한이 따르지 않음에 따라 다양한 부류의 사람들이 유입되었고, 그 결과 무질서를 초래하게 되었다. 그러나 불교 승가는 이들 모두를 불교의 이상을 실현할 수 있는 자로 만들 책임이 있었고, 이를 위한 교육이 필요하게 되었다. 말하자면, 교법과 계율을 학습시킬 필요가 있었고 좌선의 실습 등도 가르칠 필요가 생겼다. 일상의 행의작법을 가르치는 것도 또한 중요하게 되었다. 입단한 제각각의 비구들을 자격을 갖춘 이들로 변모시키는 교육과정에서 가장 중요한 역할을 담당하는 이가 바로 화상과 의지아사리였다. 비구는 이들과 함께 생활하면서 일상의 행의작법을 배우며 동시에 교법이나 계율에 대해서도 가르침을 받는다. 율장에서는 화상과 의지아사리를 승가 교육자로서 중요시하여 설명하고 있다. 특히 화상의 역할에 관한 중요성에 대하여 많은 설명을 덧붙이고 있다. 우리는 화상과 제자의 관계를 통하여 초기불교 승가에서 교육이 어떻게 이루어

---

2) Vinayapiṭaka II, 162.

졌는가 하는 점에 대하여 구체적으로 살펴볼 수 있다. 이러한 점을 밝혀봄으로써 불교 승가에서 이루어진 교육의 특징을 엿볼 수 있을 것이다.

## II. 화상제도의 성립

불교 승가는 생활과 함께 교육이 동시에 이루어지는 공간이다. 승가는 교육의 책임을 전적으로 화상, 교수사, 의지사들에게 맡겼다.[3] 이들 가운데 화상은 비구들이 출가하여 승가에서 여법하게 생활할 수 있도록 각종의 법들을 지도하고 제자에게 구족계를 줄 수 있는 사람이다. 그리고 제자는 화상에게서 교법과 일상생활의 행의(行儀)를 배워서 여법하게 비구의 자질을 키워가게 된다. 이들은 부모와 자식의 관계와 같아서 존경과 자애로써 상호간에 도와서 수행을 향상시켜 나가야 하는 관계이다. 화상(upajjhāya upādhyāya)과 제자의 관계는 일반적으로 구족계를 받기 이전부터 연관된다. 수구(受具, upasampadā)를 희망하는 자는 먼저 화상을 정하고 그를 통하여 승가에 구족계를 받고자 하는 뜻을 전해야 하기 때문이다. 화상이란 수구 지원자의 스승으로 수구의식 및 그 후의 승가 생활의 지도에 있어 가장 중요한 역할을 담당하는 비구라 할 수 있다. 이른바 출가 생활에서 아버지와 같은 역할을 담당하는

---

3) 佐々木閑(2002), 『出家とはなにか』, 178, "화상과 아사리의 교육직 가운데 사미 출가, 수계라는 두 단계의 의식에서 중요한 역할을 하는 자는 화상뿐이며 아사리는 관계가 없다."

사람이다. 화상을 정하는 과정은 분명하지 않으나 평소에 친분이 있었던 비구를 통하여 청한 듯하다. 빨리율에서는 다음과 같은 설명이 보인다.

어느 때 한 바라문이 어떤 비구들에게 가서 출가시켜 달라고 했다. 그러나 비구들은 그가 출가하는 것을 허락하지 않았다. 바라문은 비구들에게 출가를 허락받지 못하자, 야위어 졌고 얼굴빛은 아주 누렇게 되었고 핏줄이 야윈 몸 위로 온통 드러났다. 그런데 세존께서 야위고 누런 얼굴에 핏줄이 온통 드러나 있는 그 바라문을 보셨다. 세존께서는 곧 비구들을 불러 말씀하셨다.
"비구들아, 어찌하여 저 바라문은 야위고 누런 얼굴에 핏줄이 몸 위로 온통 드러나 있느냐?"
"세존이시여, 저 바라문은 한때 비구들에게 가서 출가를 시켜 달라고 했습니다. 그러나 비구들은 그의 출가를 허락하지 않았습니다. 그러자 그는 야위어 갔고 얼굴빛은 아주 누렇게 되었고 야윈 몸 위로 핏줄이 온통 드러나게 되었습니다."
세존께서는 비구들에게 다시 말씀하셨다.
"비구들아, 그대들 가운데 누군가가 저 바라문의 선행에 대해서 기억하고 있느냐?"
세존의 말씀을 듣고 사리뿟따(Sariputta) 장로가 아뢰었다.
"세존이시여, 저는 저 바라문의 선행에 대해 기억하고 있습니다."
"사리뿟따야, 그대는 저 바라문의 어떤 선행을 기억하고 있느냐?"

"세존이시여, 제가 라자가하에서 걸식을 하고 있을 때, 저 바라문이 저에게 국자로 음식을 퍼 주었습니다. 세존이시여, 저는 저 바라문의 그와 같은 선행을 기억하고 있습니다."

"사리뿟따야, 착하고 착하구나. 바른 사람은 은혜를 알아야 하고 은혜를 잊지 말아야 한다. 사리뿟따야, 그대가 그의 선행을 기억하니 그대가 그를 출가시키고 그에게 구족계를 주도록 하라."

"세존이시여, 어떻게 저 바라문을 출가시키고 구족계를 주어야 합니까?"

이에 세존께서는 이러한 상황을 고려하여 설명을 하신 뒤 다시 비구들에게 말씀하셨다.

"비구들아, 지금까지 나는 삼귀의에 의해 구족계를 주도록 허락하였다. 그러나 오늘부터 그것을 폐지한다. 이제부터는 백사갈마에 의해 구족계를 주도록 허락한다."[4]

이처럼 출가 이전의 선행 등과 같은 인연을 통하여 화상을 정하였다고 보인다. 일단 화상이 정해지면 그는 수구 지원자가 무사히 구족계를 받을 수 있도록 모든 면에서 세심하게 배려해야 한다. 먼저 출가를 위하여 기본적으로 필요한 삼의일발(三衣一鉢)을 마련해주고 승가에 그 뜻을 알린다. 즉 화상의 추천으로 수구식이 열리게 되는 것이다. 화상은 수구 지원자의 보증인과도 같은 입장으로 참석하여 그가 의식을 제대로 마칠 수 있도록 돌보게 된다.

화상은 자신의 제자가 구족계를 받을 자격이 있다고 판단되면

---

4) Vinayapiṭaka Ⅰ, 55-56.

자신을 제외한 나머지 9명의 비구를 모아 수구식(受具式)을 거행할 준비를 하게 된다. 따라서 구족계를 받고자 희망하는 자가 첫 번째 해야 할 일은 화상의 선정이다. 화상이 없으면 수구식 자체가 이루어지지 못한다.[5]

출가 지원자에게 구족계를 주는 것은 화상으로, 다른 비구들은 단지 이 수구식을 진행하거나 그 유효성을 판단하는 정도의 입장에 놓인 비구들이다. 즉 화상은 계를 주는 주체란 점에서 수구지원자의 입장에서 보면 자신이 출가의 세계로 들어서는 데 있어 가장 큰 은혜를 베풀어 준 비구라고 할 수 있다.[6]

구족계 의식 가운데 교수사(教授師)가 장도법(障道法)을 묻는 속에 "그대의 화상 이름은 무엇이냐?"고 하는 항목이 있다. 더구나 구족계 의식에 앞서 계단(戒壇)에서 화상을 청하는 의식을 하고, 또 구족계갈마 속에서도 화상의 이름을 반복하여 말하게 되어 있다. 제자에게 화상은 이미 정해져 있음을 수구식의 과정에서도 잘 알 수 있다. 또한 출가의식의 경우에도 완비된 설명에서는 계사와 화상의 두 사람을 거론하고 있으므로, 사미가 될 때에 이미 화상이 정해져 있었다는 것이 확인된다. 따라서 제자가 화상을 위촉하는 것은 나중에 결정하는 것이 아니라 빠를수록 좋은 것이다. 설령 사미라도 출가하여 승가에 들어올 때는 화상을 위촉하고 그 지도를 받는 것이다. 다만 사미의 경우에 율장에서는 화상이 없으면 출가를 허락하지 않는다고는 말하고 있지 않다.[7] 그러나 비구의 경우

---

5) 이자랑(2003), 「초기불교 교단의 종교의식과 생활」, 『불교평론』 14, 68.
6) 이자랑(2003), 「초기불교 교단의 종교의식과 생활」, 『불교평론』 14, 69.
7) 佐々木閑(2002)『出家とはなにか』, 178, "출가작법의 장에 보는 바와 같이 재

에는 화상 없이 구족계는 허락되지 않는다. "화상이 없는 자에게는 구족계를 주어서는 안 된다"[8]고 되어 있고, 또 "화상이 없이는, 구족계를 받아도 받은 것이 아니다"는 등의 설명이 있는 점을 통해서도 화상의 중요성을 알 수 있다. 그렇다면 화상제도는 어떻게 하여 생기게 된 것일까?

빨리율에서는 다음과 같이 말하고 있다.

> 그때 비구들은 화상이 없었으므로 교계를 받지 못하였고, 교도(敎導)를 받지 못하였으므로 상의·하의를 입는 방법도 바르지 않고 행의작법도 정돈되지 않은 채로 행걸(行乞)을 하였다. 그들은 사람들이 식사하고 있을 때, 부드러운 음식 위에 발우를 내밀고, 단단한 음식 위에 발우를 내밀고, 부식물의 위에 발우를 내밀고, 스스로 국물이나 밥을 요구하고, 그것을 먹었다. 그리고 식당에서 큰 소리로 소리를 지르면서 지냈다.[9]

> 비구들이여! 나는 화상이 있는 것을 허락한다. 비구들이여, 화상은 제자(共住弟子, saddhivihārika)를 만나는 것을 자식을 생각하는 마음으로 하라. 제자는 화상을 섬기기를 아버지를 생각하는 마

---

가자가 사미출가하여 사미가 될 때 그를 받아들일 책임자가 되는 자를 화상이라고 한다. 출가를 희망하는 자는 사미출가의 의식을 받기에 앞서 각자의 노력에 의해 자신의 화상을 찾아내지 않으면 안 된다. 자신의 화상이 결정되면 그 비구 앞에서 삭발하고 삼의일발을 받아 지니고 그 비구 앞에서 삼귀의를 외운다. 이에 화상이 된 비구는 이 지원자를 사미로서 받아들인다는 것을 승인한다. 이것이 사미출가의 수순이다."
8) Vinayapiṭaka Ⅰ, 89; 『四分律』권34(T22, 811b).
9) Vinayapiṭaka Ⅰ, 44; 『彌沙塞部和醯五分律』권15(T22, 110c); 『四分律』권33(T22, 799bc).

음으로 하라. 만약 이와 같이 그들이 서로 존경하고, 외경하고 화경(和敬)하며 지낸다면, 이 법과 율에 있어서 증장, 번영·광대함을 가져올 수 있을 것이다.[10]

또한 『사분율』에서는 다음과 같은 설명이 보인다.

그때 가르침을 제대로 받지 못한 사람들은 위의에 맞지 않고 옷 입는 것이 가지런하지 않고, 걸식하는 것이 법답지 않아 곳곳에서 부정한 음식을 받거나 혹은 부정한 음식을 받거나 죽과 밥을 먹을 때에 큰 소리로 떠들어 마치 바라문이 보이는 법과 같이 하였다. 이때에 어떤 병들은 비구는 제자가 없어 간호할 이가 없으므로 죽었다. 비구들이 부처님께 이 사실을 말씀드리니 부처님께서 말씀하시었다. "지금부터 화상이 있거든 화상에 제자를 간호하되, 자식과 같이 하고, 제자는 화상을 간호하되 아버지와 같이 하여 서로서로 공경하여 정중히 보살피라. 이렇게 하여야 바른 법이 오래도록 이로움이 광대하리라."[11]

이처럼 율장에 따르면[12] 처음부터 화상제도가 있었던 것은 아님

---

10) Vinayapiṭaka Ⅰ, 45; 『四分律』 권33(T22, 799c); 『彌沙塞部和醯五分律』 권16 (T22, 110c).
11) 『四分律』 권33(T22, 799bc).
12) 佐藤密雄(1963), 『原始佛敎敎團の硏究』, 248. 상좌계의 『사분율』도 『오분율』도 거의 빨리율과 같으며 또한 『십송률』의 수구구족계는 이 기사로부터 시작하고 있다. 대중부의 『승기율』은 화상의 존재를 기정사실로 하여 간단하게 비구들이 사람을 제도하여 교계하지 않았으므로 '청정구족하지 않고 화상아사리에 승사하는 것을 알지 못했다'는 상태에 있었기에 화상 10법을 갖추어야 할 것과 제자의 의지를 청하는 방법을 제정하였다고 되어 있다. 또한 빨리

을 알 수 있다.[13] 그러므로 삼의의 착용법이 제각각이고, 걸식하러 가서 발우를 내밀고 밥을 달라 하기도 하고, 식사 때에는 큰 소리를 내면서 밥을 먹기도 하여 "마치 바라문이 보이는 법과 같이 하였다"라는 비난을 듣기도 하였다. 바라문이 보이는 법과 같았다는 것이 어느 정도였는지 자세히 알 수는 없다. 그러나 비구들의 생활이 이처럼 질서가 없었기 때문에 비구들을 제자로 삼아서 올바른 행법을 지도해줄 화상이 필요했던 것이다. 이것이 바로 화상제도가 만들어진 이유이다. 화상제도는 교단의 체계적인 교육의 부재로 비구들의 생활이 무질서해짐에 따라 비구들에게 올바른 행법을 가르쳐 여법한 비구로서의 위의를 갖추도록 지도해줄 화상의 필요성을 인식한 붓다가 제정한 것이다. 화상제도를 제정하게 된 이유에 대해서는 거의 모든 율장에서 공동적으로 설명하고 있다.[14]

화상과 제자의 관계는 일단 맺어지면 해소될 수 없다. "제자는

---

    율은 우류비라가섭(優留毘羅迦葉) 등 3형제의 제자 1,000인의 귀의와 사리불 목련과 함께 귀의한 250인 등의 기사를 기록한 뒤 이 화상법 기사를 기록하고 있다. 특히 그 사이의 인과관계는 지적하지 않는다.『사분율』과『오분율』은 인과관계를 인정하여 이들 귀의자가 다수가 있어 위의 등에 혼란이 생겼으므로 화상법을 제정하였다고 하고 있다.

13) 佐藤密雄(1963),『原始佛教教團の研究』247. 삼귀에 의해 수구를 준 비구는 신비구에 대하여 직접 교계에 해당하는 스승, 즉 화상이었던 것이다. 이와 같이 본다면 화상법과 제자법이 제정되기 이전부터 이미 화상법적인 존재는 실제상 있었던 것이며 이것이 불완전하였기에 제도화하고 확충하여 그 효과를 확실하게 하기 위하여 제정한 것이라 보인다. 또한 화상 즉 스승을 구하여 그 스승과 동주의지(同住依止)하여 교계지도를 받는 것은 거슬러 올라가 그 원형을 볼 수 있는 것은 바라문의 4수행기의 첫 번째 범행기와 범행자(brakmacain)가 제자(sisya)로서 스승(guru) 있는 곳에 가서 의지하여 동주하여 교계지도를 받는 것이 원형이 된 것이라고 사토 미츠오는 보고 있다.

14)『근본설일체유부비나야』에서만 보이지 않는다.

화상을 보기를 아버지와 같이 하고 화상은 제자를 보기를 자식과 같이 한다"라는 설명과도 같이, 이미 부모와 자식과 같은 관계이며 그 관계는 지속되는 것이다. 다시 말해 평생 스승인 것이다. 제자는 화상의 지도를 받지만, 10년이 지나면 스스로 화상이 되어 제자를 받아들일 수 있다.[15] 따라서 제자는 일생 동안 화상에게 봉사는 하지만, 실질적으로 지도를 받는 것은 10년간이라고 보면 된다. 또한 그렇기 때문에 설령 도중에 화상이 죽거나 하여 화상을 잃었다고 할지라도, 새로운 다른 화상을 구하지 않는다. 그러나 자기보다도 화상이 먼저 죽는 것은 연령상으로 피할 수 없다. 제자는 언젠가는 화상을 잃는다. 그러나 젊어서 화상을 잃는 경우에는 화상을 대신할 지도자가 필요하다.

> 그때에 새로 계를 받은 비구가 화상이 죽어서 가르칠 사람이 없었다. 가르침을 받지 못한 까닭에 그는 위의에 맞지 않고 옷 입는 것이 가지런하지 못하고 걸식하는 법도 법답지 않아 곳곳에서 부정한 음식을 받거나 부정한 발우의 음식을 받거나 죽과 밥을 먹는 자리에서 큰 소리로 떠들어 마치 바라문의 모임과 같이 하였다.
>
> 지금부터 아사리를 모시고 제자를 갖도록 허락하노니 아사리는 제자에게 자식과 같은 생각을 두고 제자는 아사리를 아버지와

---

15) 사토 미츠오, 김호성 역(1991), 『초기불교교단과 계율』, 90. "원칙적으로 비구는 보통 10년, 특별히 총명한 비구는 5년, 총명하지 못한 비구는 평생토록 화상을 의지해야 한다. 의지라는 것은 형식적으로는 함께 머무르며 생활하는 것이며 제자라고 번역한 원어도 동주자라는 의미이다. 비구는 수구 후 10년이 되기 전에는 화상이 되어 제자를 거느릴 자격이 없는데 그때까지는 수학기라고 해야 할 것이다."

같이 생각해서 차츰차츰 서로 받들라.[16]

그리고 화상이 생존해 있다 하더라도 제자가 항상 화상의 곁에 있을 수는 없다. 제자가 화상의 곁을 떠나서 유행을 떠날 수도 있고, 교범이나 계율을 익히기 위해 전문 비구에게 찾아가는 경우도 있다. 이와 같이 제자가 화상의 곁을 떠나면 화상의 지도를 잃게 된다. 이러한 경우에 제자는 화상을 대신할 별도의 지도자를 구해야 한다. 이 화상을 대신하는 지도자가 바로 의지아사리(nissayā-cariya)이다.

율장에는 화상과 제자와의 관계를 해소하는 규정은 나타내고 있지 않다. 다만 화상을 잃는 경우에 대하여 설명하고 있다. 빨리율에는 다음과 같은 설명이 보인다.

"비구들이여, 화상으로부터 의지를 잃는 것에 다섯 가지가 있다. 화상이 가거나, 환속하거나, 죽거나, 외도로 개종하거나, 명령을 주는 것이다."[17]

제자가 화상의 감독지도를 잃는 경우의 다섯 가지를 들고 있다. 즉 첫째 화상이 주처에서 떠난 경우, 둘째 환속한 경우, 셋째 죽는 경우, 넷째 다른 종교로 옮긴 경우, 다섯째 화상이 명령을 준 경우이다.

첫째, 화상이 주처를 떠나서 멀리 가는 경우에는 대신 의지할

---

16) 『四分律』 권34(T22, 803ab).
17) Vinayapiṭaka Ⅰ, 62.

아사리를 구해서 그에게 의지하여야 한다. 물론 이때 아사리는 화상이 아니다. 화상이 돌아오면 화상에게 다시 의지하게 된다. 화상이 환속하거나 죽거나 외도로 개종한 경우에는 영원히 화상은 없게 된다.[18] 이 경우 반드시 10세 이상의 다른 비구에게 의지해야 한다. 셋째, 화상이 죽는 등의 경우는 원칙적으로 10세 비구가 될 때까지 의지아사리가 필요하다. 그 외의 경우 교육 등의 관계로 의지를 구한 기간만 의지하고 그 기간이 끝나면 화상의 의지로 돌아간다. 다섯째의 "명령을 준다"라고 하는 것도, 명령을 준다는 것은 화상이 다른 경사나 논사에게 의지하여 경이나 논을 배우라고 명령하는 경우이다. 이때의 스승은 아사리이므로 아사리에게 의지하고 있는 동안에는 화상의 의지를 떠나 있으나, 공부를 다 하고 나면 다시 화상에게 되돌아간다. 또 아사리에게 의지하고 있을 때라도 화상이 내방하여 함께 있게 되면, 그 동안은 화상에게 의지한다. 명령에 해소되어 다시 화상에게 의지하게 되는 것이다.

그리고 제자가 화상의 지도에 따르지 않을 때에 화상은 제자를 벌할 수 있다. 빨리율에는 이것을 빈출(擯出, panāmetum)로서 처벌할 수 있다고 설명한다. 그것에 따르면 화상은 올바로 시봉을 잘 하는 제자를 빈출해서는 안 되지만, 올바로 시봉하지 않는 제자는 빈출해야 한다고 되어 있다. 올바로 시봉을 한다는 것은 "화상에 대해서 최상의 존경심과 화상의 참회심, 최상의 경외심을 갖고 최상의 수습을 한다"는 것이다. 이렇게 하지 않는 것은 올바로 시봉하는 것이 아니다. 빈출이 곧 승가로부터의 추방은 아니다. 그

---

18) 사토 미츠오, 김호성 역(1991), 『초기불교교단과 계율』, 94.

것은 "그대를 빈출한다", "너는 여기에 돌아오지 말라", "너는 의발을 가지고 떠나라", "너는 나를 시중들 수 없다"라고 말한다. 그런데 율장은 이에 대하여 "빈출 당한 자는 참회해야 하며, 화상은 참회를 받아들여야 한다"고 하였다. 즉 빈출은 절대적 추방이 아니라 훈계하기 위한 조치라고 생각된다.

『오분율』에는 화상이나 아사리를 공경하지 않거나 계를 공경하지 않는 경우에는 불공어법(不共語法)의 처벌을 하도록 규정하고 있다. 불공어법이란 함께 말하지 않는 법으로 여기에는 다섯 가지가 있다.[19]

그리고 제자가 스승에게 참(慚)이 없고, 괴(愧)가 없고, 경(敬)하지 않고, 애(愛)하지 않고, 공양하지 않는 다섯 가지 일을 하게 되면 스승은 불공어법을 부과해도 좋다고 설하고 있다.

『사분율』[20]에는 가책법(呵責法)을 설하고 있다. 가책법의 방법은 "나는 그대를 가책한다. 그대는 내 방에 들어오지 말라. 그대는 나를 위해 심부름을 하지 말라. 그대는 내 아래에 오지 말라. 그대와 이야기하지 않는다"는 등의 말을 한다. 이어서 "제자에게 다섯 가지 일이 있으면 화상·아사리는 반드시 꾸짖어야 한다"고 말하고, "무참·무괴·가르침을 받지 않는 것·비위의(非威儀)를 하는 것·공경하지 않는 다섯 가지 일"을 나타내고 있다. 또 이 밖에 여섯 가지의 5사를 들고 있는데, 그것은 악인과 사귀거나, 음녀나 부녀의 집

---

19) 불공어(不共語)에는 다섯 가지가 있다. 첫째는 '너는 나와 함께 말하지 말라'고 말하는 것이요, 둘째는 '너는 하는 일이 있어도 나에게 아뢰지 말라'고 말하는 것이며, 셋째는 '나의 방에는 들어오지 말라'고 말하는 것이요, 넷째는 '나의 옷과 발우를 갖거나 내가 하는 여러 가지 일들을 도와주지 말라'고 말하는 것이요, 다섯째는 '와서 나에게 보이지 말라'고 말하는 것이다.
20) 『四分律』권34(T22, 804b).

에 발을 들여놓는 등의 불행의(不行儀)이다. 그러나 이 가책은 "일생 동안 부과해서는 안 된다, 또한 환자를 가책해서는 안 된다, 현전에 없는 자를 가책해서는 안 된다, 그 과실을 제시하지 않고 가책해서는 안 된다" 등 가책해서는 안 되는 경우를 말하고 있다.

처벌에는 바라이나 승잔처럼 엄한 것도 있지만, 스승이 제자를 벌하는 것은 사사로이 벌하는 것이기에, 그처럼 엄한 벌은 허용되지 않는다. 고작해야 자기의 슬하에서 내보내는 것이 벌이다. 그러나 이렇게 빈출당한 제자는 여법하게 회과해야 하며, 회과하면 바로 빈출은 해제된다. 따라서 빈출에 의해 화상과 제자의 관계가 끊어지는 것은 아니다.


## III. 화상의 자격

화상(和上, upajjhāya, upādhyāya)은 비구라면 누구나 되는 것은 아니다. 제자를 교육할 수 있는 능력이 있는 사람이어야 한다. 그러나 화상의 자격조건을 지나치게 규제하면, 변지(邊地) 등 사람이 부족한 곳에서는 화상의 적격자가 없을 수도 있고, 제자를 양성할 수 없게 되어 결국 교법이 단절될 위험이 있다. 그러므로 화상의 자격에 대하여 율장에서는 여러 가지로 자격에 대해 말하고 있지만, 기본적인 조건은 법랍 10세(구족계를 받고 나서 10년)라고 하는 것이다. 『사분율』에서는 다음과 같은 설명이 보인다.

그때에 비구들이 부처님께서 계를 제정하시어 남에게 구족계를 주어도 좋다고 허락하심을 듣고 새로 배우는 비구들도 경솔히 남에게 구족계를 주었으나 가르치지 못했다. 가르치지 못한 까닭에 …… 바라문의 모임과 같이 하였다. 그때에 여러 비구들은 이 말을 들었는데 그중에 욕심이 적고 만족함을 알고 두타를 행하고 계를 배우기를 좋아하고 부끄러움을 아는 이는 그 비구들을 꾸짖었다. ……

지금부터 열 살된 비구는 남에게 구족계를 주도록 허락한다. 그때에 그 비구들은 부처님께서 계를 제정하시어 열 살이 된 비구는 남에게 구족계를 줄 수 있다고 허락하심을 듣고, 열 살이 된 어리석은 비구들도 경솔하게 구족계를 주고는 가르칠 줄 몰랐으므로 …… 다시 바라문의 모임과 같게 하였다.

그때에 여러 비구들이 이 말을 들었는데, 그중에 욕심이 적고 만족함을 알고 두타를 행하고 계율 배우기를 좋아하고 부끄러움을 아는 그 비구를 비난하였다. ……

지금부터 열 살이 되고 지혜가 있는 비구는 남에게 구족계를 주도록 하라. ……

그때에 여러 비구들이 부처님께서 계를 제정하시어 열 살이 되고 지혜가 있는 비구는 남에게 구족계를 주도록 허락하심을 듣고, 스스로가 말하기를 나는 열 살이 됐고 지혜가 있으니 남에게 구족계를 줄 수 있다 하면서 제멋대로 구족계를 주고서는 가르치지 못했으며, …… 바라문의 모임과 같이 하였다.[21]

---

21) 『四分律』권34(T22, 800ac).

『사분율』에서는 화상의 자격으로서 법랍 10년 된 지혜 있고 가르칠 수 있는 능력을 지닌 자이어야 함을 지적하고 있다. 화상의 자격에 대해서는 『사분율』뿐만 아니라 각 부파의 모든 율장에서도 말하고 있다. 특히 빨리율에는 이에 대한 상세한 설명을 하고 있다. 화상은 교단의 구성원이 될 사람들에게 구족계를 주어 비구를 만드는 권한이 주어지기에 수행자로서의 품위와 중과를 갖추어야만 한다. 또한 제자에게 교육을 시키기 위해서는 지식을 갖추어야 하고, 그들을 지도할 교육의무를 갖지 않으면 안 된다. 화상의 가장 기본적인 자격은 유능한 비구로서 범랍이 10세 또는 10세 이상이어야 한다. 이러한 자격을 갖춘 비구만이 구족계를 줄 수 있다고 하였다. 유능한 비구로서 구족계를 줄 수 있는 비구가 되기 위해서는 다음과 같은 자격을 갖추고 의무를 다해야만 한다.

첫째, 본인 스스로도 무학(無學)의 계온(戒蘊), 무학의 정온(定蘊), 무학의 혜온(慧蘊), 무학의 해탈온(解脫蘊), 무학의 해탈지견온(解脫知見蘊)을 갖추어야 한다. 이 다섯 가지를 갖춘 비구는 다른 사람에게 구족계를 줄 수 있고, 의지가 되며, 사미를 둘 수 있다.[22]

둘째, 스스로도 무학의 계온을 갖추고 다른 사람에게도 무학의 계온을 갖추게 하는 비구, 스스로도 무학의 삼매를 갖추고 다른 사람에게도 무학의 삼매를 갖추게 하고 …… 스스로도 무학의 해탈지견온을 갖추고 다른 사람에게도 무학의 해탈지견온을 갖추게 한다. 이 다섯 가지를 갖춘 비구는 다른 사람에게 구족계를 줄 수 있고, 의지가 되며, 사미를 둘 수 있다.[23]

---

22) Vinayapiṭaka Ⅰ, 62-63.
23) Vinayapiṭaka Ⅰ, 63.

셋째, 믿음[信]이 있고, 부끄러움[慚]이 있고, 양심[愧]이 있고, 열심히 노력하고[發勤], 기억을 갖춘 자[不忘念] 등 이 다섯 가지를 갖춘 비구는 다른 사람에게 구족계를 줄 수 있고, 의지가 되며, 사미를 둘 수 있다.[24]

넷째, 증상계를 어기지 않고, 증상행을 어기지 않고, 증상견을 어기지 않고, 많이 듣고[多聞], 지혜를 갖추는[具慧] 등 이 다섯 가지를 갖춘 비구는 다른 사람에게 구족계를 줄 수 있고, 의지가 되며, 사미를 둘 수 있다.[25]

다섯째, 시자나 제자에게 병이 났을 때 스스로 간병하거나 다른 사람이 간병하도록 하고, 불쾌할 때 그것을 스스로 없애거나 다른 사람이 없애도록 하고, 악작이 일어날 때 법에 입각하여 그것을 스스로 제거하거나 다른 사람이 제거하도록 하고, 범한 것을 알고, 출죄를 안다. 이 다섯 가지를 갖춘 비구는 다른 사람에게 구족계를 줄 수 있고, 의지가 되며, 사미를 둘 수 있다.[26]

여섯째, 시자나 제자에게 증상행의(增上行義)의 학(學)에서 배우게 하고, 초범행(初梵行)의 가르침으로 인도하게 하고, 증상법으로 인도하고, 증상률로 인도하고, 제시된 견해에 대해 법에 의해 스스로 떠나거나 혹은 다른 이로 하여 떠나게 할 수 있다. 이 다섯 가지를 갖춘 비구는 다른 사람에게 구족계를 줄 수 있고, 의지가 되며, 사미를 둘 수 있다.[27]

일곱째, 범함을 알고, 범하지 않음을 알고, 가벼운 범함을 알고,

---

24) Vinayapiṭaka I, 63.
25) Vinayapiṭaka I, 64.
26) Vinayapiṭaka I, 64.
27) Vinayapiṭaka I, 64-65.

무거운 범함을 알고, 두 가지 바라제목차를 자세히 설명하고 잘 암기하고 잘 분별하고 잘 전달하고 경(經)과 문을 잘 결택한다. 이 다섯 가지를 갖춘 비구는 다른 사람에게 구족계를 줄 수 있고, 의지가 되며, 사미를 둘 수 있다.[28]

화상의 책임으로서, "화상은 제자를 질문·설시·교계해야 한다"[29]라고 하고 있고, 이러한 정도의 역량을 가지고 있는 사람이 아니면 화상이 되는 것을 허락하지 않는다. "비구들이여, 총명유능한 비구로서 10세 혹은 10세가 넘는 비구는 제자에게 구족계를 줄 수 있다"[30]라고 규정하고 있다. 이 법랍 10세라고 하는 것은 명확히 되어 있으나, 총명유능이라고 하는 것은 명확하지 않다. 그 때문에 다른 곳에는 "비구들이여, 5분(分)을 구족하지 않은 비구는 구족계를 줄 수 없고 의지가 될 수 없고, 사미를 둘 수 없다"[31]라고 하며, 무학의 계온·정온·혜온·해탈온·해탈지견온을 구족하지 않은 것을 말하고 있다. 그러나 무학의 오분법신을 갖추는 것은 보통 비구로는 불가능한 것이다. 그것으로는 화상이 될 수 있는 사람이 거의 없겠지만, 율장에는 이 이외에도 "상이 되고, 다른 이에게 의지가 되어 주고, 사미를 둔다"하는 세 가지를 행할 수 있는 사람을 들어 여러 가지로 말하고 있다. 예를 들면,[32] '믿음이 있고·부끄러움이 있고·양심이 있고·기억을 갖춘 사람', '증상계·증상행·증상견·많이 듣고·지혜를 갖춘 사람', '제자가 아플 때 간병하고, 불흔희(不

---

28) Vinayapiṭaka Ⅰ, 65.
29) Vinayapiṭaka Ⅰ, 50.
30) Vinayapiṭaka Ⅰ, 60;『彌沙塞部和醯五分律』권16(T22, 114a);『摩訶僧祇律』권28(T22, 457c);『四分律』권34(T, 803c);『十誦律』권21(T23, 149b).
31) Vinayapiṭaka Ⅰ, 62.
32) Vinayapiṭaka Ⅰ, 63-65.

欣喜)를 제거하고, 악작을 멸하고, 범을 알고, 출죄(出罪)를 아는 사람', 혹은 '범함·불범·경범(輕犯)·중범(重犯)을 알고, 양 바라제목차를 잘 이해하는 사람' 등, '5분구족(分具足)'을 여섯 가지에 대한 앎으로 설하고 있다. 이러한 조건이라면 일반 비구라도 화상이 될 수 있을 것이다.

『승기율』[33]에도 "10세 미만 비구로서는 사람을 제도하여 출가하게 하거나, 구족계 주는 것을 허락하지 않는다"고 말하고, 10세 비구로서 10세를 성취하였다면 사람을 제도하여 출가시킬 수 있고, 구족계를 줄 수가 있다고 하고 있다. 10법성취라고 하는 것은 ① 지계, ② 다문 아비담, ③ 다문 비니, ④ 계를 배우고, ⑤ 정을 배우고, ⑥ 혜를 배우고, ⑦ 능히 출죄하고, 능히 다른 사람을 출죄시킬 수 있고, ⑧ 능히 간병하고, 다른 사람을 간병할 줄 알고, ⑨ 제자에게 어려움이 있으면 능히 어려움을 벗어나게 하고, 능히 다른 사람도 벗어나게 하고, ⑩ 만 10세라는 것을 말하고 있다.

『오분율』[34]에도 "10법을 성취하게 되면 다른 사람에게 구족계를 줄 수 있다"고 한다. 10법으로서 ① 계 성취, ② 위의를 성취하여 작은 죄에도 두려워[畏懼]할 줄 알고, ③ 다문으로 능히 부처님이 말씀하신 바의 법을 수지하고, ④ 2부의 율을 잘 외워 그 뜻을 분별하며, ⑤ 제자에게 계정혜 삼학을 가르칠 수 있고, ⑥ 제자의 의심을 제거할 수 있고, ⑦ 제자의 병을 치료할 수 있고, ⑧ 제자에게 악사견(惡邪見)이 생기면 그것을 잘 제거하고, ⑨ 제자에게 국토각(國土覺)이 일어나지 않도록 그 뜻을 잘 돌이키게 하고, ⑩ 만 10

---

33) 『摩訶僧祇律』 권28(T22, 457c).
34) 『彌沙塞部和醯五分律』 권17(T22, 114c).

세 혹은 과 10세라 하는 10법을 들고 있다. 또한 다른 10법으로서 ① 중죄를 알고, ② 경죄를 알고, ③ 추죄(麤罪)를 알고, ④ 비추죄를 알고, ⑤ 유여죄(有餘罪)를 알고, ⑥ 무여죄(無餘罪)를 알고, ⑦ 유갈마죄(有羯磨罪)를 알고, ⑧ 무갈마죄(無羯磨罪)를 알고, ⑨ 죄의 인연을 알고, ⑩ 만 10세 혹은 과 10세라고 설하고 있다. 또한 이밖에도 "5법을 성취한 자는 구족계를 줄 수 있다"고 하여 5법성취를 다섯 번 말하고 있다.

『십송률』[35]에도 "지금부터 5법을 성취하고, 10세가 차거나 혹은 지나는 이는 마땅히 공주제자에게 구족계를 주어야 한다"라고 하고, "만 10세, 지계, 다문, 제자의 우회(憂悔)를 제거할 줄 알고, 제자의 악한 일을 제거할 줄 안다"는 등으로 5법 성취를 여러 번 말하고 있다.

여기에서 공통적으로 말하고 있는 것은, 화상은 계정혜 삼학을 갖추고 있을 것, 다문이고 율에 통달하고 있을 것, 제자의 질문에 답하고 그 의문을 제거할 줄 알 것, 제자의 사견을 제거할 수 있을 것, 제자의 병을 간병할 수 있을 것, 제자가 파계한 경우에 여법하게 그 죄를 제거할 수 있을 것, 10세 이상의 비구일 것 등이다. 그러나 삼학에 통달하는 데에는 정도 차이가 있으므로 이것은 확실한 기준이 되지 못한다. 그 외에 교법이나 계율에 통달하고 있다는 점도 어디까지라고 하는 확실한 한계가 없으므로, 결국 제자를 지도할 수 있는 능력을 가질 것과 10세 이상이라고 하는 것이 화상이 될 수 있는 조건이 된다. 또한 화상의 조건 중에 "제자에게

---

35) 『十誦律』 권21(T23, 149bc).

옷과 음식을 준다"라는 것은 이상의 제 조건에 들어가 있지 않다. 생활의 보증에 대한 책임은 화상에게는 없는 것이므로, 제자는 스스로 생활을 영위하지 않으면 안 되는 것일까? 이에 대하여 비구니율에는 "제자를 받아서, 두 가지 법(교법·옷과 음식)으로 제자를 섭호(攝護)하지 않으면 바일제이다"[36]라고 하는 조문이 보인다. 비구니의 경우에 생활상에서 화상의 책임은 무겁다. 물론 비구의 경우에도 화상이 제자의 생활을 돌보아 주는 것은 당연한 일이다.[37]

## IV. 화상법과 제자법

화상법과 제자법은 화상이 제자를 어떻게 지도하고, 제자는 화상을 어떻게 섬기는가를 제시한 것이다. 화상법과 제자법은 모든 율장에 상세히 하고 있는데 그 내용은 대체로 동일하다. 빨리율에 의해 화상과 제자의 의지관계를 보면 다음과 같이 정해져 있다. 빨리율에서는 "비구들이여. 화상이 제자를 간호하는 데에 마치 아들과 같이 생각하여야 한다. 제자가 화상을 간호하는 데에 마치 아버지와 같이 생각하여야 한다. 만약 이와 같이 서로 공경외경하여 화합하여 머문다면 이 법과 율이 장익광대하리라"라고 되어 있는데 이것은 광률에 있는 내용과 동일하다. 『오분율』에서는 "화상은 자연히 마음이 생기어 제자를 아들과 같이 애념하고 제자도 자

---

36) 『四分律』 권28((T22, 760b) 비구니 바일제법 제128조; 『彌沙塞部和醯五分律』 권13(T22, 92c) 제121조; 『十誦律』 권45(T23, 328b) 제114조; 『根本說一切有部苾芻尼毘奈耶』 권18(T23, 1006a) 제112, 113조.
37) 平川彰, 석혜능 역(2003), 『원시불교의 연구』, 556-558.

연히 마음이 생하여 화상을 애중하기를 아버지와 같이 하라. 부지런히 서로 교계하여 다시 서로 경난한다면 즉 능히 불법을 증광하여 구주할 것이다." 즉 화상과 제자는 아버지와 아들의 관계와 같으며 상호관계[38]는 대등하고 평등하다고 할 수 있다.

## 1. 화상법

빨리율[39]에서는 제자법이 먼저 설명되어 있고, 일상생활에 대한 구체적인 행위가 제시되어 있다. 빨리율에서는 제자를 대하는 화상의 의무를 다음과 같이 자세하게 설명한다.

첫째, 화상은 법문을 제시하고 질문하고 가르침을 베풀어 제자를 보살펴야 한다. 화상은 발우(patta), 법의(cīvara), 자구(資具, parikkhāra)를 갖고 있는데, 제자가 가지고 있지 않으면 마련해 주어야 한다.

둘째, 제자가 병에 걸렸을 때는 아침 일찍 일어나 양지를 주고 죽이 있으면 죽을 주어야 한다. 다 먹고 나면 물을 준다. 제자가 일어나면 좌구(āsana)를 치우고 깨끗이 청소를 해야 한다.

셋째, 제자가 마을로 들어가고자 할 때는 하의(下衣, nivāsana)와 허리띠(kāyabandhana)를 준다. 대의(大衣, saṅghāṭi)를 주고, 발우를 준다. 제자가 돌아올 때가 되면 좌구를 준비하고 발 씻을 물과 발판

---

38) 개개인 사람들이 자신의 화상을 지니어 그 화상으로부터 교육을 받는 것이다. 화상과 제자의 관계와 같다고 말하지만 한 부모에게 여러 자식들이 있는 것과 같이 한사람의 화상에게 여러 제자가 있을 수 있는 상태도 있을 수 있다. 그 경우 복수의 제자들은 말하자면 형제와 같으므로 모두 한사람의 화상에게 모여 섬기며 교육을 받는 것이다.
39) Vinayapiiṭaka I, 46-55.

(pādapitha)과 수건을 정리한 후 제자를 마중 나가 발우와 법의를 받아야 한다. 그리고 하의를 주고 입고 있던 하의를 받아야 한다. 법의가 땀에 젖어 있으면 햇빛에 말려서 개어 놓고 그 위에 허리띠를 놓아야 한다.

넷째, 제자가 걸식한 음식을 먹으려고 하면, 화상은 제자 가까이에 그 음식을 두고, 물이 필요한 지 물어봐야 한다. 공양 후에는 발우를 씻어 햇빛에 말리고 뒷정리를 한다. 제자가 자리에서 일어나면 화상은 좌구(坐具)·세족수(洗足水, pādodaka)·족태(足台, pādapiṭha)·족포(足布, pādakaṭhalika) 등을 정돈한다.

다섯째, 제자가 목욕을 하고자 하면 목욕 준비를 해야 한다. 만일 제자가 차가운 물로 목욕하기를 원하면 제자가 원하는 대로 냉수(sīta)를 준비하고 따뜻한 물을 원하면 따뜻한 물(uṇha)을 준비하고 그에 필요한 세면도구·점토(洗科, mattika) 등을 준비한다. 가능하면 함께 욕실(jantāghara)에 들어가야 하는데, 얼굴에 점토를 바르고 앞뒤를 가린 다음 들어간다.

여섯째, 욕실에서는 장로비구 자리를 침범하거나 신참비구를 자리에서 내쫓아서는 안 된다. 목욕실에서도 제자를 보살펴야 한다.

일곱째, 만일 제자가 머물고 있는 정사가 더러우면 깨끗이 청소해야 한다. 정사를 청소할 때는 발우·법의·좌구(nisīdana)· 부포(覆布, paccattharaṇa)·요(bhisi)·베개(bimbohana) 등을 한 곳에 정리해 놓고 한다.

여덟째, 침상(mañca)·의자(pīṭha)·침상의 다리(mañcapatpādaka)·수

호(睡壺, khelamallaka)·목침(木枕, apassenaphalaka)·지부구(地敷具, bhu-mattharaṇa)를 문이나 문설주(kavāṭapiṭṭha)에 부딪치지 않도록 밖으로 낸다. 거미줄을 없애고 창문과 구석을 청소하고, 벽과 바닥은 닦고, 어떤 작업도 하지 않았다면, 물을 골고루 뿌려 정사가 먼지로 더럽혀지지 않도록 해야 한다. 쓰레기는 한 쪽에 버려야 한다.

아홉째, 지부구·침상의 다리·침상·의자·요·베개·좌구·부구·수호·목침 등은 햇빛에 말리고 먼지를 털어서 원래 자리에 두어야 한다.

열 번째, 발우와 법의도 제자리에 두어야 한다. 발우를 제자리에 놓을 때는 한 손으로 발우를 잡고 한 손으로 침상이나 의자 밑을 잘 정리한 다음 발우를 놓아야 한다. 법의를 제자리에 놓는 한 손으로 법의를 들고 다른 손으로 법의를 걸어두는 대나무나 노끈을 정돈한 다음, 단을 밖으로, 주름을 안으로 해서 보관한다.

열한 번째, 바람이 불면 창문을 닫고, 날씨가 서늘해지면 낮에는 창문을 열고 밤에는 닫는다. 더워지면 그 반대로 한다.

열두 번째, 방(pariveṇa)·창고(koṭṭhaka)·근행당(勤行堂, upaṭṭhānasā-lā)·화굴(火窟, aggisālā)·화장실(vaccakuṭi)이 더러우면 청소를 하고, 마실 물이 없으면 마실 물을 준비해야 하고 그 외에 다른 용도의 물이 없으면 그 물을 준비해야 한다. 헹굼용 물 항아리에 물이 없으면, 그것에 물을 채워두어야 한다.

열세 번째, 제자에게 불쾌(anabhirati)·악작(惡作, kukkucca)·악견(惡見, diṭṭhigata)이 생기면 화상 스스로 하든지 아니면 다른 사람을 시켜서든지 그것을 없애든가 아니면 제자를 위하여 법을 설해야 한다.

열네 번째, 제자가 무거운 죄를 범하여 별주(別住, parivāsa)·본일치(本日治, mūlāya paṭikassana)·마나타(摩那埵, mānatta)·출죄(出罪, abbhāna) 등을 받을 때는 승가로 하여금 이러한 처분을 받도록 한다.

열다섯 번째, 승가가 제자에게 고절(苦切, tajjaniya)·의지(依止, nissaya)·빈출(擯出, pabbājaniya)·하의(下意, paṭisāraṇiya)·거죄(擧罪, ukkhepaniya)갈마를 시행하고자 하면 화상은 승가가 제자에게 갈마를 시행하지 않도록 하든가 가볍게 시행하도록 청해야 한다. 그래도 행해진다면 제자가 그 처분을 올바로 실행하고 그 처분에 순종하고 그 처분을 통해 죄에서 벗어나도록 청해야 하며 승가가 그 갈마를 해소하도록 청해야 한다.

열여섯 번째, 제자가 법의를 빨아야 하면, 법의 빠는 방법을 가르치거나 다른 사람이 빨게 한다. 제자가 법의를 만들고자 할 때, 염료를 끓여야 할 경우, 법의를 염색할 때도 이와 마찬가지로 한다. 법의를 염색할 때는 반복하여 뒤집어서 잘 염색해야 하며 물방울이 없어지기 전에 자리를 떠나서는 안 된다.

열일곱 번째, 제자가 병에 걸리면 보살펴주고 회복될 때까지 기다려야 한다.[40]

이상은 화상이 제자에게 행해야 할 의무로 매우 일상적인 생활에 관한 규정들이다. 이 내용들을 보면 화상은 제자와 함께 생활하면서 법을 설하고 질문 등을 하여 제자를 교화하고 보호하였다. 그리고 필요한 물품들을 마련해 주고 일상생활에서 제자가 알지

---

40) Vinayapiṭaka I, 50-53.

못하는 것과 부족한 점들이 있으면 가르쳐서 승가에서의 생활이 원만히 진행될 수 있도록 하였다.

## 2. 제자법

제자의 화상에 대한 의무를 규정하고 있는 것이 제자법이다. 제자법은 화상법에 대응하는 것으로 제자가 화상에 대하여 행해야 하는 의무를 밝힌 것이다. 제자법은 빨리율, 『사분율』[41], 『오분율』[42], 『마하승기율』[43] 등에서 밝히고 있는데, 그 내용들은 비슷하므로 빨리율을 중심으로 간략하게 살펴보겠다.

첫째, 아침 일찍 일어나 화상을 위하여 양지·양칫물·좌구를 준비하고 만약 죽이 있으면 죽을 드린다. 다 먹고 나면 물을 드린다. 화상이 자리에서 일어나면 좌구를 거두고 청소한다.

둘째, 화상이 마을로 갈 때는 하의와 허리띠를 드리고 허리띠를 두 겹이나 세 겹으로 감아 드린 뒤 대의(大衣)를 드린다. 그리고 발우를 드린다. 모시고 갈 때에는 적정한 간격을 유지하고 뒤따른다. 화상의 발우와 발우 속의 음식물을 대신 가지고 다녀야 한다.

셋째, 화상의 말을 중단시켜서는 안 된다. 다만 화상의 말이 계율에 어긋날 때에는 막아야 한다.

넷째에서 열여섯 번째까지는 화상법과 같은 내용이다. 화상이

---

41) 『四分律』 권33(T22, 801b-803a), "今已去當制弟子 如弟子所行 …… 弟子於和尙所不修弟子法 當如法治"
42) 『彌沙塞部和醯五分律』 권16(T22, 111a), "弟子應承奉和尙 …… 和尙病未差不得遊行"
43) 『摩訶僧祇律』 권34(T22, 502a-b), "共行弟子應如是事和上云何事 …… 若弟子衆多 下至一 拂拭床是名事"

행해야 할 도리를 제자도 또한 똑같이 행해야 하는 것으로 되어 있다. 승가에 함께 거주하기 때문에 양자가 평등하게 행할 수 있는 일상적인 생활들을 평등하게 주고받을 수 있도록 하고 있다.

열일곱 번째, 제자는 화상에게 항상 허락을 받아야 한다. 다음과 같은 일들은 항상 허락받고 행하라고 말한다.[44]

열여덟 번째, 화상이 병이 들었으면 생명이 있는 한 보살펴서 회복될 때까지 기다려야 한다.[45]

빨리율에서는 일상생활의 행의에 대해서 아주 구체적으로 제시하여 제자의 의무를 행하도록 하였고, 열일곱 번째 항목에 해당하는 것 등은 항상 화상의 허락을 받아서 행할 것을 제시하고 있다.[46] 제자는 화상에 대하여 최상의 존경심과 최상의 참괴심, 최상의 외경심을 갖고 최상의 수습을 행해야 한다. 이와 같이 올바르게 행하지 않으면, 제자는 화상으로부터 빈출을 당할 수 있고, 가책 등의 처벌을 받게 된다. 이 제자법도 또한 화상법과 같이 자세하게 제시하여 장차 화상이 될 수 있는 자격요건을 갖추는 데 바

---

44) 제자는 화상에게 여쭈어보지 않고 다른 사람에게 발우·법의·필수품을 주어서는 안 되며, 다른 사람에게서 발우·법의·필수품을 받아서는 안 된다. 다른 사람의 머리를 깎아 주어서는 안 되며, 다른 사람이 자신의 머리를 깎게 해서도 안 된다. 다른 사람에게 봉사해서도 안 되고, 다른 사람의 봉사를 받아서도 안 된다. 다른 사람의 의무를 대신해서도 안 되며, 다른 사람에게 의무를 대신하게 해서는 안 된다. 다른 사람의 수종사문(隨從沙門)이 되어서는 안 되며, 다른 사람을 수종사문으로 삼아서도 안 된다. 다른 사람의 발우 음식을 가져와서는 안 되며, 다른 사람이 발우 음식을 가져가게 해서는 안 된다. 화상에게 말하지 않고 마을을 들어가서도 안 되며, 묘지에 가서도 안 되며 먼 곳으로 떠나가서도 안 된다. Vinayapiṭaka Ⅰ, 50, "na upajjhāyaṃ anāpucchā ekaccassa patto dātabba, …… na disā pakkamitabbā."
45) Vinayapiṭaka Ⅰ, 46-50.
46) 『사분율』은 거의 같은 내용을 화상법을 앞에 제자법을 뒤에 설하여 화상·제자법의 내용도 빨리율과는 역으로 약간 복잡한 설명 방식을 하고 있다.

탕이 되게 하고 있다. 이와 같이 제자의 일은 일상 전반에 걸쳐 있다. 특히 주목해야 할 것은 제자가 단지 화상의 명령에만 복종하는 것이 아닌 화상이 잘못이 있다면 교정하는 독립된 입장이 보증되어 있다는 점이다. 화상이 율을 위반한 경우, 제자라고 해서 그것을 은폐해서는 안 된다. 화상을 깨우쳐서 조속히 벌을 받게 하는 것이야말로 제자의 의무라고 되어 있다. 결코 화상이 제자에 있어 절대자는 아니다. 아버지일지라도 자신의 아들에게 이치에 맞지 않는 행위를 강요하는 것이 허용되지 않는 것과 같이 화상도 어디까지나 바른 교육자라는 전제 하에서만 그 권위를 지닐 수 있는 것이다.

화상과 제자의 관계는 율에 의해 엄밀하게 정해져 있다. 화상이 제자보다도 상위의 입장에 있다고 하여 마음대로 할 수 있는 것이 아니다. 율을 일탈한 부정당한 교육은 허용되지 않는다. 예를 들어 다른 이에게 폭력을 휘두르기도 하고 욕설을 하는 것은 바라제목차에 의해 금지되어 있다. 이 규칙은 모든 비구에게 적용된다. 예를 들어 화상과 제자 사이에도 마찬가지이다. 따라서 화상이 교육적 견지에 있다고 해서 제자에 손을 들거나 폭언을 해서는 안 된다. 일반적으로 불교 승가 안에서 살아가는 자는 언제 어떠한 경우에 있어서도 폭력과 폭언을 절대적으로 금지하고 있는 것이다.

이상 제자의 화상에 대한 제자법과 화상의 제자에 대한 화상법은 완전히 평등하며 철저하게 민주적으로 되어 있다. 승가는 모든 행사, 재판, 결의 그 밖에 다른 어느 경우에서든 10년 비구도 오늘 출가한 비구도 완전히 평등하며 권리와 의무에 대하여 전혀 차별이 없으므로 화상법과 제자법도 그것을 반영하고 있는 것이라 생각된다.[47] 화상법과 제자법에 제시된 일상의 행위들은 화상과 제자가 평등하게 행하도록 규정하고 있다. 이것은 화상과 제자가 동일선상에서 평등하다는 의미가 아니고 아플 때나 곤란할 때 등은 상호간에 서로 돕는다는 의미에서 평등일 것이다. 이 규정들은 일방적으로 제자가 화상에게 봉사하는 것이 아니고, 화상 또한 절대적인 권리로 제자를 교육하는 것도 아니다. 화상과 제자는 존경과 자애로써 상호간에 서로 도와서 수행을 진척시켜 나간다는 의미가 나타나 있다.

## V. 나오는 말

불교 승가에 입단한 출가자의 수가 점차 증가하면서 비구로서 자격을 갖추지 못한 자들도 많아지게 되었다. 그러나 승가에는 그들을 교육하는 자가 없었기에 새로운 비구들은 승가에 들어와서도 어떻게 처신해야 할지 몰랐다. 점차 승가의 질서는 문란해졌고, 이로 인하여 외부로부터 비난을 받게 되었다. 그러자 붓다는 이에 대한 해결책으로 화상제도를 제정하여 비구들을 교육시킬 수 있도록 하였다. 승가는 교육과 생활이 동시에 이루어지는 공동체이다. 비구들을 교육시키는 사람으로는 화상, 교수사, 그리고 의지사

---

47) 佐藤密雄(1963), 『原始佛教教團の研究』, 255.

등이 있는데, 이 가운데 화상은 제자와 함께 승가에 머물면서 비구 자질을 갖출 수 있도록 교육시키는 중요한 역할을 담당하였다.

화상의 가장 기본적인 역할은 처음 출가를 한 사람에게 의발을 구해주고, 그 출가자를 위해 10인 승가를 구성하며 계단에서 구족계를 받도록 하는 것이다. 이 밖에 화상은 제자에게 교법과 계율 그리고 일상의 행의작법에 대해서 가르친다.

그러나 화상은 비구라면 어느 누구라도 될 수 있는 것은 아니다. 제자를 교육할 수 있는 역량을 갖추고 있어야 한다. 율장에서는 화상의 자격에 대하여 여러 가지를 말하고 있지만, 기본적인 조건은 수구한 후 법랍 10년 또는 10년 이상이다. 화상과 제자의 자격을 율장에서는 엄격하게 규정하고 있다. 화상은 계·정·혜 삼학에 통달하고 계나 경론을 잘 알아서 교계와 계를 베푸는 스승이 될 수 있어야 하고 제자에게 의지가 될 수 있어야 하는 등의 조건을 갖추어야 한다. 제자는 법랍 10년이 되면 화상이 될 수 있고, 다른 사람에게 의지가 되어주고 제자를 둘 수 있다. 따라서 이 점에서 생각하면, 제자가 화상의 지도감독을 받는 것은 10년 동안이라고 해도 과언이 아니다. 10년의 수학기를 지낸 비구는 화상의 지도를 여의고 수행할 수 있다. 화상의 지도를 여읜다는 것은 다른 사람을 지도할 수 있는 능력을 갖추었다는 것을 의미한다.

처음 출가를 한 사람은 먼저 화상을 정해야 한다. 화상이 있어야만 구족계를 받을 수 있기 때문이다. 화상을 정한 후에 화상은 제자를 위하여 승가에 구족계를 신청하고 승가로부터 구족계를 받도록 해야 한다. 계단에서 적법한 절차에 의하여 화상을 청하면 화상과 제자의 관계는 성립된다. 이들의 관계는 부모와 자식의 관계 같아서 한번 맺어지면 해소될 수 없다. 이들은 관계가 성립되면 서로 공경하고, 외경하고, 화경하여 법과 율을 증장시켜야 하는 의무를 함께 지니게 된다.

화상과 제자의 관계가 성립되면 양자 간은 그들에게 주어진 의무와 책임을 각각 수행해야 한다. 화상은 제자에게 설시·질문·교계해야 하고, 제자는 그 화상에 대하여 질문과 청교(請敎) 등을 행하여 서로 주고받으며, 옷과 음식을 서로 나누어 갖고, 병들었을 때는 간호해 주는 등 상호간에 평등하게 봉사하고 도우면서 수행생활을 한다. 화상과 제자는 서로 의지하고 동주하는 관계이기에 양자 간에 연기적으로 하도록 하였던 것이다. 어느 한쪽에 일방적인 희생이 요구된다면, 그들의 관계는 오래도록 유지될 수가 없기 때문이다. 화합을 지향하고 평등관에 입각하여 승가의 여러 가지 규칙들이 제정되었듯이 화상법과 제자법도 또한 이런 취지에서 그 항목들을 상세히 규정하고 있음을 알 수 있다.

화상에게는 제자법을 올바르게 이행하지 않는 제자에게 처벌을 할 수 있는 권한이 주어져 있다. 제자는 이와 같은 처벌을 받으면, 반드시 화상에게 참회를 해야 하고, 화상은 제자가 참회하고 용서를 빌면 반드시 용서를 해 주어야 한다. 서로 참회하고 용서를 해 줌으로써 죄가 소멸되어 화상과 제자의 관계는 원만하게 다시 회복되는 것이다.

화상이 있으므로 해서 제자는 구족계를 받고 비구가 될 수 있고, 승가의 일원이 될 수 있다. 화상은 구족계제도와 제자에게 없어서는 안 되는 존재이며, 승가의 교육을 책임지고 있는 자로 초기불교 승가에서는 중요한 위치에 있는 자임이 분명하다.

이 글은 「초기불교 상가에서 화상과 제자의 관계」(『인도철학』 22, 인도철학회, 2007, 133-162)를 수정·보완한 것이다.

# 불교 화합승의 실현에 대한 일고
## - 의식주의 공평한 분배를 중심으로 -

## Ⅰ. 들어가는 말

승가의 생활은 안거제도가 시행되면서 급속히 변화하였다. 안거는 승가의 생활을 유행에서 정주생활로 바꾸었고, 공동생활을 시작하는 계기가 되었다. 승가의 공동생활은 의식주가 해결되어야 가능하다. 그리고 공동생활을 원활하게 유지하기 위해서는 대중의 화합이 필요하다. 대중의 화합이 깨진다면 불교공동체인 승가는 존속될 수 없기 때문이다. 그러므로 불교 승가의 중요한 특징의 하나는 화합승(和合僧, samagga-saṃgha)이다. 화합승이어야만 불교의 이상인 평화가 실현될 수 있기 때문이다. 그리고 승가의 평화가 유지되어야만 구성원 개개인의 독자적 목표인 해탈, 즉 깨달음도 의미를 갖는다. 『사분율행사초(四分律行事鈔)』에 "승가는 화합으로서 뜻을 삼는다"고 하여 이를 명확히 보여준다.

율장에서는 승가화합을 법식(法食)·미식(味食)이라고 표현하는데, 법식은 같은 교법을 신봉하는 것이며 미식은 물질생활인 의식주 생활을 공동으로 하는 것이다. 이는 구성원 모두에게 의식주를 공평하고 정대하게 분배하여 불만이나 다툼이 일어나지 않게 하는 것이다. 승가는 다양한 계급과 부류가 모인 공동체이다. 그러므로 아무리 사소한 사건과 문제일지라도 이는 다툼이나 분쟁의 원인이 될 수 있다. 어떠한 문제보다도 특히 의식주에 관련된 일은 분쟁의 소지가 되기 쉽고 이는 화합을 깨는 결과를 초래할 수 있다. 그러므로 붓다는 승가의 공동생활을 저해하는 악행을 금지하는 규칙을 율로써 제정하였다. 여기에서는 의식주의 공평한 분배를 통해 승가가 화합을 어떻게 이루어갔는가 하는 문제를 다루고자 한다.

## II. 화합승의 의미

승가는 출가 오중(五衆)의 집단으로 비구·비구니·식차마나·사미·사미니로 구성된다. 이 가운데 특히 비구와 비구니는 이부승가(二部僧伽), 즉 비구 승가와 비구니 승가를 대표하는 자들로 공동생활을 통하여 화합승을 실현하고 있다. 승가의 모든 생활은 화합승을 지향하므로 비구와 비구니는 화합의 요구에 부응해야 한다. 그렇다면 화합승이란 무엇을 의미할까? 빨리율과 『오분율』 등 제 율장을 통해 화합에 대한 정의를 볼 수 있다.

먼저 빨리율에서는 화합에 대해 다음과 같이 설명한다.

> 화합이라는 것은 승가가 공동으로 생활하고, 동일한 경계에 서 있는 것이다.[1]

『오분율』에서는 화합에 대하여 달리 표현하고 있다.

> 화합이라는 것은 포살·자자·갈마·일상적인 행사를 함께 하는 것이다. 승가라는 것은 4인 이상이다.[2]

빨리율에서 공동으로 생활한다(samānasaṃvāsaka)는 것은 동일한 경계 안에서 의식주 생활을 함께 하는 것을 말한다. 즉 비구들이 승가의 정사를 공동으로 사용하고, 재가신자가 보시하는 물품을 균등하게 분배하여 생활하는 것이다. 또한 동일한 경계에 있다(samānasīmāya thito)는 것은 동일한 경계 안에 있는 모든 비구들이 『오분율』에서도 설명하는 바와 같이 포살이나 갈마 등을 함께 하는 것이다. 여기서 경계는 주처를 중심으로 주변에 있는 강이나 산, 큰 나무나 큰 바위 등을 표적으로 하여 사방에 일정한 범위를 정한다. 경계의 범위는 지역에 따라서 다를 수 있기 때문에 최대 3유순을 한도로 한다. 이 경계 안에 머무르고 있는 비구가 4인 이상이 되면 승가가 성립된다. 이때 성립된 승가는 현전승가이다.

---

1) Vinayapiṭaka Ⅲ, 173.
2) 『彌沙塞部和醯五分律』 권3(T22, 20c).

이 현전승가의 경계를 포살계(布薩界)라고도 한다.

경계는 보통 하나의 주처를 중심으로 정하지만, 하나의 경계 안에 두 곳 내지 세 곳의 주처를 두는 경우도 있다. 어느 한쪽의 주처가 보시물이 적어 생활이 어려울 경우에 가까운 곳의 풍요로운 주처와 함께 동일한 경계를 정하는 것이다. 이렇게 동일한 경계 안에 있으면 현전승가에 보시되는 모든 물품이 두 곳의 주처에 공평하게 분배되기 때문에 어려운 생활이 좋아질 수 있는 것이다.[3] 이런 경우에는 각각의 주처에서 생활을 하지만, 동일한 경계 안에 머무르고 있기 때문에 포살 등의 행사에 전원참석하여 화합승을 이루어야 한다. 동일한 경계 안에 세 곳의 주처가 있는 경우에도 이와 같이 적용된다.

현전승가는 출입이 자유로워서 어느 누구라도 경계 안에 들어오면 구성원이 되고, 경계 밖으로 나가면 구성원이 아니게 된다. 그리고 현전승가의 구성원이 된 자는 의식주를 함께해야 하고, 승가에서 행하는 포살에도 출석해야 할 의무가 있다. 포살은 화합승을 실현하는 승가의 대표적인 행사로 동일한 경계 안에 있는 비구들이 동일한 계율을 지키고, 동일한 교법을 받고 수행한다는 것을 나타내는 것이다.[4] 이상에서 말하는 승가의 화합은 현전승가에서 포살·자자·갈마 등의 행사를 함께하며, 재가신자가 보시하는 물품을 공평하게 분배하여 의식주 생활을 함께하는 것이다. 즉 동일주처(同一住處)·동일포살(同一布薩)의 계(界)가 성립되면 승가의 화합은 이루어지는 것이다.

---

3) 平川彰, 석혜능 역(2003), 『원시불교의 연구』, 326-327.
4) 平川彰, 석혜능 역(2002), 『비구계의 연구 I』, 521.

『마하승기율』에서는 '화합승은 별중(別衆)을 하지 않는 것이다'[5]라고 한다. 여기서 별중은 전원출석의 조건이 성립되지 않은 것이다. 포살은 전원출석을 원칙으로 하기 때문에 단 1명이 출석하지 않더라도 별중이기 때문에 화합승이 성립되지 않는다. 포살의 불참석으로 별중이 되지 않기 위해서는 승가의 허락이 요구된다. 병비구가 포살에 출석하지 못하는 경우에는 승가의 다른 비구에게 청정(淸淨)을 주어서 자신이 계율을 잘 지키고 있으며, 범계하지 않고 있다는 것을 승가에 알려야 한다. 이로써 병비구는 포살의 결석을 인정받고, 별중에서 면제되어 화합승을 이루게 된다. 이밖에도 승가는 청정을 주지 못할 정도로 아픈 병비구는 평상을 이용해 포살당 안으로 옮기는 것을 허락하고, 포살당으로 옮기지 못할 정도로 병세가 심각할 경우에는 승가의 전원이 병비구가 있는 곳으로 가서 포살하는 것을 허락하고 있다. 또한 승가는 경계 안에서 별중으로 포살을 하지 않기 위해서 경계 밖에 임시로 소계(小界)를 맺어서 포살하는 것을 허락하고 있다. 단 이 방법은 포살당으로 옮기지 못할 정도로 병세가 심각한 병비구가 여러 명이고, 여러 곳에 흩어져 있는 경우로 한정하고 있다. 이 모든 조치들은 어떤 경우에도 동일한 경계 안에서는 화합승을 실현해야 한다는 승가의 의지를 보여주는 것이다.

만약 동일한 경계 안에서 4인 이상의 별중이 따로 모여 포살갈마를 한 경우에는 파승이 된다. 파승(破僧, saṃghabheda)은 화합승을 깨는 것이다. 여기서 4인은 승가의 성립 요건이 되고, 독자적으로

---

[5] 『摩訶僧祇律』 권7(T22, 282c).

포살갈마를 할 수 있는 조건이 된다. 파승은 동일한 경계 안에 두 개의 승가가 존재하는 것이고, 포살갈마를 하였다면 파갈마승(破 羯磨僧)이 된다. 파승은 화합승을 깨는 것이기 때문에 비구와 비구니의 계율에서도 중죄인 승잔(僧殘)법으로 처벌하고 있다. 승잔법 가운데 '파승위간계(破僧違諫戒)'에서는 비구가 승가를 분열시키려고 계획하거나 파승으로 인도하는 문제를 거론하여 승가에 다툼을 일으키는 것을 금지하고 있다. 또한 '조파승위간계(助破僧違諫戒)'에서는 승가의 분열을 계획하는 비구를 돕는 것을 금지하고 있다. 이 계율에서는 어떤 일이 있어도 승가의 분열을 막고 화합하기 위해서 파승을 계획한 비구와 그것을 돕는 비구에게 세 번까지 충고하는 것을 허락하고 있다.[6] 만약 승가 대중들이 충고를 하는 동안에 파승의 계획을 버리거나 파승을 계획하는 자를 돕는 것을 버리면 처벌되지 않는다. 만약 승가의 충고를 받고도 그 충고를 따르지 않는다면 파승의 의지를 가졌다는 것이 확인되는 것이므로 승잔죄로 처벌한다. 승잔죄를 범한 비구는 승가의 하좌(下座)로서 6일 낮밤 동안 비구 승가에서 마나타(摩那埵)의 행법을 행하고, 이 행법을 마치면 20인 비구 승가의 출죄갈마(出罪羯磨)를 통해서 출죄할 수 있다.[7] 비구니의 경우 비구니 승가에서 15일간 마나타의 행법을 행한 후에 비구 승가에 가서 다시 15일간 마나타의 행법을 행해야 한다. 이 행법을 마치면 각각 20인 이부승가의 출죄갈마를 통해서 출죄가 가능하다.

---

6) Vinayapiṭaka Ⅲ, 172-173; 『彌沙塞部和醯五分律』 권3(T22, 20c); 『摩訶僧祇律』 권7(T22, 282a).
7) 『摩訶僧祇律』 권5(T22, 262c).

승가의 갈마(羯磨, kamma)는 구성원의 전원참석에 전원찬성을 원칙으로 하는 의식이다. 갈마에는 백갈마(白羯磨)·백이갈마(白二羯磨)·백사갈마(白四羯磨) 등이 있으며, 의제에 따라 갈마의 방법은 달라진다. 여기서 백(白, ñatti)은 의제를 말하고, 갈마는 의제에 대해 찬부를 묻는 것이다. 갈마사는 갈마의 종류에 따라 1번 또는 3번의 찬부를 묻는다. 이 갈마에 대해 전원이 침묵을 하면 갈마사가 최종 결정을 말하고, 한 사람이라도 반대하는 자가 있으면 갈마의 안건을 승인할 수 없게 된다. 승가의 갈마는 어떤 의제에 대하여 전원이 찬성하여 가결될 때 화합승이 성립된다. 갈마에 출석하지 못하는 자는 욕(欲, chanda)을 전달해[與欲] 승가의 허락을 받아야 한다. 여욕(與欲, chandaṃ dātum)은 갈마에서 결정한 사안에 대하여 나중에 이의를 제기하지 않겠다는 의사를 표시하는 방법이다.

## Ⅲ. 의식주의 공평한 분배

붓다는 승가의 의식주 생활에서도 화합승을 강조하였다. 의식주를 통한 화합은 공평한 분배와 공평한 사용을 의미한다. 공평한 분배는 옷과 음식이 해당되고, 공평한 사용은 주처가 해당된다. 승가는 분배를 함에 있어 보시자의 희망을 우선적으로 반영하였다. 옷은 개인에게 보시하면 개인에게 주고, 승가에 보시하면 현전승가에서 분배하고, 사방승가에 보시하면 사방승가에서 받아 정사의 침구 등을 만들 때 사용하였다. 음식은 승가에 보시될 경우에는 현전승가에서 분배하였다. 주처는 사방승물로 현전승가의 거주자라면 어느 누구라도 공평하게 사용할 수 있도록 하였다.

승가는 보시물의 분배와 사용에 화합을 목적으로 승가 대중 가운데서 지사비구(知事比丘)를 선출하여 원활하게 승가의 일을 처리하도록 하였다. 지사비구는 승가에 보시되는 각종 물품을 보관하고, 분배 및 재산의 관리를 담당한다. 분배를 담당하는 지사비구는 승가에 보시되는 옷을 분배하고, 승가식(僧伽食)이 아닌 청식(請食)이 들어왔을 때 청식에 응하는 순서를 잘 배분하여 보내고, 방사와 침구 등을 공평하게 배분하는 일들을 하게 된다. 이와 같이 승가의 일을 처리하는 과정에서 지사비구는 최대한 공평하게 분배해야 한다. 하지만 분배를 받는 쪽의 입장에서는 지사비구의 분배에 대하여 불평할 수 있다. 그러나 붓다는 '혐매승지사계(嫌罵僧知事戒, 지사를 의심하거나 꾸짖지 말라)'를 제정하여 승가의 지사비구를 싫어하거나 욕하는 것을 금지시켰다. 지사비구는 승가의 갈마에 의해 공식적으로 선출된 소임자로 그의 처리방법에 다소 불만이 있을 수 있지만, 불만을 드러내고 늘어놓아서는 안 된다는 것이다.[8]

빨리율에서는 지사비구의 역할에 따라 의식주에 관한 소임을 구체적으로 보여주고 있다. 옷을 분배하는 분의인(分衣人, cīvarabhājaka)·우욕의(雨浴衣)를 분배하는 분욕의인(分浴衣人, sāṭiyagāhāpaka),[9] 청식에 응하는 순서를 정하는 차차청식인(差次請食人, bhattuddesaka)·죽을 분배하는 분죽인(分粥人, yāgubhājaka)·과일을 분배하는 분과인(分果人, phalabhājaka)·음식을 분배하는 분경식인(分硬食人, khajjak-

---

8) 平川彰, 석혜능 역(2010), 『비구계의 연구Ⅲ』, 230.
9) Vinayapiṭaka Ⅱ, 176-177.

abhājaka),[10] 발우를 분배하는 분발인(分鉢人, pattagāhāpaka)이 있다.[11] 이 밖에 방사를 분배하는 분방사인(分房舍人, senāsanapaññāpaka) 등을 들고 있다.[12]

## 1. 옷의 분배

현전승가에 보시되는 물품 가운데에는 옷과 음식이 대표적이다. 옷은 안거승에게 보시되는 시의(時衣)와 현전승가에 보시되는 비시의(非時衣)가 있다. 시의는 안거가 끝나고 작의시(作衣時)에 집중적으로 보시받아 안거를 마친 비구에게 평등하게 분배한다. 어느 한 주처에서 안거를 한 비구들은 재가신자가 안거승을 위해서 옷감을 보시하면 반드시 함께 분배하여 옷을 만들어 입어야 한다. 비록 어느 주처에서 한 사람의 비구가 안거를 한 경우에도 재가신자가 안거에 들어간 비구를 위해 갖가지 옷을 보시하였다면 한 사람의 비구에게 옷을 분배한다. 두 사람·세 사람·네 사람의 안거승에게도 이와 같이 옷을 분배한다. 만약 안거승이 자자를 마치고 해산하였더라도 시의를 안거승에게 공평하게 분배해야 한다.[13]

또한 안거를 마치고 자자를 했더라도 시의가 분배되지 않는 경우가 있다. 자자를 마치고 축출된 경우와 자신이 비구가 아니라고 고백하거나, 자신이 외도라고 말하거나, 불견빈(不見擯)·부작빈(不作擯)·악사부제빈(惡邪不除擯)을 처분 받았다고 하거나, 그 주처에 함께

---
10) Vinayapiṭaka Ⅱ, 175-176.
11) Vinayapiṭaka Ⅱ, 177.
12) Vinayapiṭaka Ⅱ, 166-167.
13) 『十誦律』 권27(T23, 199c).

머물지 않는다고 하거나, 그 주처에 자주 머물지 않는다고 하거나, 스스로 변죄(邊罪)를 지었다고 하거나, 속인이라고 말하거나, 불능남(不能男)이라고 말하거나, 비구니를 욕보였다고 말하거나, 월제인(越濟人)이라고 말하거나, 부모를 죽였다고 말하거나, 아라한을 죽였다고 말하거나, 승가의 화합을 파하였다고 말하거나, 나쁜 마음으로 붓다의 몸에 피를 내었다고 말하는 사람에게는 시의를 분배하지 않는다.[14] 또한 비구가 안거 도중에 승가의 허락 없이 결계(結界)를 벗어나 안거를 파한 경우에도 시의를 분배하지 않는다.

비시의는 현전승가에서 공평하게 분배한다. 현전승가의 인원수는 일정하지 않지만 비시의가 보시되면 그 당시 머물고 있는 대중들에게 공평하게 분배한다. 안거 기간에 비시의를 받았을 경우에도 현전승가에서 분배한다. 안거 기간에 받은 보시물은 원칙적으로 안거승에게 분배하지만, 재가신자가 현전승가에 보시하기를 희망했기 때문에 시의가 아닌 비시의로 현전승가에서 분배하는 것이다. 이 경우는 안거가 끝날 때까지 보관하지 않고 즉시 분배한다. 재가신자가 현전승가에 보시하였을 경우, 비록 승가의 성립 조건인 4인을 충족하지 못하더라도 보시물을 받아서 그 인원에 맞추어서 공평하게 분배할 수 있다. 또한 비구 승가가 비시의를 얻었음에도 불구하고 머무르는 비구가 없을 경우에는 비구니에게 분배하고, 비구니 승가가 비시의를 얻었음에도 불구하고 머무르는 비구니가 없을 경우에는 비구에게 분배해야 한다.

승가는 옷을 공평하게 분배하기 위해서 지사비구를 백이갈마로

---

14) 『十誦律』 권27(T23, 199c).

선출하였다. 지사비구는 애(愛)·분노[瞋]·어리석음[癡]·두려움[怖]에 따르지 않고, 분(分)과 불분(不分)을 알아야 하고,[15] 옷의 재질·색깔·가격·머릿수를 잘 알아야 한다.[16] 그리고 지사비구는 다음과 같이 옷을 분배해야 한다.

> 법의를 분배하는 비구들이 생각하였다. 법의는 어떻게 분배해야 하는가? 비구들이 그 사정을 세존께 아뢰었고, 이에 세존께서는 그들에게 법문을 베푸신 뒤 말씀하셨다. '비구들이여, 먼저 재질을 조사하고 양을 헤아려야 한다. 그런 다음 좋고 나쁜 것을 고르고, 비구들의 수를 계산하여 비구들을 몇 무리로 묶은 뒤 각 무리를 위한 옷을 분배한다.'[17]

> 그때 한 주처가 있었는데, 현전승이 나눌 수 있는 옷감을 많이 얻었다. 여러 비구들이 어떻게 할지를 몰라서 붓다께 가서 사뢰었더니, 붓다께서는 나누는 것을 허락하였다. 다시 어떻게 나누어야 하는지 알지 못하자 붓다께서 '응당히 사람의 다소를 헤아려야 한다. 10인·20인 내지 100인이라면 백분으로 해야 한다. 만약 좋고 나쁜 것이 있으면 당연히 서로 참가해서 분배해야 한다'라고 말씀하셨다.[18]

이상에서는 옷의 분배가 현전승가의 인원에 맞추어서 평등하게

---

15) Vinayapiṭaka Ⅰ, 285.
16) 『十誦律』 권34(T23, 250a).
17) Vinayapiṭaka Ⅰ, 285.
18) 『四分律』 권40(T22, 858c).

이루어져야 한다고 하였다. 그리고 옷이 좋고 나쁨의 차이가 있다면 승가 전원이 모여서 분배해야 한다고 하였다. 또한 승가에 보시된 옷이 많지 않아서 대중 전원에게 분배를 하는 것이 어려울 때에는 상좌부터 차례로 나누어주거나 승가의 백이갈마에 의해서 옷이 없는 비구에게 나누어주는 것도 허락하고 있다.

## 2. 음식의 분배

음식물은 비구들이 걸식으로 얻기 때문에 개인이 먹을 수 있다. 그러나 승가에 보시된 음식물은 현전승가에서 공평하게 분배한다. 다만 개인이 걸식으로 얻은 음식이라고 할지라도 현전승가에서 분배하여 먹어야 하는 경우가 있다. 특별한 음식, 즉 선물용의 떡(餠)이나 양식용의 보릿가루(麨) 등은 걸식을 한 비구가 혼자서 먹는 것을 금지하고, 승가에서 반드시 분배하여 먹도록 규정하고 있다. 이는 바일제법 가운데 '수이삼발식계(受二三鉢食戒)'[19]를 제정하게 된 인연담을 통해 살펴볼 수 있다.

카나라는 여성이 결혼을 하여 친정에 왔다가 시댁으로 돌아갈 때, 카나의 모친이 시댁의 양식으로 푸바(pūva)를 만들었다. 카나의 모친은 신앙이 깊은 우바이였는데, 걸식하러 온 비구에게 그 떡을 보시하였다. 떡을 보시 받은 비구가 다른 비구들에게 카나 모친의 집에 갔더니 떡을 얻을 수 있었다고 부추겨서 연달아 비구

---

19) Vinayapiṭaka Ⅳ, 80;『四分律』권14(T22, 659ab);『彌沙塞部和醯五分律』권7(T22, 51bc);『十誦律』권13(T23, 90ac);『摩訶僧祇律』권17(T22, 360c-361a);『根本說一切有部毘奈耶』권35(T23, 819b-820c).

들이 갔기 때문에 그녀는 양식으로 만든 떡을 모두 비구들에게 주었다. 그래서 카나는 시댁에 돌아갈 수가 없었다. 이런 일이 세 번이나 되풀이되었기 때문에 카나의 남편은 그녀가 돌아오기를 기다릴 수 없어 다른 여자와 결혼했다고 한다.[20] 또한 어떤 대상이 왕사성에서 파티야로카(paṭiyāloka)에 가려고 하였다. 그 대상에 들어가기 위해 한 우바새가 도로량(道路糧)의 보릿가루를 준비하였다. 그런 중에 비구가 걸식하러 오자 그 보릿가루를 보시하였다. 그러나 그 비구가 이것을 다른 비구에게 알렸기 때문에 연이어 비구들이 이 집에 걸식하러 갔고, 그 우바새는 보릿가루를 모두 보시하게 되어 결국 보릿가루가 모두 없어져, 결국 대상과 함께 여행을 떠날 수 없었다. 그래서 나중에 혼자 출발하였기 때문에 도중에 도적을 만나 재물을 박탈당하였다고 한다.[21]

이로 인하여 붓다는 '수이삼발식계'를 제정하여 재가신자가 자자청(自恣請)을 하여 떡과 보릿가루 등의 특별한 음식을 줄 때에는 두세 발우 가득 받고, 그 음식을 승가에서 분배하여 먹을 것을 규정하였다고 한다. 또한 이 계율에서는 비구가 특별한 음식을 두세 발우 이상 받는 것을 금지하고 있다. 그리고 다른 비구들이 특별한 음식을 얻으려고 재가신자의 집에 자꾸 찾아가는 것을 막기 위해서 개인이 얻은 음식이지만 혼자서 먹는 것을 금지하고 있다. 이 규정은 재가신자가 신앙이 깊어서 음식을 양껏 가져가도록 하였지만, 그 음식을 받는 사람은 적정선을 지켜서 받을 줄 알아야 한다는 것을 인지시키고 있다. 또한 재가신자가 비구들의 지나친

---

20) Vinayapiṭaka Ⅳ, 78-79; 平川彰, 석혜능 역(2010), 『비구계의 연구Ⅲ』 418.
21) Vinayapiṭaka Ⅳ, 79-80; 平川彰, 석혜능 역(2010), 『비구계의 연구Ⅲ』 419.

물질에 대한 욕망으로 인해 폐해를 당하거나 경제적인 손실을 당하는 일들이 생겨서는 안 된다는 것을 말하고 있다. 이로써 승가는 개인이 얻은 음식을 승가가 분배하여 먹고 화합승을 성립시킬 수 있게 되었다. 만약 비구가 걸식하여 얻은 음식을 승가에서 분배하지 않고 혼자 먹었다면 음식의 분배에 있어서 화합승은 성립되지 않았을 것이다.

청식을 비롯하여 승가에 보시되는 음식은 다음과 같이 분배하여야 함을 말하고 있다.

> 그때 [분배 역할을 맡은] 타표(陀驃)가 적절하게 음식을 배정하여 장로 상좌들에게는 최상의 음식을 올리고, 중좌에게는 보통의 음식을 주고, 하좌에게는 거친 음식을 주니, 육군비구들이 원망하는 뜻으로 타표를 혐오하고 원한을 가졌기에 타표가 이 일을 세존께 가서 아뢰었다. 부처님께서는 타표에게 '무릇 출가한 사람의 법은 마땅히 평등하게 음식을 주어야 한다. 그대는 마땅히 알아야 한다. 얻은 것이 적으면 부족하다 말하고, 얻은 것이 많아도 싫어하지 않는다. 좋은 것을 얻고 나쁜 것을 얻는 것이 모두 두루하지 않다'라고 말씀하셨다.[22]

> 만약 행식인(行食人)이 승가 가운데 대덕인을 보고 문득 많이 주고, 다른 사람에게는 문득 적게 주면, 지사인은 응당히 행식인에게 '승가 가운데에는 높고 낮음이 없소. 그대는 평등하게 주시오'

---

22) 『摩訶僧祇律』 권14(T22, 340c).

라고 말해야 한다.[23]

　승가에는 높고 낮음의 차이가 없고 모두가 평등하기 때문에 음식의 분배에 있어서도 사람에 따라 좋고 나쁜 음식으로 차별하여 분배할 수 없고, 사람에 따라 음식을 많고 적게 차별하여 분배할 수 없다는 것을 말하고 있다. 비록 승가에 보시되는 음식이 좋고 나쁨의 차이가 있을지라도 분배에 있어서는 평등하게 골고루 이루어져야 한다는 것이다. 그리고 음식의 양이 많으면 많은대로 적으면 적은대로 승가의 인원에 맞추어 분배하여 먹어야 한다는 것을 강조하고 있다.
　청식의 경우에도 승가의 화합을 실현할 수 있는 승가식을 원칙으로 하고 있다. 승가식이란 승가 전원을 초청하는 것이다. 재가신자가 비구들을 초청하여 음식을 보시할 때는 현전승가의 대중 전체를 초청해야 한다는 것이다. 그러나 재가신자가 승가 전원을 초청할 여력이 없는 경우에는 약간 명의 비구를 청하는 것도 허락하고 있다. 이 경우에는 차차청식인이 청식에 응할 비구를 순서에 따라 재가신자의 집에 보낸다. 그러나 승가는 별중식(別衆食)을 금지하고 있다. 별중식이란 승가 가운데 4인 이상의 비구들이 집단으로 재가신자의 청식에 응하는 것이다. 동일한 결계 안에서 4인 이상이 따로 모여서 포살갈마를 하면 파승이 되는 것과 같이 별중식도 분파의 의심을 받을 수 있기 때문에 금지하고 있다. 만약 승가가 별중식을 허락한다면 보시물이 특정인에게 집중적으로 보시

---

23) 『摩訶僧祇律』권14(T22, 341c).

될 수 있고, 보시물이 많은 비구는 그를 추종하는 세력이 생겨서 승가는 분열에 이를 수 있다. 이로 인하여 승가는 4인 이상의 별중이 청식에 응하는 것을 금지하고 있다. 별중식은 음식의 공평한 분배가 이루어지지 않은 것으로 화합승을 깨는 것이다. 별중의 인원이 3인 이하일 때는 별중식이 되지 않는다. 그러나 병이 났을 때[病時]·옷을 만들 때[作衣時]·길을 다닐 때[道路行時]·배에 탔을 때[乘船時]·많이 모였을 때[大會時]·사문공양 시(沙門供養時)에는 별중식을 허락하고 있다.

## 3. 주처의 분배

승가의 주처나 토지, 가구나 수목 등의 재산은 사방승가의 소유물이다. 사방승물은 분배할 수 없고, 개인이 소유할 수 없고, 매매도 할 수 없다. 이렇듯 현전승가는 사방승물을 이용하고, 관리할 수 있는 의무만 허용된다. 현전승가는 분방사인이라는 지사비구를 선출하여 사방승물을 공평하게 사용할 수 있도록 하였다. 일반적으로 방사는 상좌부터 차례대로 나누어주지만, 방사가 부족한 경우에는 어떤 기준에 의거하여 분배를 해야 한다. 『마하승기율』에서는 방사를 나누는 기준을 다음과 같이 설명하고 있다.

만약 비구가 많고 방사가 적으면 응당히 두 사람, 세 사람에게 함께 한 방을 주어야 한다. 만약 그래도 부족하면 다섯 사람, 열 사람에게 함께 한 방을 주어야 한다. 만약 큰 강당이 있으면 모든 비구가 들어가서 머무르고, 상좌에게는 응당 와상(臥床)을 주고, 나머지는 좌상(坐床)을 주어야 한다. 만약 그래도 부족하면 상좌에게는 좌상을 주고, 나머지는 초욕(草蓐)을 깔아야 한다. 만약 그래도 부족하면 상좌에게는 초욕을 깔고, 나머지는 가부좌하고 앉게 한다. 만약 다시 부족하면 상좌는 가부좌를 하고, 나머지는 일어서서 머물러야 한다. 만약 다시 부족하면 상좌는 일어서고, 나머지는 밖의 나무 아래나 공지(空地)로 나가야 한다.[24]

이상에서 주처에 머무는 비구가 많고 방사가 적을 때에는 방사에 맞추어 대중의 수를 공평하게 배분하고, 침구와 깔개 등 물품의 사용에 있어서는 상좌에게 우선권을 주어 하좌에 이르기까지 골고루 나누어 사용하도록 하고 있다. 이와 같이 비구들이 방사와 침구, 깔개 등을 공평하게 분배하고 사용함으로써 승가의 화합이 이루어지는 것이다.

그러나 비구 가운데에는 승물의 분배에 있어서 상좌에게 우선권이 있다는 것을 이용하여 승가 대중에게 피해를 주는 경우도 있었다. 정사에 늦게 도착한 비구가 이미 방사의 분배가 끝나고 비구들이 취침에 들어갔음에도 불구하고 상좌라는 이유로 자기가 원하는 방에 무리하게 끼어들어서 와구를 깔고 잠자던 비구를 쫓아내는 등의 악행을 범하였다고 한다. 그래서 붓다는 '강부와구계(强敷臥具戒)'[25]를 제정하여 상좌비구에게 주어진 특권을 이용하여

---

24) 『摩訶僧祇律』 권27(T22, 445c).
25) Vinayapiṭaka IV, 42; 『四分律』 권12(T22, 645ab); 『彌沙塞部和醯五分律』 권6(T22, 44ab); 『摩訶僧祇律』 권15(T22, 344ab); 『十誦律』 권11(T23, 78c); 『根本說一切有部毘奈耶』 권29(T23, 786c).

대중을 괴롭히지 말고, 특권을 사양할 줄도 알고 승가 대중과 화합하여 승물을 함께 이용하도록 하였다. 또한 어떤 비구들은 상좌임을 앞세워 안거에 들어가기 위해서 정사를 수리하고 청소를 끝낸 비구의 정사를 빼앗고 쫓아버리는 행동을 하였다고 한다. 그래서 붓다는 비구가 다른 비구에게 화를 내고 달가워하지 않으면서 비구를 정사 밖으로 끌어내거나 끌어내게 하는 것을 금지하는 '견타출승방계(牽他出僧房戒)'[26]를 제정하였다. 이 규정은 상좌비구와 하좌비구가 정사의 사용에 있어서 화합해야 함에도 불구하고 상좌비구가 하좌비구를 정사에서 끌어내거나 그의 자구(資具)를 끌어내는 등의 악행을 범하는 것을 막기 위해서 제정한 것이다.

## IV. 물품의 공평한 분배

승가에 보시된 모든 물품은 현전승가에서 공평하게 분배되어야 한다. 죽은[亡] 비구의 물품도 현전승가에서 분배하는 것이 원칙이다. 『미사새갈마본(彌沙塞羯磨本)』에서는 죽은 비구의 소유물이 승가의 소유가 되어야 하는 당위성을 다음과 같이 말하고 있다.

세속을 벗어나 청정한 도에 들어와 안으로는 성인의 계율을 익히고 밖으로는 성인의 위의를 익혀서 복전을 대신하고 물품을

---

26) Vinayapiṭaka Ⅳ, 44; 『四分律』 권12(T22, 645c); 『彌沙塞部和醯五分律』 권6(T22, 43bc); 『摩訶僧祇律』 권14(T22, 343ab); 『十誦律』 권11(T23, 78bc); 『根本說一切有部毘奈耶』 권29(T23, 785c-786b).

공양 받을 만하고, 이익이 되는 것은 승가에 의지하여 얻은 것이니, 몸이 죽고 나면 다시 승가에 되돌려주는 것이다.[27]

이상에서는 비구가 복전으로 승가에 의지하여 보시물을 받아 소유하였기 때문에 당연히 승가의 소유로 해야 한다는 것이다. 단 죽은 비구가 살아있을 때에 이미 다른 사람에게 준 것이면 백이갈마를 하여 약속한 사람에게 주어야 한다. 죽은 비구가 살아있을 때에 다른 사람에게 주지 않은 것은 승가에서 분배해야 한다. 죽은 비구가 물건과 자구를 많이 남겼을 경우에는 다음과 같이 분배할 것을 말하고 있다.

비구들이여, 비구가 죽었을 때는 승가가 발우와 옷을 소유해야 한다. 그러나 간병인이 많은 도움을 주었다. 따라서 비구들이여, 승가는 간병인에게 삼의와 발우를 주어야 한다. 그리고 가벼운 물건과 가벼운 자구는 현전승가에서 분배한다. 그러나 무거운 물건과 무거운 자구는 이래당래(已來當來)의 사방승가에 속하고, 다른 사람에게 주거나 분배해서는 안 된다.[28]

이상에서는 죽은 비구의 물건과 자구는 승가에 귀속된다고 하였다. 그리고 죽은 비구가 간병인의 도움을 받았을 경우에는 간병인에게 삼의와 일발을 주고, 남은 물품 가운데 삼의와 발우·좌구·주머니·바늘·바늘통·자물쇠 등 간단한 물건과 자구들은 현전승가

---

27) 『彌沙塞羯磨本』(T22, 223a).
28) Vinayapiṭaka I, 305. 다른 부파의 율장에서도 죽은 비구가 남긴 물건의 분

에서 분배하고, 주처와 토지, 방사나 방사지(地)·침대·침구·우욕의·복창의·모기장, 정사에서 사용한 온갖 그릇·구리 그릇·일산·석장 등의 중물(重物)과 자구들은 사방승가에서 소유하고 다른 사람에게 주거나 분배할 수 없다고 한다.

승가에 보시되는 물품은 현전승가에서 공평하게 분배함으로 승가의 화합이 성립된다. 그러나 비구가 개인의 욕망을 채우기 위해 승가에 보시하려는 것을 막고 개인에게 보시하도록 돌린다면 승가는 공동생활을 할 수 없게 된다. 승가가 공동생활을 할 수 없다는 것은 화합승이 깨졌다는 것이다. 그래서 붓다는 비구들의 이와 같은 악행을 막고, 승가가 소득을 잃지 않게 하기 위해서 '회승물입기계(廻僧物入己戒)'[29]를 제정하였다. 이 규정에서는 재가신자가 승가에 보시하려고 하는 물품인 것을 알면서도 비구가 자기 개인에게 보시하도록 권하는 것을 금지하고 있다. 재가신자가 보시하려고 생각하는 물품이 현전승가에 보시되었을 경우 물품을 전 대중에게 공평히 분배할 수 있고, 공평하게 사용할 수 있었을 것이다. 그러나 비구가 중간에 개인의 소득으로 돌릴 경우, 승가는 의식주의 공평한 분배와 사용의 기회를 놓쳐버리게 된다. 이로 인하여 붓다는 승가의 공동생활을 저해할 수 있는 악행을 금지시켰다.

또한 비구니계 가운데에는 '호용설계당비계(互用說戒堂費戒)', '호용비구니구시계(互用比丘尼求施戒)', '호용별방직계(互用別房直戒)', '호용방

---

배에 대해서 말하고 있다. 『四分律』 권41(T22, 862b); 『彌沙塞部和醯五分律』 권20(T22, 139b); 『摩訶僧祇律』 권31(T22, 479c); 『十誦律』 권28(T23, 202c).

29) Vinayapiṭaka Ⅲ, 265; 『四分律』 권10(T22, 633ab); 『彌沙塞部和醯五分律』 권5(T22, 30b); 『摩訶僧祇律』 권12(T22, 324a); 『十誦律』 권8(T23, 59b); 『根本說一切有部毘奈耶』 권24(T23, 757ab).

사직계(互用房舍直戒)' 등이 있다.[30] 이 모든 계는 재가신자가 승가에게 사용목적을 지정하여 보시를 하였는데도 비구니가 그 비용을 다른 용도로 사용하고, 여용(餘用)으로 돌려서 사용하는 것을 금지하고 있는 것이다. 가령 재가신자는 설계당(說戒堂)·별방(別房)을 짓는 비용으로 보시하였으나 옷을 만들어 승가에 분배하거나 개인의 옷을 만드는데 사용하고, 방사를 지을 목적으로 재가신자에게 얻은 재물을 옷을 만드는데 사용하는 것이다. 이것은 재가신자가 사방승가에 보시한 것을 개인에게 분배한 것으로 사방승물은 그 누구라도 분배할 수 없고, 개인의 사유로 할 수 없다는 규정을 범한 것이다. 그리고 현전승가는 사방승물을 공평하게 사용해야 한다는 규정을 범한 것이다. 비구니가 개인의 욕심으로 사방승물을 분배함으로 승물의 공평한 사용이 이루어지지 못하였고, 승가의 화합도 성립되지 못한 것이다.

 승가가 최소한의 물품으로 만족하는 생활을 할 수 있었던 것은 공평한 분배와 공평한 사용이 이루어졌기 때문에 가능하였다. 승가에 보시된 물품을 한 사람도 배제하지 않고 평등하게 분배를 함으로 물질에 대한 욕망을 제어할 수 있었고, 보시물에 대해 만족할 줄 아는 수행자가 될 수 있었다. 만약 승가가 주체가 되지 않고 수행자 개인이 주체가 되어 재가신자의 보시를 받았다면 보시물의 다소에 따라 승가 대중들의 생활상은 각양각색이었을 것이다. 현전승가에서 함께 생활하는데 개인의 소유물이 차이가 크게 날 경우, 승가는 주체할 수 없는 소유욕에 빠져 잦은 다툼으로 이

---

30) 이 계들은 비구니계 가운데 니살기바일제법에 있는 규정이다. 이 계는 불공계(不共戒)로 비구니에게만 금지하고 있다.

어지고 화합승이 성립되지 못했을 것이다.

## V. 나오는 말

승가의 모든 생활은 승가의 화합 실현을 지향한다. 승가의 화합은 전원출석·전원찬성·공동생활이 이루어질 때 성립된다. 우선 현전승가에서 행하는 포살에 승가 전원이 출석하여 자신의 청정을 말하고, 갈마에도 승가 전원이 출석하여 승가 전원이 찬성할 때 화합이 이루어진다. 그리고 승가구성원들이 현전승가에서 공동으로 의식주 생활을 하는 것이 화합 실현의 조건이다. 공동으로 의식주 생활을 한다는 것은 사방승물을 공평하게 배분하여 사용하고, 승가에 보시되는 물품을 공평하게 분배하는 것이다. 의식주 생활의 화합은 현전승가의 모든 대중들이 보시물에 대하여 욕심내지 않고, 분배해주는 대로 만족스럽게 받아서 간소한 생활을 추구할 때 이루어진다고 보았다.

한편 승가는 간소한 생활을 강조하면서도 재가신자들이 보시하는 청정한 물품을 받아서 사용하는 것을 허락하였다. 또한 승가는 재가신자가 사용 목적을 지정하여 보시하는 비용을 다른 목적으로 사사로이 사용하거나, 사방승가에 보시하는 물품들을 개인에게 돌리거나, 현전승가에 분배할 목적으로 물품을 구하여 이를 개인에게 돌리는 등의 행위를 경계하였다.

이것은 승가의 전 대중들이 공평하게 분배하고, 사용할 수 있는 권리를 빼앗는 것으로 승가의 공동생활을 저해할 수 있으므로 금지하였던 것이다. 그리고 승가는 의식주의 분배와 사용에 공정성을 더하기 위해서 어디에도 치우치지 않는 지사비구를 선출하여 승가의 물품을 관리하도록 하였다. 이때 승가 대중들은 물품의 분배에 다소 불만이 있더라도 표출하면 안 되고, 물품 관리의 전권을 위임받은 소임자의 분배에 만족해야 했다. 이로써 승가는 의식주의 공동생활을 원활히 유지할 수 있었고, 화합이 실현될 수 있다.

이 글은 「佛教 和合僧의 실현에 대한 一考 - 의식주의 공평한 분배를 중심으로-」(『선학』 32, 한국선학회, 2012, 195-218)를 수정·보완한 것이다.

제4장

# 초기불교 교단에서 가섭과 아난의 관계

## I. 들어가는 말

초기불교 수행자의 목적은 다름 아닌 해탈·열반이다. 그러나 그와 같은 목적을 추구하기 위하여 수행자가 모여 집단생활을 영위하는 교단의 경우에는 평화실현, 즉 화합이 그 목적이 될 수밖에 없다. 왜냐하면 화합이 전제되지 않으면, 그 어느 것도 이룰 수 없기 때문이다.

즉 초기불교 교단의 이상은 화합승이라 할 수 있다. 그러나 승가에는 수행을 완성한 이만 있는 것이 아니었다. 그보다는 미성숙한 제자들이 많았다. 『아함경』에는 해탈을 완성한 비구와 아라한의 이야기가 많이 실려 있으므로 초기불교 교단은 성자들의 구성원이라는 느낌을 가질 수 있다.

그러나 율장을 통하여 본다면 초기불교시대의 비구는 보통의 평범한 인간이었음을 알 수 있다. 욕망이 많으며 성을 내며 어리석은 이가 많이 등장하고 있다. 그렇기 때문에 화합과 평화를 실현하는 일은 말처럼 쉽지 않았을 것이다. 붓다 재세 시부터 승가에는 크고 작은 다툼이 있었다. 예를 들면 코삼비 비구의 다툼은 그의 재세 시에 일어난 일이었다. 계율에 관한 다툼과 교법(敎法)에 관한 다툼이 있었으며 권력과 관련된 크고 작은 다툼도 있었다.

계율에 관한 대표적인 다툼은 10사(事) 비사(非事) 문제였으며, 교법에 관한 대표적인 다툼은 제바(提婆)에 의하여 자행된 파승(破僧)이라 할 수 있다. 특히 붓다 열반 후에는 장로들 사이에 세력 다툼도 일어났다. 가섭 무리[徒衆]와 아난 무리[徒衆] 사이에는 적지 않은 다툼이 있었다.

여기서는 가섭과 아난 사이에 일어난 다툼의 문제를 살펴보고자 한다. 특히 초기경전과 제 율장을 통하여 보고자 한다. 가섭과 아난의 문제는 물론 전적으로 사실이라고 보기에는 어려운 점이 있다. 가섭 무리들이 결집의 주류가 되었기 때문이다. 그러나 이를 통하여 초기불교 교단의 한 단면을 보는데 있어서는 별다른 무리는 없을 것이다. 불교교단사는 이러한 갈등과 다툼의 극복에 대한 역사라고 해도 과언이 아니다. 이러한 문제 해결을 통하여 교단은 정비되고 완비되어 갔기 때문이다. 또한 교단의 크고 작은 다툼 속에서는 계율에 관련한 사항들이 중요한 주제로서 부각되어 있음을 볼 수 있다.

## II. 아난과 가섭의 교단에서의 지위

### 1. 다문제일 아난

붓다에게는 많은 제자가 있었다. 흔히 10대제자라고 일컫는 신망받는 제자들은 경전에 수없이 등장하고 있다.[1] 붓다가 입멸하였을 때 당연 제자의 활약을 기대할 수밖에 없으나 탁월한 제자였던 사리불과 목건련은 이미 입적한 뒤였다. 따라서 승가의 기대를 받았던 장로는 가섭, 아난, 우바리 등이었으며 제1결집을 주재한 이들도 바로 그들이었다. 그때 가섭은 결집을 주체하였으며 아난이 교법을, 우바리가 율을 송출하였다고 되어 있는데[2] 이는 율장의 오백건도(五百犍度)를 통하여 상세히 밝혀 볼 수 있다. 이는 아난이 빠지면 안 되는 교단의 기대를 한 몸에 받았던 영향력 있는 비구였음을 입증하는 것이다.

아난은 붓다를 25년간 시봉하면서 어느 누구보다도 그의 가르침을 많이 들었다. 그러므로 그를 다문제일(多聞第一)이라고 불렀다는 것은 잘 알려진 사실이다. 그는 가비라성(迦毘羅城) 석 씨이며

---

1) Aṅguttara Nikāya I, 23-26.『增一阿含經』(T2, 557b-558a).
2) 渡邊照宏, 김무득 역(1983),『經典成立論』, 38. "붓다의 제자들 중에서 수석인 마하가섭이 회의를 소집하였다. 장소는 마가다국의 교외였다. 성자아라한의 경지에 오르고 있는 수행승만 오백 명이 모여. 우선 우바리가 율의 부분을 그 기억에 의하여 낭독하였다. 계율 하나하나의 항목이 언제 어디에서 누구에 대하여 규정되었는가 하는 것을 말하였던 것이다. 출석자는 일치하여 우바리의 말이 옳다는 것을 인정하였다. 계속하여 아난이 지명을 받아서 경의 부분을 외었다. 이것도 전원에 의하여 이의 없이 채택되었다."

붓다의 종제(從弟)였다. 그는 태어날 때부터 용모가 뛰어났으며 이 때문인지 출가 뒤에는 여인들의 유혹을 많이 받았다는 일화는 제 경률에 나타나고 있다. 출가는 붓다께서 미나읍(彌那邑)에 머무실 때 아난은 석 씨 왕자 발제(跋提), 아나율(阿那律), 난제(難提), 조달(調達), 바바(婆婆), 금비로(金鞞盧) 그리고 이발사 우바리 등과 함께 붓다의 감화를 받아 발제 등 여섯 사람은 바로 누진(漏盡) 아라한이 되었지만 아난만은 제루(諸漏)를 다하지 못하였다고 설명하고 있다.

그는 석가족 출신이었던 것이다. 그리고 붓다가 겁비라성(劫比羅城) 남니구율수림(南尼拘律樹林)에서 고향을 방문하였을 때 또는 고향으로부터 다시 남방으로 유화(遊化)하고자 하였을 때 아난은 출가하였다고 알려져 있다. 그는 좋은 성격으로 제자와 신자와의 사이가 좋았으며, 특히 비구니와의 관계는 어느 누구보다도 좋았다.

> 붓다는 비구들을 불러 물었다. "아난은 어디에 있느냐?"
> "붓다시여! 아난은 문에 기대어 울고 있습니다."
> "가서 아난에게 내가 부른다고 하여라."
> …… "아난아, 그대는 오랫동안 내 곁에 있었다. 열심히 노력하도록 하여라. 그러면 곧 번뇌에서 벗어날 것이다."
> 그러고 나서 다시 붓다는 비구들에게 말했다. "비구들아! 아난에게 훌륭한 자질이 있다. 그것은 무엇인가? 비구들아! 비구들이 아난이 찾아오면 그들은 아난을 보고 기뻐한다. 아난이 그들에게 법을 설하면 그들은 설법을 듣고 기뻐하고, 아난이 침묵하면

만족하지 않는다."³⁾

경전의 일화에서 보이듯 붓다마저도 아난의 좋은 성품을 칭찬하고 있다. 아난이 찾아오면 비구뿐만 아니라 비구니, 우바새, 우바이 모두 그를 보고 기뻐하였으며 법을 설하면 법을 듣고 기뻐하였다는 설명은 이를 뒷받침해주고 있다.

때에 비구니들은 존자 마하가섭과 존자 아난이 멀리서 오는 것을 보고 얼른 자리를 펴고 앉기를 청하였다. 그리고 여러 비구니들은 존자 가섭과 존자 아난의 발에 예배하고 한쪽에 물러앉았다. 존자 마하가섭은 여러 비구니들을 위하여 갖가지로 설법하여 가르쳐 보이고 기쁘게 하였다. 때에 투라난타(偸羅難陀) 비구니는 기뻐하지 않았다.
"성자[阿梨] 마하가섭이여! 어떻게 성자 아난 비제하모니(鞞提呵牟尼) 앞에서 비구니를 위하여 설명하십니까. 마치 바늘을 파는 아이가 바늘 장사 앞에서 바늘을 파는 것처럼 아리 마하가섭이여! 성자 아난 비제하모니 앞에서 비구니를 위하여 설명하는 것도 또한 그와 같습니다."⁴⁾

그는 자신의 일보다도 다른 사람의 구제에 힘을 썼기 때문에 뒤늦게 아라한이 되었지만 승가의 신망은 가섭을 오히려 능가하

---

3) Dīgha Nikāya Ⅳ; Brewster, E. H, 박태섭 역(1996), 『고타마 붓다의 생애』 196-197.
4) 『雜阿含經』 권41(T2, 302b).

였다고 전한다.

그리고 아난은 붓다보다는 상당히 연하였던 것 같다. 아난은 붓다의 시자로서 붓다가 입멸하기까지 25년 동안 모셨기 때문이다. 따라서 붓다 입멸 시 그의 나이는 50세에 달하였거나 60세를 넘지는 않았을 것이다.[5] 『아육왕전(阿育王傳)』 등에 따르면 아난은 상당히 장수하였음을 밝히고 있다. 『법구경주(法句經註)』에 의하면 120세에 돌아가셨다고 한다.[6] 이러한 설명을 통하여 아마도 아난은 붓다보다는 30년 내지 40년은 더 살았다고 추정된다. 그 때문에 그 동안 많은 제자를 기를 수가 있었다.

아함과 율장 등을 보았을 때 가섭과 아난의 관계는 좋아 보이지 않는다. 둘의 성격이 너무나 다르고 수행방법도 각기 달랐기 때문이라 생각된다. 그러나 경전에서의 설명은 아난보다는 가섭을 지지하는 편에서 설명되어 있다.

> 어느 때 존자 마하가섭과 존자 아난이 왕사성 기사굴산에 있었는데 세존께서 열반하신 지 오래지 않았다. 때에 세상은 기근이 들어 걸식하여도 얻기가 힘들었다. 존자 아난은 많은 젊은 비구들과 함께 있으면서 모든 감관을 잘 단속하지 못하였다. 음식은 양을 알지 못하였고 초저녁과 새벽에도 좌선하기를 힘쓰지 않고 잠자기를 즐겨해 집착하였다. ······
> 때에 존자 아난은 가사와 발우를 두고 발을 씻은 뒤에 존자 마하가섭에게 나아가 머리를 조아려 그 발에 예배하고 한쪽에 둘

---

5) 平川彰(1991), 『原始佛敎とアビダルマ佛敎』, 151.
6) 赤沼智善 編(1967), 『印度佛敎固有名詞辭典』, Ananda 項.

러앉았다. 존자 마하가섭은 존자 아난에게 물었다. ……

"그대는 그 뜻을 알면서 어째서 흉년이 든 때 많은 젊은 비구를 데리고 남산국토에 노닐다가 30명이 계율을 버리고 속세로 돌아감으로써 대중을 줄게 하고 나머지는 대개 동자인가. 아난이여! 그대가 대중을 줄게 하고 나머지는 대개 동자인가. 아난이여. 그대가 대중을 줄게 한 일을 보면 그대는 동자요. 요령이 없기 때문이오."

"존자 마하가섭이여! 나는 이미 머리털이 반백인데 어떻게 동자라고 부르오."[7]

붓다가 입멸함에 따라 둘의 불화는 본격적으로 표면화되기 시작하였다. 그 때문에 불멸 후 결집이 끝난 후 가섭은 아난을 가책(呵責)하였으며 아난은 가섭을 피하여 중인도를 떠나 서방의 코삼비에 머물렀다. 『아함경(阿含經)』에서는 아난이 코삼비에 머물며 설법한 경전이 남아 있다.

그러나 아난은 코삼비에 머물며 서방의 개교에 힘을 다하였다. 또한 탁월한 제자를 다수 길렀다. 이는 아난의 법계가 서방에 다수 번영하는 발판이 되었음은 물론이다. 중인도 동방(참과 이동)은 아직 미개하여 발전의 여지가 없으며 중인도 바로 남쪽은 산맥 절벽에 가로막혀 있었으며 북방도 히말라야 산맥에 접하여 발전의 여지가 거의 없는데 반하여 서방은 남방과 더불어 서방의 마투라와 카슈미르 등에 발전할 여지가 있었기 때문이다. 실제로 불교는

---

7) 『雜阿含經』 권41(T2, 302c).

이 방면에서 발전하였다.

붓다는 성도 후 45년 동안 중생교화를 위하여 각지에 유행하였으나 그것은 전적으로 중인도에 국한된 것이었다. 대가전연과 부루나가 중인도 이외에 불교를 퍼뜨렸으나 그 후 후계자를 알 수 없으므로 그들의 활동이 어떠하였는가는 알 수 없다. 그러므로 불멸 후 교단의 발전에 절대적 영향을 미친 이는 바로 아난이라 할 수 있다. 그는 붓다의 직제자이며 가장 많은 가르침을 직접 들었으며 붓다 입멸 후 서방의 코삼비에 머물며 다수 제자를 양성하여 서방 불교의 발전에 큰 영향을 미치었기 때문이다. 그러므로 붓다의 제자 가운데 교법을 후대에 전한 점에서 가장 공적이 있었던 이는 다름 아닌 아난이었다고 생각된다.

## 2. 두타제일 가섭

가섭은 마가다의 부유한 바라문 출신으로 이름이 필바라연(畢波羅延)이었으며 장성하여 발타(跋陀)와 결혼하였다고 알려져 있다.

이때 왕사성(王舍城) 가운데 바라문이 있었으니 이름이 니구타(尼駒陀)로서 돈과 보배가 막대하여 헤아릴 수 없었다. 이 바라문 가정에 한 아들이 태어났는데, 이름은 필바라연이었다. 부모의 종성은 청정하였고 모든 바라문이 소유한 경서를 통달하지 않음이 없었으며, 나아가 대인(大人)의 모습도 아울러 갖추었으며 또한 그것을 달관하였다. 이 필바라연 동자의 부모가 목숨을 마친 후 가내에는 잘게 부서진 금 9백6십 말과 돈 8십억 늑사(勒沙)와 10만 1 늑사가 있었다. 그리고 노비 중 심부름꾼이 1천 곳의 마을에 있었다. 그의 아내 이름은 발타(跋陀)였는데, 용모가 빼어나 세상에 비할 이가 없었다. 그는 애욕과 탐욕을 끊어 버리고 떠나리라 하여……[8]

가섭은 아난과 달리 석가족 출신이 아니었다. 그는 가정생활을 원하지 않아 부부 관계를 하지 않고 가정을 떠나 고행림으로 들어가 12년간 수행을 하였다. 이때 석존이 성불하였다는 것을 듣고 나란다와 왕사성의 중간 다자탑(多子塔)에서 붓다를 만나서 그 제자가 되었다[9]고 한다. 그의 출가에 대하여 다음과 같은 언급이 보인다.

처음부터 재가에 있었을 때 부친이 돌아가신 뒤 율금(栗金) 96곡(斛)이 있었고 금전이 80억 늑사가 있었고, 제 처의 용모가 진기하고 뛰어나 세상에 짝할 이가 없었으나, 속으로 "만약에 참된 아라한이 있다면 마땅히 그를 맞이하여 출가하리라"고 생각하고는 곧 애욕을 버리고 탐욕을 끊고, 출가하여 도를 구하였습니다.[10]

가섭은 붓다의 초기 제자라고 할 수 있다. 그는 상수구(上受具)로

---

8) 『毘尼母經』 권1(T24, 303c).
9) 『毘尼母經』 권1(T24, 803c).
10) 『毘尼母經』 권1(T24, 805b).

서 제자가 되었는데 교단 내부에서는 이를 비난하는 이도 있었다.

여섯 무리의 비구는 가섭이 온 것을 보고 곧 거슬리는 말을 하였다.

"너는 교진여 등의 다섯 사람과 같이 선래수구(善來受具)한 것도 아니오, 비사라(毘舍羅)와 같이 삼어수구(三語受具)한 것도 아니오, 바로바사나(婆盧波斯那)와 같이 백사갈마수구(白四羯磨受具)한 것도 아니다. 너는 구족계를 받은 자가 아닌데 어떻게 여러 비구들과 함께 포살과 갈마를 할 수 있는가."

가섭은 즉 비구들에게 응답하였다. "세존께서 나를 위하여 다자탑에 계시면서 선법을 세우고 상수구(上受具)를 마치셨다."[11]

그는 엄격한 두타행을 행하고 자신에게 철저하였으며 다른 이에게도 그랬다. 경전에서는 12두타행을 실천하였다고 전한다. 그 때문에 아난의 열렬하지 않은 수행 태도에 비판적이었던 것 같다. 아난이 진보적 성향을 지녔다고 한다면 가섭은 보수적 성향을 지녔다고 할 수 있다. 즉 아난은 진보진영, 가섭은 보수진영에 대표자였던 것이다.

붓다께서 가섭에게 말씀하셨다. "사성종(四聖種)에 머물러 마땅히 이와 같이 배워야 한다. 가섭이여! 또 어떻게 12두타를 행하고자 하는가?"

---

11) 『毘尼母經』 권1(T24, 805ab).

가섭이 붓다에게 아뢰었다. "첫째는 항상 스스로 고요하고 한적한 곳에 가서 마땅히 그 한적한 곳을 찬탄하는 것입니다. 둘째는 걸식하는 것입니다. 셋째는 분소의를 입는 것입니다. 넷째는 만약 성내는 마음이 생긴다면 잠시 머물러 밥을 먹지 않고 있다가 사라진 후, 곧 밥을 먹는 것입니다. 다섯째는 한자리에서 앉아서 먹는 것입니다. 여섯째는 한 번만 취하여 받는 것입니다. 일곱째는 늘 무덤 사이에서 수행하는 것입니다. 여덟째는 한 데에 앉는 것입니다. 아홉째는 나무 아래에 앉는 것입니다. 열째는 항상 앉아 있고 눕지 않는 것입니다. 열한째는 얻음에 따라 발우를 펴는 것입니다. 열두째는 삼의(三衣)로 제한하는 것입니다."[12]

가섭은 붓다가 입멸한 뒤 그를 대신하여 승가의 통솔자가 되지는 않았다. 붓다는 어느 누구도 자신의 후계자를 지명하지 않았기 때문이었다. 단지 가섭은 승가의 유력자였음에 틀림없다. 몇 가지 경설에 따르면 가섭은 붓다를 대신할 정도의 유력자였음을 보여 주는 설명이 보인다.

즉 붓다는 가섭에게 "자기와 마찬가지로 비구 승가를 교화하라"고 말한 경전이 있으며,[13] 또한 붓다가 가섭을 위하여 반좌(半座)를 나누었다고 하는 경전도 있다.

어느 때 붓다께서는 사위국 기수급고독원에 계시었다. 그때 존자 마하가섭은 오랫동안 사위국 아란야의 평상 자리에 앉아 있

---

12) 『毘尼母經』 권1(T24, 804c-805a).
13) Saṃyutta Nikāya Ⅱ, 203-208; 『雜阿含經』 권41(T2, 300bc).

다가 수염과 머리를 기르고 해어진 누더기 옷을 입고 붓다께 나아갔다. 그때에 세존께서는 수없는 대중에게 둘러싸여 설법하고 계셨다. 비구들은 존자 마하가섭이 멀리서 오는 것을 보고 그를 업신여겨 말하였다. "저 자는 어떤 비구이기에 의복은 누추하고 위의도 없이 오는가. 옷을 펄럭이며 오는가."
그때에 세존께서는 비구들의 생각을 아시고 마하가섭에게 말씀하셨다. "잘 왔구나. 가섭이여! 이 절반 자리에 앉아라. 나는 이제 마침내 앉았다. 누가 먼저 집을 나왔던가. 그대인가, 나인가." 여러 비구들은 곧 마음에 두려움이 생겨 몸의 털이 다 일어섰다. 그들은 서로 말하였다. "여러분 이상하다. 저 존자 마하가섭은 큰 덕과 큰 힘이 있다. 그는 스승님의 제자인데 반 자리로 청하신다."[14]

또는 "대가섭은 세존의 아들·적자(嫡子)·세존의 입으로부터 태어난 법의 화생자(化生者), 법의 상속자(相續者)로서 세존이 착용했던 마포(麻布) 분소의를 받은 자"[15]라고까지 설명하는 경전도 있다. 이러한 경전의 설명은 가섭이 붓다로부터 특별한 대우를 받았음을 보이는 증거가 된다. 교단에서 이러한 그의 지위는 붓다를 25년 동안 모셔 법을 가장 많이 들은 아난에게 잘못을 꾸짖고 법을 설하는 위치에 있었음을 보여주고 있다.

---

14) 『雜阿含經』 권41(T2, 302a); 『別譯雜阿含經』 권5(T2, 416c).
15) Saṃyutta Nikāya Ⅱ, 221; 『雜阿含經』 권41(T2, 303bc); 『別譯雜阿含經』 권6(T2, 413c).

"아난이여! 만일 어떤 바로 묻는 이가 있어 '누가 세존의 법의 아들로서 붓다의 입에서 나왔고 법의 교화에서 났으며 붙여주는 법을 재물을 받고 모든 선정에 해탈과 삼매를 바로 받았는가 하고 묻거든 내가 곧 그이다라고 말하시오. 이것은 바른 말이요." 존자 아난은 존자 마하가섭에게 말했다. "그렇소 그렇소. …… 만일 신통 경계를 증득한 지혜와 번뇌의 다함을 증득한 지혜에 대하여 의혹을 가진 사람이 있으면, 존자 마하가섭은 능히 그것을 말해 결정하게 할 것이요. 내가 오랫동안 존자 마하가섭을 공경하고 믿고 존중하는 것은 그러한 큰 덕과 신력을 가졌기 때문이요."

존자 마하가섭이 이와 같이 말하였을 때 존자 아난은 그 말을 기뻐하면서 받들어 가졌다.[16]

물론 이러한 극단적인 설명은 결집의 주체가 가섭 측에서 이루어졌음을 반영하는 것이기도 하다. 하여간 실제적으로도 붓다 멸후 승가에 결집을 제의하여 법과 율의 결집을 행하는 역할을 수행한 이도 다름 아닌 가섭이었다. 이러한 전승은 붓다의 실질적인 후계자는 아마도 가섭이 아닌가 하는 의심마저 들게 한다.

그는 제자가 되기 전에 이미 12년간 수행하였으므로 붓다와는 그다지 연령 차이가 없었다고 보인다. 따라서 가섭은 붓다 멸후 그다지 오랫동안 살지 못하였을 것이다. 붓다 재세 중에는 그의 제자가 되는 자는 오로지 석존 제자가 되었기 때문에 그 사이

---

16) 『雜阿含經』 권41(T2, 303c).

장로제자에게 입문한 자도 있었겠지만, 그 수는 그리 많지 않았을 것이다. 그리고 불멸 후에 입문한 자는 모두 장로제자의 제자가 되었기 때문에 오랫동안 생존한 아난은 다수의 제자를 장성시킬 시간적 여유가 있었던 반면에 가섭에게는 이러한 기회가 거의 주어지지 않았다라고 보인다.

## Ⅲ. 아난과 가섭의 불화

이미 붓다의 재세 시대부터 아난과 가섭 둘 사이의 관계는 좋지 않았던 것 같다. 그 이유가 무엇 때문인지 정확하게 밝힐 수는 없지만 둘 사이가 좋지 않았다는 증거는 여러 곳에서 발견된다. 단지 아난이 붓다의 시자였기 때문에 둘 사이의 불화는 그의 재세 시에는 표면화되지는 않았던 것 같다. 붓다 말년이라고 생각되는데 가섭과 아난의 다음과 같은 대화를 통하여 그들 사이가 어땠는가를 헤아려 볼 수 있다.

> 존자 마하가섭은 붓다에게 사뢰었다. "세존이시여! 요즘 비구들은 가르치기가 어렵습니다. 어떤 비구는 설법 듣기를 참지 못하나이다."
> 붓다께서 말씀하셨다. "그대는 무슨 이유로 그런 말을 하는가."
> 가섭은 사뢰었다. "세존이시여! 저는 늘 비구를 봅니다. 한 사람은 아난의 제자 반조(槃稠), 또 한 사람은 목련의 제자 아부비(阿

浮毘)입니다. 그들은 서로 많이 아는 것을 다투면서 각각 '너는 와서 토론하자. 누가 아는 것이 훌륭한가'라고 말합니다."

때에 존자 아난은 붓다 뒤에서 부채로 붓다를 부치고 있다가 존자 마하가섭에게 말하였다. "그만 두시오. 존자 마하가섭이여! 그만 참으시오. 존자 가섭이여! 그 젊은 비구들은 적은 지혜요 또 나쁜 지혜입니다."

존자 마하가섭은 존자 아난에게 말하였다. "그만 잠잠하시오. 나는 이 대중 가운데 그대 일을 묻고 싶지 않소."

존자 아난은 잠자코 있었다.[17]

이는 붓다의 재세 시대부터 가섭과 아난의 관계가 좋지 않았음을 보여주는 일례라 할 수 있다. 이러한 경전의 설명들은 붓다 입멸 뒤 둘 사이의 충돌을 피할 수 없게 됨을 예고하는 것이다.

이 밖에도 둘 사이의 관계가 좋지 않았음을 보여주는 문구는 경전 여러 곳에서 발견된다. 상응부(相應部) 가섭상응(迦葉相應)에서는 아난이 가섭을 유혹하여 비구니 주처에 가서 설법하여 일어난 일화를 싣고 있다. 가섭이 비구니들에게 설법하였다. 그러나 툴라띳사(Thullatissa) 비구니는 이것을 기뻐하지 않고 가섭이 아난 앞에서 설법하는 것은 "아이가 바늘장사 집에서 바늘을 파는 것과 같다"고 비방하였다. 이것을 듣고서 가섭은 기뻐하지 않고 아난을 비난하여 "아난은 아직 모든 번뇌를 다하지 않고 모든 번뇌를 다해 심해탈·혜해탈을 현증한 것을 자랑하고 있다"라고 아난을 비난

---

17) 『雜阿含經』 권41(T2, 300b).

하였다. 같은 가섭상응에는 아난이 많은 비구와 남산에 유행했을 때 아난의 동주비구 30인이 학(學)을 버리고 환속하였다. 왕사성에 돌아가서 아난이 이것을 가섭과 상담하자. 가섭은 아난을 비난하여 "그대는 제근(諸根)를 지키지 않으며 식을 절제하지 않으며 야좌(夜座)에 열심이지 않으며 …… 연소한 동자는 양을 알지 않는다"라고 말하고 탄식하였다. 이것을 듣고서 툴라띳사 비구니는 기뻐하지 않고 일찍이 "외도였던 대가섭이 어떻게 하여 웨데하의 성자인 아난을 동자라고 불러 책망할 수 있는가"라고 하였다. 가섭은 이것을 듣고 아난을 비난하며 자신이 붓다의 진정한 제자임을 강조하였다. 다자탑 앞의 세존의 제자가 된 일, 세존으로부터 가르침 받고 수행하여 증오를 얻는 일, 다시 세존의 분소의와 자신의 부드러운 승가리를 교환하여 세존의 옷을 받았다는 일, 세존의 입으로부터 나온 진정한 시자인 것을 자랑하고 있다.

　이 이야기는 『사분율』에도 있으며 투란난타 비구니는 욕을 한 뒤에 가섭에 침을 뱉은 일도 첨가시키고 있다. 『십송률』권40 비구니법에는 투란난타 비구니가 가섭 앞에 있어 고의로 추행(趣行)하여 가섭의 보행을 방해한 일을 밝히고 있다. 거기에서 가섭은 "자매여! 걸음을 빨리 하거나, 아니면 나에게 길을 비켜줄 수 있겠습니까?"라고 말한 것에 대하여 투란난타 비구니는 "그대는 본래 외도였던 주제에 무슨 일이 그리 급하다고 천천히 다니지도 못합니까?"라고 욕하였다. 이것에 대하여 가섭은 "악녀여! 나는 너를 책망하지 않고 나는 아난을 책망한다"라고 말하고 있다. 아난을 책망한다고 말하는 것은 아난이 세존에게 청하여 비구니의 출가를 허용한 일을 비난하고 있었던 것이다. 이를 통해서도 가섭이 아난에 대하여 비판적이었음을 알 수 있다.

같은 『십송률』에서는 왕사성에서 가섭이 행걸을 하였을 때 투란난타 비구니가 뒤에 와서 가섭의 몸을 냄새 맡았다. 가섭은 "자매여! 앞서 가서 냄새를 맡지 말라"라고 말하였지만 계속해서 냄새를 맡았으므로 "악녀여! 나는 너를 책하지 않는다. 나는 아난을 책망한다"라고 말하고 아난을 비난하고 있다. 계속하여 『십송률』에서는 "대가섭이 왕사성으로 걸식하러 나갔을 때 투란난타가 이것을 보고 추함을 싫어하여 침을 내뱉고 불길하다"고 말하였다. 이때도 가섭은 아난을 책망하였다고 말하였다.

이러한 설명들은 가섭이 아난에 대하여 불만을 가졌으며 비판적이었음을 보여주는 것이라고 생각된다. 물론 이러한 설명들이 모두 역사적 사실이라고 볼 수는 없지만 이와 같은 것이 전하여진 것은 아난과 가섭과의 사이가 좋지 않음을 반영하고 있는 것이라 생각된다. 이러한 예들에 따라 제1결집 때에 가섭이 아난에게 악작회과를 강요한 이유를 짐작할 수 있게 한다.

## IV. 아난에 대한 문책

가섭과 아난의 불화는 붓다가 입멸하자마자, 본격적으로 표면화되기 시작한다. 먼저 주목되는 것은 율장의 오백건도 부분이다. 여기에서는 결집이 끝난 뒤 가섭이 아난을 가책(呵責)하는 설명이 구체적으로 보이기 때문이다. 제 율장에서 이에 대한 내용은 조금씩 다르나 빨리율에서는 다음과 같은 다섯 가지 사실을 들고 있다.

첫 번째로 붓다가 입멸할 즈음 승가가 원한다면 소소계(小小戒)는 버려도 좋다고 유훈을 남겼지만 아난은 그때 소소계는 구체적으로 무엇인가를 들어 두지 않았다는 사실이다. 그 때문에 제1결집 때 소소계의 해석을 둘러싸고 혼란이 일어났다. 이는 악작(惡作, dukkaṭa)죄에 해당한다고 가섭은 아난을 가책하였다.[18]

두 번째로 붓다의 우욕의(雨浴衣, vassikasāṭikā)를 만들 때 아난이 옷을 밟은 일이다.[19]

세 번째로 붓다가 입멸하였을 때 여인들에게 유신(遺身)을 예배

---

[18] 이 소소계를 지키지 않고자 한다면 지키지 않아도 좋다는 주장을 각 율장에서는 한결같이 아난에 의하여 제안되었다고 설명되어 있다. 이것은 물론 『대반열반경』에 근거한 것이라고 생각된다. 『오분율』과 빨리율에서는 결집 직후에 소소계를 제거할 것을 또는 『사분율』에서는 결집이 행하여지는 시작 부분에서 잡쇄계(雜碎戒)를 버릴 것을, 『십송률』에서는 빨리율과 『오분율』과 같이 법과 율의 결집 직후에 미세계(微細戒) 방사(放捨)를 그 어디에서도 한결같이 아난에 의하여 제안되고 있다. 또한 근본유부율에서는 결집 전에 아난이 증오하기 전 가섭파가 죄를 문책하는 제 여섯 번째 붓다가 별해탈경에 있는 소수소계(小隨小戒)를 버려야 할 것을 서술하는데 아난이 그 내용을 묻지 않는 것을 죄로써 문책하고 있다. 또한 『마하승기율』에서는 결집이 끝난 뒤 결집장 밖에 천 비구를 불러 넣어 결집의 결과를 보고할 때에 어떤 비구가 세존께서 아난에게 미세계는 버려도 좋다고 하였지만 무엇을 버려야 하는가라는 제안을 하여 의제로 삼아 이것에 대하여 가섭은 위덕준엄한 태도로 아난을 문책하고 있다. (佐藤密雄(1963), 『原始佛敎敎團の硏究』, 823).

[19] 가섭은 다시 아난을 힐난하면서 말하였다. "당신은 세존을 위하여 승가리를 꿰매면서 발가락으로 눌렀으니 돌길라를 범한 것입니다. 역시 죄를 인정하고 참회해야 합니다." 아난이 말하였다. "내가 붓다를 공경하지 않기 때문이 아니라 끈을 잡아 줄 사람이 없었으므로 이 때문에 발로 눌렀던 것입니다. 나의 이 행위에 대하여 역시 죄를 인정하지는 않습니다만 대덕을 공경하고

하게 함으로써 불신(佛身)이 여인의 눈물로 더럽혀진 일이다.[20]

네 번째로 붓다가 사선족(四禪足)을 닦는 자는 일겁 동안 세상에 머물 수 있다고 말하였을 때 아난이 붓다에게 일겁 동안 세상에 머물러 주실 것을 청하지 않은 일이다.[21]

다섯 번째로 대애도구담미(大愛道瞿曇彌) 등 석가족 여인이 비구니가 되고자 하였을 때 붓다가 거부한 것에 관계없이 아난이 세 번까지 간청하여 여인의 출가를 얻어낸 일이다.[22]

빨리율 오백건도에서는 이상의 다섯 가지 악작죄를 들어 아난에게 이것을 악작이라 인정하여 참회하라고 요구하였다. 이것에

---

믿으니 이제 참회하겠습니다."『彌沙塞部和醯五分律』권30(T22, 191).
20) 가섭은 다시 아난을 힐난하면서 말하였다. "당신은 여인에게 먼저 사리에 예배하도록 허락하였으니 돌길라를 범한 것입니다. 역시 죄를 인정하고 참회해야 합니다." 아난은 말하였다. "내가 여인으로 하여금 먼저 사리에 예배하고 싶어서 그랬던 것이 아니라 해가 저물어서 그들이 성에 들어올 수 없을까 두려워했기 때문에 그것을 허락했던 것입니다. 나는 이것에 대하여 역시 죄를 인정하지는 않습니다만 대덕을 공경하고 믿으니 이제 참회합니다."『彌沙塞部和醯五分律』권30(T22, 191c).
21)『대반열반경』(Mahāparinibbānasuttanta) Dīgha Nikāya. 72-88에 따르면 붓다는 반열반 3개월 전에 교화를 끝마치고 수명(āyusaṅkhāra)을 버리고 입멸하리라 정하였지만 그와 같은 결정을 전에 아난에게 예고하여 신족(身足)을 얻은 이는 원한다면 수명을 일겁 또는 그 이상으로 연장하여 세상에 머물 수 있다고 설명하고 상(相)을 보이고 광명을 발하여 붓다에게 지금 이후 일겁을 원한다면 지금 청하여야 한다는 암시를 주었다. 그러나 그때 아난은 마(魔)에 마음을 빼앗겨 정신 차리지 못하고 세상에 머물러 주실 것을 소홀히 하였다. 대지가 진동하였을 때 처음으로 정신을 차리고 붓다가 세상에 일겁 동안 머물 것을 청하였지만 이미 때가 늦었다라고 되어 있다.
22) 가섭은 다시 아난을 힐난하면서 말하였다. "당신은 세 번이나 세존께 청하면서 여인을 정법에 출가하는 것을 허락해 주시도록 요구하였으니 돌길라를 범한 것입니다. 역시 죄를 인정하고 참회해야 합니다." 아난이 말하였다. "내가 법을 공경하지 않았기 때문이 아니라 마하파사파제구담미가 세존을 키우셨기에 크게 출가하시기에 이르렀고 중생을 구하시게 된 것입니다. 이 공은 갚으셔야 했으므로 이 때문에 세 번 청한 것입니다. 나는 이것에 대하여 역시 죄를 인정하지는 않습니다만 대덕을 공경하고 믿으니 이제 참회하겠습니다."『彌沙塞部和醯五分律』권30(T22, 191b).

대하여 아난은 다음과 같은 반론을 펴고 있다. 첫번째 소소계의 경우는 자신은 실념하였기 때문에 묻지 않았던 것이며, 두 번째의 우욕의의 경우는 광대하기에 발을 밟지 않았다면 바느질을 할 수 없었기 때문이며 결코 존중하지 않았기 때문이 아니라고 답하고 있다. 세 번째 석존의 유신을 여인에게 예배하게 한 것은 시간이 지체되는 것이 두려워서이며, 네 번째 석존에게 일 겁 동안 머물 것을 청하지 않은 것은 그때 마(魔)에 마음이 가려졌기 때문이며, 다섯 번째는 여인 출가를 원한다는 것은 대애도구담미는 붓다 양모이며 대은(大恩)이 있으므로 그 보은 때문이었다고 답하고 자신은 악작이라고 생각하지는 않지만 대덕을 믿고서 악작이라는 것을 인정하여 참회한다고 하여 참회하고 있다.

이상 다섯 가지는 빨리율 오백건도에 설명되어 있다. 『오분율』의 오백건도에서는 이외에 다시 붓다께서 입멸 전에 아난에게 물을 구하였을 때 아난은 500대의 수레가 하천을 건넜기에 하천 물이 더러워졌으므로 한참 기다렸다고 말하고 물을 바치지 않은 것은 6돌길라죄에 해당되는 것임을 들고 있다.[23]

『사분율』은 다시 붓다가 아난에게 공양인(즉 시자)이 되라고 세 번이나 청하였는데도 아난은 이것을 듣지 않는 것을 더하여 모두

---

[23] 가섭은 다시 아난을 힐난하면서 말하였다. "붓다께서 옛날 당신에게 세 번이나 물을 요구하셨는데도 당신은 끝내 바치지 않았으니 돌길라를 범한 것입니다. 역시 죄를 인정하고 참회하여야 합니다." 아난이 말하였다. "내가 바치고 싶지 않았기 때문이 아니라 당시 5백 대의 수레가 상류에서 앞 다투어 건너느라 물이 흐려졌는데 맑아지지 않았으므로 행여 병환이 나실까 두려워 바치지 않았던 것입니다. 나는 이것에 대하여 역시 죄를 인정하지는 않습니다 다만 대덕을 공경하고 믿으니 이제 참회하겠습니다."『彌沙塞部和醯五分律』권30(T22, 191bc).

7돌길라를 들고 있다.[24] 『십송률』도 공양인이 되는 것을 제외한 6돌길라를 들고 있지만 여래의 유신(遺身)을 여인에게 보이게 하였다는 사실 대신에 아난이 여인에게 붓다의 음마장(陰馬藏)을 보이게 한 것을 들고 있다.[25] 『마하승기율』에는 여인을 출가시킨 일, 일겁 동안 머물 것을 청하지 않은 일, 승가리를 밟은 일, 물을 구해다 주지 않는 일, 세미계(細微戒, 소소계)를 묻지 않은 일, 음마장을 보여주게 한 일, 눈물로 더럽힌 일 등 7월비니(越毘尼)를 들고 있다.[26] 다시 『근본설일체유부율잡사』에서는 세존이 비유를 설하였는데 아난이 이것을 따로 설하였다는 것을 더하여 가장 많은 8과실(過失)을 들고 있다.[27] 이상과 같이 제 율장은 다소의 차이가 있지만 한결같이 가섭은 아난을 적게는 다섯 가지 많게는 여덟 가지 이유를 들어 공격하고 있는 것이다.

하여간 가섭이 이상과 같은 몇 가지 이유를 들어 아난을 가책하여 돌길라회과에 처하였다는 것은 일대 사건이라 하지 않을 수 없다. 왜냐하면 스승인 붓다가 입멸 바로 직전 아난에게 시자로서 노고에 감사를 표하고 아난은 시자로서 네 가지 희유한 법을 갖추고 있음을 찬탄한 바[28]가 있기 때문이다. 이와 같이 스승인 붓다도 아난의 노고에 감사를 포함하였음에도 불구하고 돌아가시자마자, 노고가 많은 제자인 아난을 바로 공격하고 나섰다. 이는 스승에 대한 예의가 아닐 것이다. 또한 아난이 그것을 과실이라고 인정하

---

24) 『四分律』 권54(T22, 967bc).
25) 『十誦律』 권60(T23, 449bc).
26) 『摩訶僧祇律』 권32(T22, 492ab).
27) 『根本說一切有部毘奈耶雜事』 권39(T24, 404c~405c).
28) Dīgha Nikāya I, 143.

지 않음에도 강수를 두어 무리하게 잘못을 강요하고 있다.[29] 그러므로 양자는 사이가 지극히 좋지 않았음을 추측할 수 있다. 그리고 이를 자행한 이가 바로 가섭이었다.[30] 물론 이 가책 가운데는 "사신족(四身足)을 닦는 자는 이 세상에 일 겁 동안 머물 수 있다"라고 말하는 것과 같이 실제 가능했던 일인가 하는 의문도 든다. 그러나 그 밖의 문제는 현실적인 문제이며 실제를 반영하고 있는 것이라고 보아도 좋을 것이다.

이처럼 이것을 받아들이기 어려운 사건임을 의식하였기 때문에 『근본유부율잡사』에서는 이것을 삼장을 결정하기 전의 사건으로 하고 아난을 격려하기 위한 조치였음을 밝히고 있다. 즉 제1결집에 참가하는 비구는 아난을 제외하고 499인을 가섭이 선발하였지만 그들은 모두 아라한이었다. 단지 아난만이 미증오였다. 때문에 가섭이 아니로타(阿尼盧陀)와 상담하여 가책의 말로써 조복시킬 수 있음을 보고 이와 같이 하였다[31]라고 밝히고 있다.

그 결과 아난은 발분하여 결집 직전엔 깨달음을 얻었다고 하고 있다.[32] 아난이 붓다의 입멸 때 또한 미증오였다는 것은 『인류탄반경(人類誕般經)』에도 설명되어 있다. 그러므로 제1결집 시에도 아난

---

29) 단지 『승기율』에서는 7월비니 가운데 아난이 여인 출가와 청일겁주(請一劫住) 두 가지 사실을 제외한 나머지 5사에 대하여 죄를 인정하고 월비니회과를 하였다라고 한다.
30) 『승기율』에 따르면 죄를 거론한 이가 우바리였으며 판정자가 가섭이었다고 하고 있다. 또한 빨리율에서는 아난을 가책한 것은 장로 비구 등이었다고 하고 있다. 이것은 승가로서 아난을 가책한 것을 보이는 것이다. 그러나 실제로는 주도자가 있었고 그 자가 가섭이었다는 것은 분명하다. 다른 『오분율』, 『사분율』, 『십송률』, 근본유부율, 『대지도론』 등은 모두 가섭이 하였다고 하고 있다.
31) 『根本說一切有部毘奈耶雜事』 권39(T24, 404c).
32) 이 사건을 삼장으로 결정하기 전의 일로 하는 것은 근본유부율과 『사분율』

이 미증오를 문제 삼았다는 것을 말한다. 이때 가섭이 결집에 참가하는 비구를 5백에서 한 사람 빼는 수를 선발하였다. 이것에 대하여 모든 비구가 아난도 결집에 참가하여야 한다고 말하였으므로 아난도 참가하였다고 하고 있다. 이점은 제 율장의 제1결집 기술에서 일치하고 있다.[33]

위에 설명한 바와 같이 붓다가 입멸 때 아난은 학지(學地)에 있었지만 결집 직전에 증오를 얻었다는 것은 제 율의 오백건도에서는 물론 이 밖의 자료에서도 말하고 있다. 결집은 우안거 때에 행하였지만 붓다의 입멸은 그 전 해 우기 후였다. 이 붓다 입멸의 슬픔을 이리욕(已離欲)의 비구는 잘 감내하였지만 미리욕(未離欲) 비구는 이를 감당하지 못하여 손을 들고 몸을 던져 슬퍼하였다고 한다. 이 때 수밧다(Subhadda)라는 어리석은 비구가 "이와 같이 시끄럽게 잔소리하는 대사문으로부터 마침내 벗어나게 되었다. 지금부

---

이며 빨리율, 『오분율』 『십송률』 『마하승기율』 등은 결정 후의 일로 하고 있다.
33) 빨리율에서는 가섭이 시자로 아난을 배제시켰지만 세 비구의 추천으로 그를 참가시켰다고 하여 특히 문제가 없었다. 『사분율』에서는 가섭은 비구들의 추천에도 아난에게는 애상포치(愛喪怖痴)가 있었다고 하여 중중에 참가하는 것에 반대하고 있다. 그러나 제 비구가 아난은 붓다의 공양인이었다는 것, 소수(所受)의 법수가 많았다는 것을 들어 거듭 추천하였으므로 그를 참가시켰다고 하고 있다. 『오분율』에서는 가섭은 아난이 학처에 있었다는 것을 이유로 결집에 참가시키는 것을 반대하였지만, 뒤에 아난이 해탈하였으므로 허락하였다고 한다. 『십송률』에서는 가섭이 아난을 집법인(集法人)으로 참가한 것을 허락하고 있다. 이것은 교법의 송출만으로 결집의 일원으로 들어가지 않았음을 의미한다. 그러나 아난은 뒤에 아라한이 되었으므로 결집의 일원으로 참가한 것이었다. 『승기율』에서는 "대가섭은 아난을 결집에 참가하는 것은 이와 같은 학인을 무학의 덕력(德力) 가운데 들어간 것은 오히려 개소야간(疥瘙野干)이 사자의 무리 가운데 들어가는 것과 같다"라고 말하여 반대하였다고 한다. 그러나 뒤에 아난이 증오를 얻었음으로 참가를 허락하였다고 한다.

터 원하는 대로 행할 수 있다"라고 기뻐하였다. 그것을 가섭이 듣고서 지금부터 교법과 계율을 결정하지 않으면 붓다의 가르침은 연기와 같이 소멸되어 버릴 수 있다고 생각하고 결집을 승가에 제의하였다고 한다. 따라서 그때부터 결집 때까지는 상당히 시간의 공백이 있었다. 그러므로 그 사이에 미증오의 아난이 증오를 얻을 시간적 여지는 충분히 있었다고 볼 수 있을 것이다.

여하간 제1결집 때에 가섭이 아난의 참가를 처음에는 허락하지 않았던 것은 사실인 것 같다.

## V. 아난의 제자와 제2결집

빨리율 오백건도에 따르면 가섭이 아난을 가책한 것 외에 아난이 찬나(Channa) 비구에게 범단죄(梵壇罪)를 주기 위하여 코삼비로 갔음을 밝히고 있다. 찬나는 범단벌을 받았기 때문에 고뇌하고 신고(辛苦)하며 참괴하며 불방일로 정근하여 범행을 달성하며 번뇌를 멸하여 아라한이 되었다고 한다. 아라한이 되었으므로 그의 범단은 해제되었다.

또한 빨리율의 오백건도에 따르면 아난은 이때 코삼비 왕이었던 우데나(Udena) 왕의 원에 머물렀다고[34] 한다. 붓다의 입멸 후에

---

[34] 그리고 우데나 왕 후궁의 시녀들을 교화하여 500령(領)의 옷을 보시받았다. 그러나 우데나 왕이 이것을 듣고서 한 사람으로 이와 같이 다량의 옷을 받은 아난을 욕심이 많다고 생각하여 스스로 아난을 방문하여 그 진의를 들었다. 그리고 그것은 다른 오백 인의 비구에게 분배하기 위한 것이라는 것을 듣고 물건을 조말(粗末)로 하지 않고 비구의 생활법에 감응하여 다시 오백

아난이 어디에 머물렀는지 정확하게 알 수는 없지만, 이러한 여러 가지 정황으로 보아 아마도 아난이 그대로 코삼비에 머물렀을 것이라 추정된다. 『아함경』에는 아난이 코삼비에서 설법하였다는 것을 전하는 경전이 많기 때문이다.[35]

아난이 코삼비에 머물며 이 지역의 개교에 힘을 다하였음은 아난의 제자가 많이 배출되었다는 것에 의해서도 추지할 수 있다. 제2결집은 불멸 100년[36]에 이루어졌다는 것은 제 율장의 기술이 일치하고 있다. 그런데 그때 승가의 지도자는 모두 한결같이 아난의 제자였다. 특히 서방 비구의 중심이었던 삼부타와 레바타가 아난의 제자였음을 율장에서 볼 수 있다. 당시 교계의 최고 장로였

---

개의 옷을 보시하였다라고 한다. 단지 『승기율』에서는 붓다가 코삼비 왕 부인으로부터 오백 장의 모직물[氀]을 주었다고 한다.

35) 빨리 증지부 제4집 제80·241경; 제5집 제106·159경; 제7집 제40경 등은 붓다가 재세 시대에 코삼비의 코시따 원(園)에 머물고 있었을 때 아난이 붓다에게 질문하고 붓다가 이에 답한 경전이다. 그러나 그밖에 빨리 상응부 35 제129경은 아나이 코삼비의 코시따 장자에게 설한 경이며, 같은 상응부 51 제15경은 코시따 원에서 아나이 운나브하(Unnabha) 바라문에게 설한 경전이다.

다음에 빨리 증지부 제4집 제159경은 코시따 원에서 아난이 한 비구니에게 설한 교설, 제4집 제170경과 같이 아난이 코시따 원에서 모든 비구에게 설한 교설, 제5집 제170경은 코시따 원에서 아나이 밧다지(Bhaddaji)에게 설한 교설, 제9집 제37경 코시따 원에서 아난이 제비구에게 설한 교설이다. 제9집 제42경은 코시따 원에서 아난이 우다이에게 설한 교설이다.

이 경전에서는 불멸 후의 일로 단정 짓고 있지 않지만, 붓다에 대하여 어떠한 언급도 하지 않으므로 아난 한 사람이었다는 것은 확실하다. 이 경전에 따르면 불멸 후 아난이 코삼비에 머물렀다는 것을 알 수 있다.

이 밖에 불멸 후 아난에 대하여 장부 제10경에 세존이 반열반으로부터 아직 오래되지 않았을 때 아난이 사위성의 기원정사에 머물며 떼데이야(Tedeyya)의 아들인 수반동자에게 가르침을 설한 것을 말하고 있다. 이것은 아마도 아난이 붓다의 입멸 뒤 쿠시나가라로부터 사위성에 와서 한동안 머물다가 제1결집을 위해서 왕사성으로 출발하기 전의 일이었던 것 같다.

36) 『십송률』과 근본유부율은 110년으로 되어 있다.

던 일체거(一切去, Sabhakami) 또한 아난의 제자였다. 앞에서 설명한 바와 같이 아난은 불멸 후 상당히 오랫동안 살았다고 보이므로 그 제자 중에서 장수한 이는 불멸 100년경에도 살았다고 보아도 좋을 것이다. 그와 같이 장수하였던 비구가 교계 장로가 되었을 것이기 때문이다.

불멸 100년 칠백결집은 동서 대립을 초래하였지만 동방 베살리와 마가다 비구 가운데 베살리 비구들의 행위를 계율 위반이라고 보았던 비구가 있었다. 이 칠백결집에서는 동서로부터 각각 4인의 대표자를 선발하여 그들의 회의에서 10사 시비를 심의하며 이것을 비사(非事)라고 판정한 것이다. 그 대표자는 빨리율에 따르면 서방으로 삼부따(Sambhuta, 三浮多)·레바타(離婆多)·야샤(耶舍)·수마나(Sumana, 修摩那) 4인이며, 동방으로부터 삼브하까마(一切去)·살하(Salha, 沙闍)·쿠쟈소비따(Khujjasobhita, 不闍宗)·와사브하가미까(Vasabhagamika) 4인이었다.

이 8인이 동서 어디에 배속하는가에 대해서는 제 율장에 약간의 차이가 있다. 하여간 야사가 비사리에서 배척되어 서방 코삼비에 이르러 삼부타와 레바타의 원조를 구한 것은 제 율장의 기술과 일치한다. 따라서 이 두 사람은 서방의 비구이다. 8인 가운데 삼부타 산와시(sambhuta sanvasi)는 상나화수(商那和修)와 동일인이며 아난의 제자이며 마투라를 교화한 사람으로 유명하다. 『십송률』에서는 대표 8인은 모두 아난의 제자였다고 한다.

빨리계 『도사(島史)』, 『대사(大史)』, 『선견율비바사(善見律毘婆沙)』 등에서는 야사, 삼부타, 레바타, 삼하가비, 삼레야, 구지소비타 6인은 아난의 제자이며, 바사베카마까와 수마사 두 사람은 아나율의 제자였다고 말하고 있다. 『오분율』에서는 야사가 코삼비에 가서 최초로 호소한 파리읍(波利邑) 비구 50인 그리고 나서 30 파리읍 비구(그는 마투라에 머물렀다) 다시 파리읍 30비구(아라비에 머물렀다) 등은 모두 아난의 제자였다. 삼부타와 레바타도 이 가운데 포함되어 있다. 그리고 비사리의 일체거는 아난의 제자이며 법랍 136랍, 레바타 120랍, 삼부타와 야사는 함께 110랍이었다고 한다.

『사분율』에서는 삼부타와 레바타는 화상이 같으며, 삼부타는 아우항하산(阿吽恒河山)에 머물며 60 나리자(羅離子) 비구와 함께 머물렀다. 레바타가 제3 상좌 파가하변(婆呵河邊)에 머물렀지만 승가사국(賒國)에서 야사를 만났다. 일체거는 비사리에 머문 제1상좌, 삼부타가 제2상좌, 레바타가 제3상좌, 파수촌(婆搜村)이 제4상좌 모두 아난의 제자이었다고 한다.

이상 제 율장의 설명을 보아도 당시 교계 장로 대부분은 아난의 제자였으며 아난의 법계가 번영하였다는 것을 알 수 있다. 서방 파리읍 비구와 아반디 닷기 나베다드의 비구가 야사의 편이 되어 비사리 발자(跋子) 도(闍)비구에 대립하여 다툰 것은 동서의 대립이 되었다. 그리고 동서 비구들은 아난의 제자가 중심이었다. 동서에도 일체거 등의 장로들은 아난의 제자였다. 그러나 비사리 발자 도비구는 아난의 제자가 아니었을 것이다. 만약 그가 아난의 제자였다면 이와 같은 심각한 대립은 없었을 것이기 때문이다. 여하튼 아난의 제자가 코삼비를 중심으로 세력을 지니고 있었음을 알 수 있다.

특히 아난의 제자 상나화수는 마투라를 개교한 인물이라고 전하여 진다. 이와 같이 아난의 제자가 초기불교시대에 불교가 인도 전체에 퍼졌을 때 크게 영향을 미쳤음을 생각할 수 있다. 또한 『아육왕전』 등에서는 가섭으로부터 아난에게 법을 전하였다고 하지만, 이 점은 의심이 든다. 아난은 붓다의 직제자였으므로 특히 가섭으로부터 법을 받지 않으면 안 되는 이유가 없기 때문이다.

## VI. 나오는 말

율장의 첫머리에는 계율이 제정된 열 가지 이유인 십리(十利)에 대하여 밝히고 있다. 이 가운데 처음 두 가지는 바로 "승가의 건전성과 승가의 안주를 위하여"라고 명기되어 있다. 이는 다름 아닌 승가의 화합과 평화를 의미하는 것이다. 즉 계율 제정의 큰 목적이 바로 승가의 화합과 평화에 있다고 보아도 지나친 말은 아니다.

그러나 승가 즉 교단의 역사를 면밀하게 살펴본다면 화합과 평화만이 존재했던 것은 아니다. 다툼도 있었고, 분쟁도 있었다. 아비달마불교 즉 부파불교도 교법과 계율에 대한 다툼의 원인이 있었음은 잘 알려진 사실이다. 그리고 진보를 대변하는 대중부와 보수를 대변하는 상좌부로 갈려진 것이다.

필자는 이러한 대중부와 상좌부의 갈림은 베살리에서 벌어진 야사가 목도한 발우에 금은을 받는 등 이른바 10사에만 전적인 원인을 돌리기에는 미심쩍은 부분도 있다고 생각하였다. 따라서 그 원인을 붓다 재세 시까지 거슬러 살펴보았다. 그리고 가섭은 보수, 아난은 진보진영에 서었음을 발견하였다. 가섭은 두타행을 고집하였고 아난은 여성출가를 관철시켰다. 그들은 출신도 성격도 수행방법도 각기 달랐다. 아난은 석가족 출신이었고 가섭은 바라문 출신이었다. 그들은 수계방식도 달랐다. 초기 불교교단은 석가족 출신이 주류였다. 가섭은 여러 가지 점에서 탁월하였지만 석가족 출신이 아닌 것에 대하여 일종의 콤플렉스를 가졌는지도 모른다. 때문에 그들은 사이가 좋지 않았으며 그들은 대립할 수밖에는 없었다고 보인다.

붓다 입멸 후 결집을 앞두고 둘 사이의 충돌은 본격화되었다. 아난은 결집회의에서 배제된 것이다. 가섭은 여러 가지 이유를 들어 아난을 문책한다. 돌길라에 처하여 참회를 강요한다. 제1차 결집은 가섭과 그를 따르는 무리에 의하여 이루어진다. 경전이 아난보다는 가섭의 편에서 기술되고 있음은 아마도 이 때문일 것이다.

그러나 제1결집이 끝나고 제2결집 시에는 교계(敎界)는 아난의 제자가 장악하였다. 장로 대부분은 아난의 제자이며 그의 법계(法系)가 번영하였다. 가섭의 제자와 그 법계는 보이지 않는다. 아난의 법계가 다시 주류로 떠 오른 것이다. 또한 그들의 존재는 아비달마불교로 전개시키는 한 원인으로 작용하였다.

이 글은 「初期佛敎 敎團에서 迦葉과 阿難의 關係」(『불교학보』 36, 동국대학교 불교문화연구원, 1999, 253-269)를 수정·보완한 것이다.

# 제5장

# 초기불교 승가 분열에 대하여
## - 붓다 당시를 중심으로 -

## Ⅰ. 들어가는 말

불교 승가는 화합승(和合僧, samagga-saṃgha)이라고 한다. 이는 불교 승가가 평화의 실현을 이상으로 한다는 의미이다. 열반의 본질인 평화는 다름 아닌 화합을 통해서만 이루어지기 때문일 것이다. 율(律)의 제정 이유로서 들고 있는 십리(十利) 중 세 번째인 '승가의 안락주(安樂住)를 위하여(saṃghasya spaśavihārāya saṃghaphāsutāya)'라는 항목은 율의 제정이 화합과 직접적으로 연관되어 있음을 보여준다. 그러나 불교 승가가 현실적으로 화합을 이루기란 말처럼 용이하지는 않았을 것이다. 율장에서 화합을 반복 강조하고 있음은 이 때문인지도 모른다. 주지하는 바와 같이 불교 승가는 성립한 이후 급속한 성장을 이루었다. 붓다 재세 시에 이미 강력한 종교로서 자리 잡았다. 물론 이는 고타마 붓다의 탁월성 등 여러 가지 원인에 기인하지만, 교세 확장 이면에는 크고 작은 문제들이 끊임없이 일어났다는 사실은 간과할 수 없다.

육군비구(六群比丘) 등은 출가자로서는 바람직하지 않은 행동으로 재가자에게 지탄을 받기도 하였다. 제바달다는 붓다를 대신하여 승가를 통솔하고자 파승(破僧)을 기도하였으며, 마침내 코삼비(Kosambi)에서는 비구들 사이 쟁론이 일어나 붓다의 가르침마저도 거역하는 항명 사건을 겪기도 하였다. 이러한 사건들을 거치면서 불교 승가는 계율 제정 등과 같은 제도적 정비를 통해 해결하여 감으로써 확고히 교세를 확장시켜 갔음은 물론이다.

붓다 입멸한 지 100년경 베살리(Vesālī)에서 십사(十事, dasa vatthūni)로 인한 쟁론을 교단분열의 직접적 원인이라고 한다. 십사의 논쟁은 계율의 해석을 둘러싼 진보파 비구와 보수파 비구들 간의 대립을 가져왔으며 상좌부(上座部)와 대중부(大衆部)로 분열되었다고 한다. 그러나 베살리 십사 문제 제기 이전 붓다 재세 당시부터 여러 원인들이 제기되고 있다. 본 장에서는 그 여러 원인들에 대하여 구체적으로 살펴보고자 한다.

## II. 불교 승가의 발전과 견제

불교 승가는 붓다 성도(成道) 후 바라나시에서 오 비구(五比丘)의 귀의로 시작하여 얼마 안 있어 마가다국을 중심으로 점차로 확대

되는 강력한 종교로서 성장하였다. 그는 성도 후 범천(梵天)의 권청에 따라 전도의 결심을 한 후 녹야원(鹿野園)의 오 비구에게 가르침을 펴기 위하여 가야에서 바라나시까지 직선거리로도 200km 이상이나 되는 먼 거리를 걸었다. 여기에서 그의 전도의지가 어떠했는가를 볼 수 있다. 그의 전도의지를 잘 보여주는 것은 이른바 오 비구를 제자로 삼고 얼마 되지 않아 61인의 제자가 생겼을 때 한 전도선언(傳道宣言)을 통해서다.

> 비구들이여! 나는 하늘과 인간의 모든 그물에서 벗어났다. 비구들이여 그대들은 천신과 인간의 모든 그물을 벗어났다. 비구들이여! 길을 떠나거라. 여러 사람들의 이익과 안락을 위하여 세상을 동정하여 인간과 천신의 이익과 안락을 위하여 길을 떠나라. 두 사람이 한길을 가지 말아라. 비구들이여! 처음도 좋고 중간도 좋고 끝도 좋은 의미와 문장을 갖춘 법을 설하라. 아주 원만하고 청정한 행을 드러내 보여라. 세상에는 마음에 먼지와 때가 적은 자도 있다. 그들이 법을 듣지 못한다면 쇠퇴할 것이지만, 법을 듣는다면 잘 알게 되리라. 비구들이여! 나도 법을 설하기 위하여 우루벨라 세나니 마을로 가리라![1]

여기에서는 가능한 많은 사람들에게 법을 전하겠다는 정신이 나타나 있다. 이 붓다의 설법교화 선언을 계기로 불교 승가는 새로운 발전의 전기를 맞이하게 되었다. 우루벨라로 향한 붓다는 도

---

1) Vinayapiṭaka I, 21.

중에 30명의 현자를 제도하고, 다시 1,000명의 제자를 거느리고 있던 가섭(迦葉) 3형제를 교화하였다. 특히 우루벨라 가섭(Uruvela-Kassapa)은 유명한 원로 종교인으로 널리 알려져 있었다. 노련한 대종교인과 1,000명이나 되는 그의 제자들을 개종시켜 제자로 삼았다는 것은 군웅할거하며 격렬한 논쟁이 계속되던 당시 종교계에 극히 충격적인 사건이 아닐 수 없었다. 미야모토 쇼손(宮本正尊)은[2] 붓다가 여기에서 성공했기 때문에 그의 명성은 마가다에서 일거에 드높아지게 되었다고 지적한 바 있다.

붓다는 가섭 3형제를 비롯한 제자들을 이끌고 마가다의 수도 라자가하(Rājagaha, 王舍城)로 갔다. 라자가하는 중인도 최대 도시이며 종교 중심지였던 곳이다. 육사외도도 이곳을 중심으로 활동한 기록이 보이기 때문이다. 붓다가 라자가하로 향한 것은 빔비사라(Seniya-Bimbisāra) 왕과의 오랜 약속을 지키고 자신의 깨달음을 전하고자 함이었다고 한다. 또한 빔비사라 왕은 왕 가운데 최초로 붓다에게 귀의한 왕이 되었으며, 개종하여 불교를 적극적으로 지원하게 되었다는 사실은 잘 알려진 바이다. 왕은 죽림정사를 바친 가장 열성적인 불교 승가의 외호자(外護者)가 되었다. 특히 승가의 평화를 위하여 힘썼으며 포살(布薩)은 왕이 붓다에게 권하여 제정되었다고 한다.

빔비사라 왕의 귀의는 그 후에 다른 국가의 국왕들에게 영향을 주었다. 코살라국의 빠세나디 왕과 아반티국의 파죠타 왕 그리고 코삼비의 우데나 왕은 붓다의 찬미자였으며, 지지자였다. 코살

---

2) 宮本正尊(1944), 『大乘と小乘』, 448.

라국의 수도인 사위성(舍衛城)은 붓다의 수많은 설법이 행하여졌던 주무대였음은 잘 알려진 사실이다. 이러한 국가의 지원은 불교 승가를 더욱 견고히 발전시키는 원동력이 되었음은 물론이다.

빔비사라 왕의 귀의 후 이어서 사리불(Sāriputta)과 목건련(Mahā Moggallāna)이 산자야(Sañjaya)의 제자 250인과 함께 귀의하여 불제자 1,250인이 되었다. 가섭 3형제의 제자 1,000명과 산자야의 제자 250인을 더한 것으로 불교경전에서는 자주 반복되어 진다.

사리불과 목건련의 개종은 당시 종교계로부터 심한 견제와 공격을 가져오는 계기가 되었다. 여인을 매수하여 붓다나 비구가 그녀를 범하였다는 소문을 퍼뜨리거나 여인의 시체를 의혹이 갈만한 장소에 버려두고는 비구가 범하고 죽여 버렸다고 하는 등의 일이 있었다.

승가의 급속한 발전은 종교계뿐 아니라 사회 일부에서 붓다에 대한 비난을 불러일으키는 원인이 되었다. '산자야 교단에서 사리불과 목건련을 빼앗았는데 이젠 어디에서 또 누구를 죽이며 남편인 남성을 빼앗는다'라고 비난했다. 갑작스럽게 비구가 된 경우 아내를 집안에 그대로 남겨두고 출가하는 일도 많았다. 그래서 때때로 양친으로부터 부탁을 받고 대를 잇기 위하여 출가 이전의 아내에게 아들을 갖게 하는 경우도 있었다. 이 때문에 '어떤 비구라 할지라도 여러 비구의 학(學)과 계(戒)를 구족하고 학을 버리지 않고 힘이 약한 것을 명언하지 않고 음법(淫法)을 실행하되 내지 축생(畜生)과 하는 것까지 바라이(波羅夷)로서 함께 머물 수 없다'[3]라는 계

---

3) R. D. Vadekar(1939), *Pātimokkha*, 1; Ven. Ñāṇamoli Thera(1969), *Pātimokkha*, 19.

율까지 생기게 되었던 것이다. 외도들 역시 불교의 명예를 훼손시키고자 여러 가지 공작을 행하였다. 이러한 일들은 모두 승가의 급속한 발전을 시기한 나머지 생기게 된 모함이었다.[4]

불교 승가가 급속한 성장과 발전을 이룩하게 된 것은 고타마 붓다의 탁월성 등에 연유하고 있음은 재론의 여지가 없다. 그러나 그 밖에도 불교교단이 여타 종교교단에 비해 다른 특징 즉 차별화되는 특징을 지니고 있음도 간과할 수 없다.

불교 승가의 특징 중 하나는 평등무차별이라는 점이다. 불교 승가는 모든 의미에서 평등을 특질로 삼았고, 무차별의 원칙을 모두에게 적용시켰다. 붓다는 인간 평등을 주장하였으며 이러한 평등관을 승가의 제도 운영에 그대로 구현시키고자 하였다. 불교 승가는 바라문이든 수드라든 석존을 믿고 그의 가르침을 실천하려는 자는 누구라도 들어올 수가 있었기 때문에 급진적 발전을 꾀할 수 있었다.

그러나 불교 승가의 이러한 급속한 성장은 긍정적으로 작용한 것만이 아니었다. 반대급부적으로 여타 종교가의 견제와 질시 등을 낳았으며, 승가 내부에 여러 문제를 파생시켰다.

## Ⅲ. 불교 승가의 내부 문제 발생

불교 승가의 특징 중 하나는 원한다면 누구라도 들어올 수 있

---

4) 佐藤密雄, 김호성 역(1991), 『초기불교교단과 계율』, 32-34.

다는 것이다. 붓다가 성도하신 뒤 범천의 권청에 의해 설법을 결의하였을 때 '감로(甘露)의 법문은 열려져 있다. 귀가 있는 이는 들어라'[5]고 말했다고 한다. 이는 불교가 시작부터 모든 사람들에게 교법의 문호가 열려져 있음을 의미하는 것이다. 그의 가르침을 따르고자 하는 사람은 인종, 계급, 노소 그리고 성별을 묻지 않고 붓다의 가르침을 받을 수가 있었던 것이다.

여기에는 인간은 출생이나 계급에 관계없이 그 본성에 있어서 평등하다고 하는 인식이 전제되어 있다. 사성계급(四姓階級)이 엄격하였던 당시 붓다가 계급의 차별을 부정하고 모든 사람들에게 평등하게 교법을 개방하였다는 것은 미증유의 사건이었다. 붓다는 인간의 본성이 본래 평등하다는 것을 주장할 뿐 아니라 그것을 승가의 제도에 실제로 반영 실현하고 있다. 승가의 상하질서는 가문에 의하여 정해지는 것도 또한 깨달음의 깊고 얕음에 의해 정해지는 것도 아니며 먼저 출가한 이가 선배가 되는 것임[6]을 규정하시었다.

붓다가 마침내 반열반(般涅槃)에 들게 되었을 때 붓다는 아난(阿難)에게 '아난아, 법은 나에 의해 안팎의 구별 없이 설해졌다. 아난아, 법에는 사권(師拳, ācariya-muṭṭhi)은 없다'고 설하셨다고 한다. 여기에서 사권, 즉 스승의 주먹이라는 것은 비밀스럽게 전해지는 것, 스승이 숨기고 있는 것, 특정한 제자에게만 밝히는 오의(奧義)를 말한다. 즉 불교에서는 베다의 종교에서와 같이 특정한 제자만이 알 수 있는 비전(秘傳)은 없었다. 교법은 평등하게 누구에게나

---

5) Vinayapiṭaka I, 341.
6) Vinayapiṭaka II, 162.

열려져 있었던 것이다.

한 사람이 불교 승가에 들어오고자 한다면 그 사람은 세속적인 것을 모두 버리지 않으면 안 된다. 계급이나 가문뿐만 아니라 처자나 친족, 재산 모든 것을 버려야 가능하다. 불교의 승가는 가문이나 계급에 의해 차별하는 일은 없었다.

불교 승가의 이러한 특징으로 계급이나 가문에 관계없이 많은 자들이 들어오게 되었다. 특히 좋은 가문의 청년 자녀인 선남자(善男子, kulaputra)와 선녀인(善女人, kuladuhitṛ)이 많이 모였던 것이다. 두 사람의 큰 제자인 사리불 목건련도 바라문 출신이었으며 불멸 후에 유법결집(遺法結集)의 중심이 되었던 가섭도 바라문 출신이었다.[7]

그러나 불교 승가가 누구에게나 개방되어 있었기 때문에 문제를 초래하는 경우도 생겨났다. 죄인[8], 부채인, 노예[9] 등도 출가하는 경우가 발생하였으며 이는 사회의 지탄거리가 되었다. 당시 불

---

7) 아카누마 지젠(赤沼智善)은 붓다의 제자 가운데 1,160명의 이름을 판명하였다. 이것을 사성(四姓)으로 분류하면, 바라문 219명, 찰제리 128명, 비사(毘舍) 155명, 수타라(首陀羅) 30명, 불명(不明) 628명으로 되어 있다. 이 가운데 비구는 886명, 비구니는 103명, 우바새 128명, 우바이 43명이다. 이것은 판명된 것만 든 것이다. 赤沼智善(1981), 『原始仏教之研究』, 392.
8) 비구니율의 승잔법 가운데 '도적여인계(度賊女人戒)'가 있다. 이것은 범죄녀를 허가 없이 출가시켜서는 안 된다고 하는 계이다. 베살리의 릿차비족의 어느 처녀가 다른 남자와 정을 통했기 때문에 사형에 처해지게 되었다. 거기에서 그 여자는 사람들의 감시가 소홀한 틈을 타서 도망하여 사위성(일설에는 왕사성)으로 가서 비구니 정사에 들어가 출가해 버렸다. 거기에서 친족이 그녀를 찾아서 사위성에 왔지만 비구니가 되어 있었기 때문에 손을 쓸 수가 없었다는 것이다. 즉 여기에 가령 죽을 죄를 지은 죄인일지라도 출가해버리면 세속의 법률이 처단할 수 없었다는 것을 알 수 있다.
9) 『사문과경(沙門果經)』에는 노예(dāsa)가 자발적으로 출가한 이야기를 밝히고 있다. Dīgha Nikāya I, 60.

교 승가는 국법의 지배를 떠나 있어 비구(니)의 출세간성이 인정되어 있었다. 죽을 죄를 지은 죄인일지라도 출가하여 버리면 세속의 법률로써 더 이상 다스릴 수 없었다.[10] 따라서 노예나[11] 부채인이 그대로 출가하여 버리면 주인과 채무인은 손해를 보게 되며 죄를 범한 자가 비구가 되어 그 죄를 모면한다면 사회질서가 혼들리게 되며 더 이상 불교 승가는 사회로부터 존경의 대상이 되지 못할 것이다. 따라서 이들의 출가를 제한하는 규정이 만들어지게 된다.

여하튼 이상의 예에서 보듯이 불교 승가의 입단에 제한이 따르지 않음에 따라 질 낮은 부류들이 유입되게 되었고 이들은 불교 승가 내부에 많은 문제들을 발생시켰다. 이러한 경향과 아울러 붓다가 석가족이라는 사실은 석가족 우월주의 경향을 만들어 내게 되었다.

붓다가 제1회 귀국할 때에 많은 석가족 청년들이 출가하였고 그 뒤에 양모 고타미가 출가하여 비구니 승가가 성립하였으며, 또한 석존의 출가 전의 부인과 많은 석가족의 여성들이 출가하였다. 이렇게 하여 석가족은 실질적으로 불교 승가에 흡수되었다. 그리고 출가자를 '석자(釋子)'라고 지칭하게 된 배경에는 이와 같은 교단에서의 재속성(在俗性)이 반영되어 있다고 할 수 있다. 석가족이 자신의 가문을 뽐내며 교만하였던 것은 율장에서 잘 나타난다. 발제(跋提)나 아난 등의 석가족 청년 여섯 명이 출가하고자 했을 때, '우

---

10) 히라카와 아키라는 승가의 초세간성과 국가권력과의 관계에 대하여 잘 밝혀 주고 있다. 平川彰, 석혜능 역(2003), 『原始佛敎의 硏究』, 37-58 참조.
11) Dīgha Nikāya I, 60.

리들 석씨는 교만합니다. 이 이발사 우바리는 오래도록 우리의 하인이었습니다. 세존이시여! 우선 우바리를 먼저 출가시켜 주십시오. 우리들은 우바리(Upāil)에게 예경(禮敬)·영역(迎逆)·합장(合掌)·공경(恭敬)을 하겠습니다. 이렇게 하여 우리들은 석씨와 석씨만(釋氏慢)을 없애겠습니다'[12]고 말하고 먼저 우바리를 출가시켰다고 하는데 불교 승가 성립 초기부터 석가족 우월주의 경향이 있었음을 알 수 있다. 경분별(經分別) 승잔법(僧殘法) 제12조 악성거승위간계(惡性拒僧違諫戒)에서는 석가족의 아만이 잘 드러난다. 찬나(Channa)는 코삼비에 살았고 여러 가지 불선행(不善行, anācāra)을 행하였다. 그 때문에 비구들이 그에게 충고하였는데 그는 다음과 같이 말했다고 한다.

> 벗이여! 그대들은 나에게 무슨 말을 하려고 하는가? 나야말로 그대들에게 말해야 한다. 붓다는 우리들의 것이다. 우리들의 성주에 의해 법은 깨달아진 것이다.[13]

> 여러 장로들이여! 나에게 혹 좋다거나 나쁘다는 말을 하지 말라. 나도 역시 여러 장로의 좋고 나쁨을 말하지 않겠다. 왜냐하면 그대들은 모두 잡성(雜姓)으로서 우리 집의 민이(民吏)이었다. 예를 들면 오조(烏鳥)의 잡류골(雜類骨)을 포함해 모아서 한곳에 둔 것과 같다. 어찌 나에게 불법승사(佛法僧事)를 가르치려 하는가?[14]

---

12) Vinayapiṭaka Ⅱ, 183.
13) Vinayapiṭaka Ⅲ, 177-178.
14) 『摩訶僧祇律』 권7(T22, 284c-286a).

즉 붓다가 석가족 출신이고 찬나도 석가족 출신이므로 출생을 자랑으로 삼아 다른 비구의 교계를 거부하였음을 밝히고 있다. 찬나 비구는 물론 자기의 마음을 억제할 수 없어 이러한 말을 하였지만 이러한 배경에는 붓다의 일족과 라홀라를 비롯한 제바(Deva-datta), 아난(Ānanda), 난다(Nanda) 등이 은연히 지위를 지니고 있었음을 추측할 수 있다. 이와 같은 석가족의 은연한 지위에 대한 반동은 붓다 입멸 시에 두타제일의 가섭이 전면에 부각됨으로써 석가족의 지위에 큰 후퇴가 있었다고 할 수 있다.

불교 승가는 인종, 계급의 제한이 없었고 또한 여성에게도 문을 열어 놓았다. 이 또한 불교 승가 내부에 분란을 가져오는 원인으로 작용하였다고 보인다. 비구니 승가의 성립은 비구니 건도에서 볼 수 있는데 이것에 따르면 비구니 승가는 비구 승가보다도 약간 뒤에 성립된다. 비구니가 된 최초의 이는 다름 아닌 석존의 양모였던 마하파자파티 고타미(Mahāpajāpatī Gotami)였다고 한다. 석존이 깨달음을 얻고 나서 최초로 석가족의 나라를 방문한 일이 있었는데 그때 고타미는 붓다의 설법을 듣고 출가를 결심했다. 그리고 붓다에게 가서 여인의 출가를 요청하였는데 세 번이나 거절당했다고 한다. 그리고 붓다는 유행을 하기 위해 석가족의 나라를 떠나버렸다. 그러나 그녀는 출가를 단념하지 않고 여러 석가족의 여인들과 함께, 스스로 머리를 깎고 가사를 입고 맨 발인 채로 붓다가 유행하는 뒤를 따라갔다.

이윽고 베살리에 이르렀을 때 아난의 중재에 따라 겨우 출가를 허락받았다고 한다. 그러나 붓다는 그때에도 무조건적인 여인의 출가를 허락한 것이 아닌 팔경법(八敬法)[15]이라고 하는 비구니로서는 매우 가혹한 규칙을 만들어 비구니 승가를 허락했다고 한다. 그러나 그때에도 비구니 승가가 생겼기 때문에 정법(正法)이 1,000년 동안 이어질 것인데 500년으로 감소하게 되었다고 한탄하고 있다.[16]

여기에서 정법 1,000년이 비구니 승가가 성립되었기 때문에 500년으로 감소되었다고 하는 전설은 비구니 승가가 환영받지 못하였음을 보여주는 것이다. 비구들이 비구니 승가의 문제를 환영하지 않았다는 것 같은 사실은 제1결집 시에 이 일로 인하여 아난이 문책을 받았다는 사실에서도 알 수 있다.

## IV. 상수제자의 도전과 다툼

불교 승가는 사의법(四依法)을 출가생활의 원칙으로 하였다. 원래 이는 당시 출가자의 일반적인 생활원칙이었다. 율장에서는 승가에 들어와서 비구가 되는 자에게는 반드시 사의법을 설해주도록 되어 있다. 비구는 출가자로서 걸식(乞食), 분소의(糞掃衣), 수하좌(樹下座), 진기약(陳棄藥) 등 사의법에 의지하여 생활하여야 했다.[17]

그러나 국왕, 장자, 거사 등 재가자의 적극적인 지원으로 불교 승가가 어느 정도 풍요해짐에 따라 이러한 혜택을 받은 불교 승가

---

15) 『十誦律』 권47(T23, 345b-c).
16) 『毘尼母經』 권3(T24, 818b-c).
17) 佐藤密雄, 김호성 역(1991), 『초기불교교단과 계율』, 35.

의 비구 생활에는 두 가지 입장이 생겨나게 된다. 출가자로 인정되는 범주 내에서 풍요한 생활을 누리려는 입장과 풍요한 가운데서도 최소한의 생활만을 견지하자는 입장이 바로 그것이다.

즉 출가자의 생활을 시대적 변화에 따라 개변시켜가는 것을 인정하고 허용할 수 있도록 하는 것이 시대적 요청이라는 입장과 승가생활을 출가생활의 원칙 한도 내에서만 허용하여야 한다는 엄격주의 입장이다.

이러한 경향에서 발생한 사건이 제바달다(提婆達多)의 파승사(破僧事)이다. 파승은 승가를 분열시키는 행위이다. 석존의 말년에 제바달다가 그 도중(徒衆)과 함께 일으킨 일이라고 말해지고 있다. 붓다께서 왕사성의 가란타 죽림원에 계셨을 때 제바달다는 동조자 4인, 즉 구가리국(拘迦利國, Kokālika)·가타무가리(迦咤無迦利, Kaṭamorakatissaka)·건타비야(騫陀毘耶, Khaṇḍadeviyāputta)·사물타달(娑勿陀達, Samuddadatta) 등과 서로 미리 짜고 붓다의 승가를 분열시키고자 기도했다. 붓다의 교법을 파괴하고자 파법륜승(破法輪僧, cakrabheda)을 기도했던 것이다.[18] 그 때문에 제바는 붓다에게 오사(五事)를 받아들일 것을 요구했지만 거절당했다. 이 오사는 극히 엄격한 수행방법으로 십이두타행(十二頭陀行)[19]에도 포함되어 있는 수행방법이고 가섭을 비롯한 불제자 중에도 실행하고 있는 비구가 있었다. 붓다는 그러한 두타를 행하는 비구를 열렬한 수행자로서 칭찬하였으나 이것을 불교의 수행 원칙으로서 채용한 것은 아니었다. 즉 실행하고 싶은 비구는 해도 좋고 하고 싶지 않은 비구는 하지 않

---

18) Vinayapiṭaka Ⅲ, 171.
19) 『毘尼母經』 권1(T24, 804c-805a).

아도 좋다고 했다.

그 때문에 제바달다는 제자들과 더불어 왕사성(王舍城)에 들어가서 석존이 오사를 거부하였다는 것을 선전하고 자신들은 오사의 실행자이고 자신들이야말로 진정한 불교자라고 주장하였다. 석존이나 불제자는 사치스럽게 흐르는 안이한 수행자라고 비판했다.

빨리율에 따르면 제바달다는 파승을 기도한 것을 제 비구가 비난하여 "제바달다는 비법어자 비율어자(非法語者 非律語者)이다. 왜 파승을 기도하느냐"라고 설한 것에 대하여 네 명의 동조자는 "여러 장로여! 그런 식으로 말하지 말라. 제바달다는 법어자 율어자(法語者 律語者)이다. 제바달다는 우리들이 하고자 하는 것을 바라는 것을 들어 말하고 우리들이 하고자 하는 것을 설시한다. 우리들은 그것을 찬성하는 것이다"[20)]라고 말하면서 제바달다의 행위를 변호하였다.

이것은 일부 신자의 지지를 받았고 동시에 불제자 가운데에도 동조자를 만들었던 것 같다. 아사세왕(阿闍世王)도 제바의 말에 움직여 그 신자가 되었고 제바 교단의 강력한 지원자가 되었다고 한다.

그러한 상황 속에서 제바는 스스로 석존을 대신하여 승가의 통솔자가 되고 싶다는 야망을 일으키고 석존에 대하여 승가의 도사의 지위를 자신에게 양보하도록 신청하였으나 붓다로부터 거절당하였다고 한다.[21)]

불교 승가에서의 견해의 차이는 붓다의 제자 중에서도 볼 수

---

20) Vinayapiṭaka Ⅲ, 174-175.
21) Vinayapiṭaka Ⅱ, 188.

있다. 특히 가섭과 아난은 붓다의 신망 받는 제자였으나 둘 사이의 관계는 좋지 않았다. 붓다 말년이라고 생각되는데 가섭과 아난의 다음과 같은 대화를 통하여 그들 사이가 어떠했는가를 추측하여 볼 수 있다.

> 존자 마하가섭은 붓다에게 사뢰었다. "세존이시여! 요즘 비구들은 가르치기가 어렵습니다. 어떤 비구는 설법듣기를 참지 못하나이다."
> 붓다께서 말씀하셨다. "그대는 무슨 이유로 그런 말을 하는가."
> 가섭은 사뢰었다. "세존이시여! 저는 늘 비구를 봅니다. 한 사람은 아난의 제자 반조(槃稠), 또 한 사람은 목련의 제자 아부비(阿浮毘)입니다. 그들은 서로 많이 아는 것을 다투면서 각각 '너는 와서 토론하자. 누가 아는 것이 훌륭한가'라고 말합니다."
> 때에 존자 아난은 붓다 뒤에서 부채로 붓다를 부치고 있다가 존자 마하가섭에게 말하였다. "그만 두시오. 존자 마하가섭이여! 그만 참으시오. 존자 가섭이여! 그 젊은 비구들은 적은 지혜요 또 나쁜 지혜입니다."
> 존자 마하가섭은 존자 아난에게 말하였다. "그만 잠잠하시오. 나는 이 대중 가운데 그대 일을 묻고 싶지 않소."
> 존자 아난은 잠자코 있었다.[22]

이는 붓다 재세 시부터 가섭과 아난의 관계를 단적으로 보여주

---

22) 『雜阿含經』 권41(T2, 300b).

는 일례이다. 아난과 가섭은 여러 가지 점에서 대비된다. 아난은 석가족 출신이며 가섭은 바라문 출신이었다. 가섭은 승가 내부에서 석가족의 은근한 지위에 대한 불만이 있었으며, 따라서 석가족의 대표격인 아난에 대하여 이러한 불만을 토로한 것으로 보인다. 가섭은 엄격한 두타행을 행하였고 스스로에게 철저하였으며 다른 이에게도 그러했다. 그 때문에 아난의 철저하지 않은 수행태도에 대하여 비판적이었다.

아난과 가섭에게 있었던 다음과 같은 몇 가지 사건을 통하여 아난과 가섭의 관계를 좀 더 명확히 살펴볼 수 있다.

아난이 많은 비구와 남산에 유행했을 때 아난의 동주비구 30명이 학(學)을 버리고 환속해 버린 일이 생겼다. 아난이 왕사성으로 돌아가 가섭과 상의하자, 가섭은 아난에 대하여 "그대는 제근(諸根)을 지키지 않으며 식을 절제하지 않으며 야좌(夜座)에 열심이지 않으며 …… 어린 동자가 양(量)을 알지 못한다"라고 비판하였다고 한다. 아난을 어린 동자라는 표현을 사용까지 하며 책망하였던 것이다.[23]

또 한번은 투란난타 비구니가 가섭을 앞서가면서 가섭의 걸음을 방해한 일이 있었다. 거기에서 가섭은 "자매여! 빨리 걸어가거나 아니면 나에게 길을 비켜주지 않겠습니까?"라고 말한 것에 대하여 투란난타 비구니는 "그대는 본래 외도였던 주제에 무슨 일이 그리 급하다고 천천히 다니지도 못합니까?"라고 욕하였다. 이것에 대하여 가섭은 "악녀야! 나는 너를 책망하지 않고 아난을 책망하

---

23) 『雜阿含經』 권41(T2, 302c).

겠다'라고 말하고 있다.[24] 이렇게 아난을 책망한다는 것은 아난이 세존에게 청하여 비구니 출가를 허용한 일을 비난한 것이다.

가섭과 아난의 불화는 붓다가 입멸하면서 본격적으로 표면화된다. 먼저 주목되는 것은 율장의 오백건도(五百犍度) 부분이다. 여기에 결집이 끝난 뒤 가섭이 아난을 가책하는 설명이 보인다. 율장에서 이에 대한 내용은 조금씩 다르나 빨리율에서는 다음과 같은 사실을 들고 있다.

첫 번째로 붓다가 입멸할 즈음 승가가 원한다면 소소계(小小戒)는 버려도 좋다라고 유훈을 남겼지만 아난은 그때 소소계는 구체적으로 무엇인지 들어 두지 않았다는 사실이다. 그 때문에 제1결집 때 소소계의 해석을 둘러싸고 혼란이 일어났다.

두 번째로 붓다의 우욕의(雨浴衣, vassikasatika)를 만들 때 아난이 옷을 밟은 일이다.

세 번째로 붓다가 입멸하였을 때 여인들에게 유신(遺身)을 예배하게 함으로써 불신(佛身)이 여인의 눈물로 더럽혀진 일이다.

네 번째로 붓다가 사선족(四禪足)을 닦은 자는 일 겁(一劫) 동안 세상에 머물 수 있다고 말하였는데 아난이 붓다에게 일 겁 동안 세상에 머물러 주실 것을 청하지 않는 일이다.

다섯 번째로 대애도구담미(大愛道瞿曇彌) 등 석가족 여인이 비구니가 되고자 하였을 때 붓다가 거부한 것에 관계없이 아난이 세 번까지 간청하여 여인의 출가를 얻어낸 일이다.

빨리율 오백건도에는 이상의 오악작죄(五惡作罪)를 들어 아난에

---

24) 『十誦律』 권40(T23, 291a).

게 이것이 악작임을 인정하여 참회할 것을 요구하였다. 이것에 대하여 아난은 소소계의 경우는 자신은 실념(失念)하였기에 묻지 않았던 것이며, 두 번째 우욕의의 경우는 존중하지 않아서가 아니라 광대(廣大)하기에 발로 밟지 않고서는 바느질을 할 수 없었기 때문이라고 답하고 있다. 세 번째 석존의 유신을 여인에게 예배한 것은 시간이 지체되는 것이 두려워서이며, 네 번째 석존에게 일 겁 동안 머물 것을 청하지 않은 것은 그때 마(魔)에 마음이 가려졌기 때문이며, 다섯 번째 여인이 출가를 원한다는 것은 대애도구담미는 붓다 양모이며 대은(大恩)이 있으므로 그 보은(報恩) 때문이었다고 답하고 자신은 악작이라고 생각하지 않지만 대덕(大德)을 믿고서 악작이라는 것을 인정하여 참회한다고 답하고 있다. 그후 아난은 가섭을 피하여 중인도를 떠나 서방의 코삼비에 머물렀다고 전한다. 초기경전에서는 아난이 코삼비에 머물며 설법한 경전이 남아 있다. 아난은 코삼비에 머물며 서방의 개교에 진력하였으며 탁월한 많은 제자들을 길렀다.

## V. 불교 승가의 분열과 항쟁

불교 승가에는 붓다와 제바, 아난과 가섭의 다툼만이 있었던 것은 아니다. 불교교단에는 악교사(惡教師), 우치제자(愚痴弟子)라고 불리는 자들도 있어 이들은 적지 않은 분란과 다툼을 일으켰다. 이들의 존재는 항상 분란의 개연성을 지니고 있음을 의미한다.

악교사에 대하여 『오분율』에서는 다음과 같이 설명한다.

첫째, 계가 청정하지 않으면서 스스로 계가 청정하다고 생각하며 제자들이 실로 그것을 알아도 그 과(過)를 숨김으로써 이양을 바라는 것이다.
둘째, 사명(邪命)이 첨곡(諂曲)되어도 스스로 정직하다고 말하며 모든 제자들도 또한 그것을 숨긴다.
셋째, 설한 바가 선(善)하지 않아도 스스로 선설(善說)이라고 하며 모든 제자들도 그것을 숨기며 오히려 찬하여 선이라고 한다.
넷째, 견(見)이 청정하지 않아도 스스로 청정하다고 하며 모든 제자들도 견이 청정하다고 한다.
다섯째, 비법비율(非法非律)을 설하며 이것이 법이며 율이라고 하고 제자들도 또한 이것이 법이라고 숨겨 말할지라도 지자(智者)는 신수(信受)하지 않는다.

『십송률』에서는 우치제자에 대하여 다음과 같이 설명하고 있다.[25]

"스승이 청정하게 계율을 지키지 않으면서도 청정하게 계율을 지킨다고 스스로 자처하는 것을 알면서도 만약 우리가 스승에게 사실대로 말한다면 이를 기뻐하시지 않을 것이다. 만약 스승이 이를 기뻐하지 않는다면, 어떻게 말씀드릴 수 있겠는가? 우리들

---

25) 『十誦律』 권36(T23, 258b).

은 스승의 은혜를 입어 옷과 와구와 탕약과 음식을 얻게 되었으니 혹은 스승이 우리들을 좋게 말한다면 우리도 알아서 처신하여야 할 것이다"하여 제자가 자신의 이익을 위해 스승을 복호하며 스승은 그것을 제자에게 구한다고 밝히고 있다. 이러한 제자는 우치제자이다.

불교 승가에 있어서 악교수와 우치제자는 다스려져야 할 대상이다. 이들 존재와 별도로 초기불교 문헌에 따르면 승가 내에는 두 가지 그룹이 있었으며 이들은 서로 대립하며 항쟁하였다는 구체적 증거를 보여주고 있다. 빨리율 대품(大品)[26]에서는 세존께서 락키타(Rakkhita)라는 깊은 숲속의 훌륭한 살라 나무 아래에서 지내실 때 아래와 같은 술회를 하였는데 이를 통하여 그 심각성을 짐작할 수 있다.

> 나는 예전에 다투고 늘 승가에 소송을 제기하는 코삼비의 비구들 때문에 번잡스러워 편안히 지낼 수 없었다. 그러나 지금은 다투고 …… 늘 승가의 소송을 제기하는 코삼비의 비구들이 없어 둘도 아닌 혼자서 즐겁고 편안히 지내고 있구나.

여기에서 승가의 다툼이 어느 정도였는가를 짐작하게 한다. 붓다 재세 시에 이미 여러 번의 쟁론이 일어났으며 그 중심지는 코삼비였다. 초기경전을 통하여 이를 확인하여 볼 수 있다. 먼저 주

---

26) Vinayapiṭaka Ⅰ, 352.

목되는 경전은 『잡아함경』『법멸진상경(法滅盡相經)』이다.[27] 경전은 붓다께서 멸후 정법(正法)을 제석천과 사대천왕에게 부촉한다면 천년 동안 정법이 흔들리지 않을 것임을 밝히고 있다. 코삼비국의 마헨드라세나(Mahenddrasena)라는 왕이 있었는데 그 아들은 난당(難當)이라고 하였다. 사악왕(四惡王)이 와서 백성을 살해하였으므로 왕위를 난당에게 넘겼다. 그는 사악왕과의 싸움에서 승리하여 염부제를 통섭하여 코삼비국을 다스렸다. 빠탈리뿌뜨라(Pāṭaliputra)의 대상 수나타의 아들 수라타가 출가하여 도(道)를 배워 아라한과를 증득하였다. 그는 난당왕을 위해 설법하였고 왕은 불법에 대하여 큰 공경과 믿음이 생겨 대중을 위해 크게 공양하였다. 그러나 "여러 비구는 남의 보시를 받으면서도 경서를 읽거나 외우지 않고 도를 행하지도 않으며 남을 위해 경을 받고도 실없는 이야기로 날을 보내고 누워 잠자기로 밤을 새우며 이익을 탐하고 집착하고 스스로 꾸미기를 좋아하여 몸에 아름다운 옷을 감고서 모든 번뇌를 벗어나는 방법과 고요함과 집을 나온 뜻과 삼보리의 즐거움을 떠날 것이다. 이 모습을 닮은 비구들은 사문의 공덕을 떠날 것이니 그들은 이 법 안의 큰 도둑이다. 그들은 말세에 있어서 바른 깃대 부수기를 도와 악마의 깃대를 세우고 바른 법성을 깨뜨리고 바른 법 나무를 베며 선정과 지혜를 헐고 계율의 영락을 끊고 바른 도를 더럽힐 것이다." 이 모습을 본 제천용신(諸天龍神)은 "불법은 앞으로 7일이 지나 멸진할 것이다. 비구는 설계 날에 이르러 함께 서로 다툴 것이다. 여래의 정법은 그 사이에 멸할 것이다"라

---

27) 『雜阿含經』 권25(T2, 180a-182b).

고 슬퍼하였다. 수라타 아라한은 코삼비국의 여래 제자가 설계(說戒)하여 포살을 하는 것을 보고 코삼비국에 나아간다. 그때 승중은 백천 명 가운데 아라한은 오직 수라타 한 명이 있었고, 또 삼장 한 사람이 있었다. 그런데 양자의 사이에 바라제목차를 암송하는 것에 대하여 쟁론이 일어났다. 그 때문에 승가는 둘로 분리하여 양쪽 사이에서 서로 아라한을 죽이는 혼란이 일어났다.

증지부 경전[28]에서 붓다께서 코삼비의 고시타 원(Ghositārāma)에 머물고 계실 때 아누룻다(Anuruddha)의 동주자 바히야(Bāhiya)는 파승가를 위하여 머물고 있었다. 이때 아누룻다는 한마디도 할 수가 없다고 생각하였다. 그러자 붓다는 아난에게 "아누룻다가 언제 승가의 쟁사에 관여할 수 있겠는가. 사리불과 목건련이 이것을 그치게 해야 하는 것이 아닌가?"라고 말하고 4종(四種)의 인력(因力)을 보는 악비구는 파승가를 기뻐한다라고 가르치고 있다. 4종의 인력이란 파계(破戒), 사견(邪見), 사명(邪名), 이양(利養)이다.

중부경전에서는[29] 붓다께서 고시타 원에 머물고 계실 때 코삼비의 비구들은 의론·쟁론 논쟁을 하며 서로 비난하고 공격하는 등 서로 화합하지 않았으므로 붓다는 그들을 불러들여 서로 쟁론하는 일은 영원히 이익이 없으며 행복하지 않다는 것을 밝히고 화합으로 이끄는 육법(六法)을 설명하고 있다.

그리고 율장 코삼비건도에서는 코삼비에서 쟁사가 일어났는데 이 쟁사는 대단히 중요한 의미를 담고 있다.[30] 불세존께서 코삼비

---

28) Aṅguttara Nikāya Ⅱ, 239.
29) Majjhima Nikāya Ⅰ, 320.
30) Vinayapiṭaka Ⅰ, 337.

의 고시타 원에서 머물고 계실 때 어떤 비구가 죄를 범하였다. 비구들은 그가 죄를 알지 못함을 들어 거죄하였다. 다문으로 아함에 정통하였으며 지법자(持法者)이며 지율자(持律者)이며 현자였던 비구는 그 지방의 견해가 같고 친하게 지내던 비구들을 자신의 동조자로 만들었다. 그들은 거죄된 비구를 여전히 따르고 비호하였다.

그리하여 어떤 비구가 세존께서 계신 곳으로 와 자초지종을 이야기했다. "세존이시여! 여기 어떤 비구가 죄를 범하였습니다. 그는 그 죄를 죄라고 보았고 나머지 비구들은 그 죄를 죄라고 보지 않았습니다. 나중에 그는 그 죄를 죄라고 보지 않았습니다. 다른 비구들은 그 죄를 죄라고 보았습니다. 그러자 그 비구들이 …… 거죄를 내린 비구들이 이렇게 말하여도 거죄된 비구를 따르는 비구들은 거죄된 비구를 여전히 따르고 비호하였습니다." "이 비구 승가는 부서졌고 이 비구 승가는 분열되었다."

그때 거죄된 비구를 따르는 비구들이 계(界) 안에서 포살을 거행하고 갈마를 거행했고 거죄처분을 내린 비구들은 계 밖으로 가서 포살을 거행했다. 그리하여 거죄처분을 내린 어떤 비구가 세존께서 계신 곳으로 와서 예배한 뒤 한쪽에 앉은 다음 아뢰었다. "세존이시여! 거죄된 비구를 따르는 비구들은 교구 안에서 포살과 갈마를 거행하고 저희들은 교구 밖에 가서 포살과 갈마를 거행하고 있습니다." 이 사건을 들은 붓다는 다음과 같이 말씀하시었다.

비구여! 만약 거죄된 비구를 따르는 비구들이 내가 규정한 백(白)과 창설에 따라 포살과 갈마를 거행한다면 그것은 여법이며 부동이며 응리이다. 왜냐하면 그 비구들은 너희들과 부동주이며 너희들 또한 그들과 부동주이기 때문이다.

비구여! 두 가지 부동주지(不同住地)가 있다. 즉 [하나는] 스스로 부동주지로 하는 것이다. [또 하나는] 승가가 화합하여 그를 불견(不見), 불참회(不懺悔), 불사(不捨)로 거죄(擧罪)하는 것이다. 비구여, 이것이 두 가지 부동주지이다.

비구여! 두 가지 동주지(同住地)가 있다. 즉 [하나는] 스스로 동주지로 하는 것이다. 또 하나는 승가가 화합하여 불견, 불참회, 불사에 있어 해죄하는 것이다.[31]

그들이 각각 붓다가 제정한 백(白)이나 창설(唱說)에 의해서 포살이나 갈마를 행하였다면 그것은 여법한 행동이라는 것이다.

이는 승가에 쟁사가 발생하여 화합하지 못하고 분열했을 경우 그들은 서로 부동주가 되므로 따로따로 포살이나 갈마 등을 행하여도 그 의식은 유효하다는 것을 의미한다.[32]

이는 붓다 재세 시에 불교 승가는 이미 사실상 분열이 있었음을 보여주고 있다.

세존께서는 비구들이 집들 가운데 있는 식당에서 서로 싸우고 시비에 빠져 서로 조리에 맞지 않는 몸짓과 말로 공격하였고 마침내 몸싸움까지 하였다는 이야기를 듣고 이를 질책하셨고 다시 비구들을 불러 다음과 같이 말씀하셨다.

---

31) Vinayapiṭaka Ⅰ, 340.
32) 이자랑(2002), 「율장에 나타난 不同住(nānāsamvasaka)에 관하여」, 『인도철학』 11(2), 187.

비구들아, 승가가 분열되고 교법대로 실천하지 않고 우호적이지 않을 때라도 너희들은 '최소한 서로 조리에 맞지 않는 몸짓과 말로 공격하거나 몸싸움을 하지 말아야겠다'라고 생각하여 함께 자리에 앉아 있어야 한다. 그리고 비구들아! 승가가 분열되었지만 교법대로 실천하고 우호적일 때에는 다른 비구들과 서로 이웃하며 자리에 앉아 있어야 한다.[33]

이와 같이 말씀하셨을 때 법도에 맞지 않는 주장을 하는 어떤 비구가 세존께 다음과 같이 이야기 했다고 한다.

"세존이시여! 법의 주인이신 세존께서는 기다리십시오. 세존이시여! 세존께서는 현법안락을 누리시며 편안히 계십시오. 이 다툼과 싸움과 논쟁과 시비는 저희들의 일입니다." 두 번째도 세존께서는 시비도 그만두라고 말씀하셨고 그 비구는 …… "시비는 저희들의 일입니다"라고 아뢰었다.[34]

이와 같은 발언은 대단히 중요한 의미를 지닌다. 세존의 가르침조차 거부하였다는 것은 교조의 권위에 중대한 도전이기 때문이다.

---

33) Vinayapiṭaka Ⅰ, 341.
34) Vinayapiṭaka Ⅰ, 341.

## VI. 나오는 말

『법구경』에서는 '실로 제불이 나타나심은 즐겁고 정법을 설하는 일은 즐겁다. 승가 대중이 화합하는 것은 즐겁고 화합된 사람들의 수행은 즐겁다라는 경설이 보인다. 불교 승가는 화합을 본질로 하며 특징으로 한다는 설명이다. 이처럼 불교 승가에서는 화합승(samagga-saṃgha)이 중시되고 있다. 불교의 계율은 이 화합승을 실현하는 것을 목표로 하고 있다고 해도 지나치지 않다. 그러나 승가의 화합 실현은 현실적으로는 용이하지 않았다.

붓다의 승가는 근본분열이, 그 후에 지말분열이 일어났기 때문이다. 붓다가 입멸한 지 100년경 베살리의 비구들이 계율에 위반되는 십사를 실행하고 있었다.

그로 인해 그것에 반대하는 사람들과의 사이에 쟁론이 일어났다. 십사의 논쟁은 계율을 융통성 있게 지키고 예외를 인정하려고 하는 진보파의 비구와 끝까지 계율을 엄수해야 한다고 주장하는 보수파의 비구들 간의 대립이었다. 이 결정에 승복하지 않는 비구들이 모여 대중부를 만들었고 이로써 교단은 상좌부와 대중부로 분열되었다. 이것을 근본분열이라고 한다.

그러나 불교 승가는 이미 붓다 재세 시에 분열되고 있었다. 승가분열을 예고하고 여러 사건들이 일어나고 있었다. 율장 대품 코삼비건도에서는 견해가 다른 비구들이 분쟁으로 분열되었는데 사실상 이를 합법하다고 인정하고 있음을 볼 수 있다.

승가의 분열은 화합승의 이념에서 볼 때 부정되어야 할 것이다. 그러나 실제로는 율장에서는 승가분열의 문제를 깊이 들어가 거론하고 있지는 않음을 볼 수 있다. 이는 승가분열을 기도한 자들에게 엄격한 처벌을 가하여 승가로부터 추방시킨다면 그들에게 더 이상의 제지 수단마저 없어지므로 인정할 수밖에는 없었는지도 모른다. 승가의 분열을 도모하는 일을 생각보다 가벼운 죄인 승잔죄로 취급하는 것은 이 때문일 것이다.

불교 승가가 분열되면서 발전하였다는 역설은 이러한 접근을 통하여 이해될 수 있다.

이 글은 「초기불교 상가 분열에 대하여 - 붓다 당시를 중심으로 -」(『인도철학』 13(1), 인도철학회, 2003, 65-90)를 수정·보완한 것이다.

제2부

# 대승불교의 계율과 교단

제6장

# 불식육계(不食肉戒) 일고

## I. 들어가는 말

우리는 한국에 있어 불교인, 특히 출가인의 경우 고기를 먹으면 안 되는 것으로 받아들이고 있다. 만일 고기를 먹는다면 이는 계를 파하는 것으로 인식한다. 그러나 정작 출가의 준거로 삼는 『사분율』에는 '고기를 먹지 마라'는 학처(學處)는 보이지 않는다. 『사분율』뿐만 아니라, 율장에는 '고기를 먹어서는 안 된다'는 계(戒)는 그 어디에도 찾아지지 않는다. 다만 바일제(波逸提) 조항 가운데 '미식(美食)을 구해서는 안 된다'라는 조목에 "병이 나지 않았음에도 유(乳)·락(酪)·어(魚)·육(肉) 등의 호미식(好美食)의 시여(施與)를 재가인 등에게 찾아서 구하면 안 된다"는 설명이 보일 뿐이다.

이 또한 먹는 자체를 금하는 것이 아니다. 찾아 나서는 것만을 금할 뿐이며, 찾아 나서지 않고 얻는 것은 먹어도 좋으며 이는 계율을 범하는 것이 아님도 밝히고 있다. 이 법을 설사 범한다고 할지라도 바일제로서 별중(別衆, 3인 이하)에게 고백·참회함으로써 출죄가 가능한 경죄에 해당하는 것이다. 더 나아가 율장의 약건도(藥犍度)에도 몇 가지 예외를 두기는 하나 고기를 먹는 것을 묵인한 것이 아닌 허용하는 편에서 설명되고 있음이 발견된다.

따라서 율장에서는 고기를 먹는 자체를 금하는 입장이 아님을 분명히 알 수 있다. 이를 좀 더 면밀히 살펴본다면, 붓다 당시 더 나아가 율장 성립 때까지도 고기를 먹는 것 자체는 허용되었음을 알 수 있을 것이다.

그러나 대승불교시대에 들어서면서부터 고기를 먹는 것을 금하는 설명들이 보이기 시작한다. 예외를 두는 것이 아니라 단호히 금하는 경전들이 나타난다.『열반경(涅槃經)』등에서는 불식육계(不食肉戒)가 명시되고 있음을 볼 수 있다. 특히 대승계경(大乘戒經)으로 중요한 지위를 차지하고 있는『범망경(梵網經)』에서는 48경계(輕戒) 가운데 세 번째 계목으로서 설명되고 있다. 이 문제는 쉽게 이해가 가지 않는다. 왜냐하면 대승시대에 접어들면서 시대의 흐름에 따라 율장에서 금하였던 계율들이 허용되고 완화되는 방향으로 전개되어 가는 데 반하여, 오히려 고기를 먹는 문제는 허용하는 입장에서 금지하는 방향으로 선회하였기 때문이다.

그렇다면 대승불교시대에 들어 왜 고기를 먹는 것을 금하였을까? 특히 중기 대승경전들에서 그러한 주장들이 대두되게 되었는가? 이러한 입장은 대승불교의 본의(本義)와는 어떠한 관계를 가지고 있을까? 이러한 논의를 진행시키기에 앞서, 본고에서는 불교 내부에서 식육의 문제가 어떻게 전개되어 갔는가 하는 문제를 살펴보고자 한다.

## II. 붓다 당시의 식육(食肉)

붓다 당시에는 고기를 먹는 문제에 대하여 어떻게 받아들였을까. 전통사상인 바라문 사상과 불교를 비롯한 새롭게 대두된 혁신적 사상들은 이에 대하여 어떠한 입장이었는가. 아리안계의 인도인들은 본래 육식인종이었다고 전한다. 리그베다(Rg Veda)시대에는 단지 희생제 때만 고기를 먹은 것은 아니었다. 암소, 산양, 양 등을 일상의 음식물로 삼아 신에게 바치기도 하고 때로는 꼬챙이에 꿰서 굽기도 했다. 그러나 브라흐마나시대가 되면서 육식에 대한 비난이 여기저기에 나타난다. 예를 들면, 아타르와 베다(Atharva Veda)에서는 육식은 수라(surā) 술을 마시는 일과 함께 비행(非行) 가운데 하나로 들고 있다. 소원을 세운 자는 육식을 피해야 한다고 가르치고도 있다. 그러나 손님을 대접하기 위하여 소나 산양을 잡는 것은 예외의 하나로 여전히 행해지고 있었다. 육식의 금지는 아힘사(ahiṃsā, 불살생)의 사상이 생겨 가는 것을 예고하는 일이며, 이러한 사상이 싹튼 이 시대에는 육식금기의 풍습 또한 싹트고 있었던 것이다.[1]

---

1) 增谷文雄, 목정배 역(1984), 『佛陀時代』, 91.

이와 관련하여 당시 혁신적인 자유사상가 가운데 엄격한 계율을 실천하였다고 하는 자이나교도는 결코 육식하지 않는 것으로 알려져 있다. 그러나 처음부터 철저하게 금지되지는 않았다. 성전에 보면 승니(僧尼)가 탁발하러 나갈 때 손님을 위하여 또는 병자를 위하여 고기와 생선을 굽는 것을 보고 집주인을 불러서는 안 되며 뼈가 많은 고기와 생선을 탁발할 때 받아서는 안 된다고 되어 있지만, 그 일부분을 받아먹어도 지장이 없다고 밝히고 있다. 신도로부터 시여된 것이라면 고기를 먹는 것을 인정하였다. 자이나 출가수행자가 먹을 수 있는 음식물 가운데는 고기를 주로 한 것, 생선을 주로 한 것, 고기를 잘라 건조 시킨 단자(團子), 생선을 잘라 건조시킨 단자 등이 있었음도 성전을 통하여 밝혀 볼 수가 있다.[2]

불교에서도 출가자들은 일반적으로 특별한 경우 이외에는 고기와 생선을 먹는 것이 허락되었다고 보인다. 인도는 열대국이므로 석존시대에 세속인에게 있어서도 육식이 유행하고 있지는 않았을 것이다. 따라서 비구들은 육식할 기회가 그리 많지는 않았으며 후세에 엄격하게 된 육식에 대한 문제는 당시에는 그리 심각하게 대두되지 않았는지도 모른다. 육식 자체에 관한 특별한 규정이 보이지 않는다는 것은 수범수제(隨犯隨制)라는 계율 성립의 요건으로 볼 때 이를 문제 삼지 않았음을 반증하기 때문이다. 육식 자체가 초기불교 특히 붓다 당시에는 그리 중요한 문제가 아니었음은 여러 예를 통하여 살펴볼 수 있다.

---

2) 中村元 選菓(1991), 『思想の自由とジャイナ教』 [決定版] 第10券, 289.

특히 붓다 스스로도 육식을 하였다고 하는데 이를 추정할 수 있는 경전이 바로 『대반열반경(Maha-parinibbāna-suttanta)』이다. 여기에서는[3] 붓다가 입멸 전에 대장장이 순타(Cunda)로부터 수카라 맛다와(sūkaramaddava)라는 것을 공양 받고 이것으로 인하여 로히타다칸디카(lohita-dakkhandikā)라는 일종의 적리병(赤痢病)에 걸렸다고 밝히고 있다. 그 수카라 맛다와라는 것이 바로 멧돼지의 건육(the dried flesh of the boar)이라는 것이다. 이에 대하여 붓다고사도 이설(異說)을 밝히고 있으며, 지금도 이것이 멧돼지의 건육이었다고도 하며 버섯의 일종이었다고 한다. 수카라 맛다와라는 것이 사실 멧돼지의 건육이라고 할지라도 율본 제정에서는 멧돼지를 먹는 것을 금하고 있었던 것은 아니므로 이것이 계율에 위반되는 것은 아니다.[4]

이것은 붓다 당시에는 식육은 그리 중요시되는 문제가 아니었음을 보여주는 한 예라고 할 수 있다.

또한 『범망경(Brahmajāla sutta)』은[5] 붓다 당시의 초기계율에 대하여 상세히 밝혀 볼 수 있는 대표적인 경전이다. 여기에서 붓다는 소계(小戒), 중계(中戒), 대계(大戒)를 구족하고 있으므로 일반인으로부터 상찬(賞讚) 받는다고 설명하면서 각 계율에 대하여 자세히 밝히고 있다. 그런데 소계 가운데 불살생에 대한 설명은 보이나 불식육에 대한 설명은 보이지 않는다.

---

3) 平川彰, 이호근 역(1989), 『인도불교의 역사』 上, 55-56.
4) 長井眞琴(1936), 『南方所傳佛典の硏究』, 266-272.
5) Digha Nikāya Ⅰ, 3-40.

또는 수행자 코타마는 여러 가지 씨앗들과 초목들을 해치는 일을 멀리하고 있다. 이렇게 [생각하여] 제자들아 …… 또는 수행자 고타마는 하루 한 끼를 먹으니, 밤에는 먹지 않고, 때 아닌 때 먹는 것도 멀리 한다.

수행자 고타마는 살생하는 것을 버리어 살생을 멀리하고 있으니 작대기를 놓았고 조심성이 있고 친절한 자이다. 그리고 생명 있는 존재의 이익을 피하고 그 존재를 동정하며 살아간다. 이렇게 [생각하여] 제자들아, 범부들은 그렇게 오신 붓다를 찬미하고 있을 뿐이다.

물론 중계, 대계에서도 불식육에 대한 설명은 보이지 않는다. 그리고 마하가섭은 두타행자였다고 하는데 그가 행한 이른바 두타행 가운데도 불식육에 대한 언급은 보이지 않는다. 두타행은 ① 고요하고 한적한 산림 속에 머무는 아란야처(阿蘭若處), ② 글자 그대로 매일 걸식하는 상행걸식(常行乞食), ③ 좋은 음식을 구하여 부잣집만을 방문하지 않고 빈부의 차별 없이 차례로 걸식하는 차제걸식(次第乞食), ④ 오전 중 한 번만 식사를 하는 수일식(受一食), ⑤ 하루에 한 번만 식사하되 과식을 해서는 안 된다는 절량식(節量食), ⑥ 오후 즉 비시에는 비시장(非時漿)이 허락되더라도 마셔서는 안 된다는 중후부득음장(中後不得飮漿), ⑦ 누더기 즉 분소의를 입는 착폐납의(着弊納衣), ⑧ 한 벌의 삼의 외에는 소유하지 않는다는 단삼의(但三衣), ⑨ 고요한 묘지에 머무는 총간주(塚間住), ⑩ 나무 밑에서 머무는 수하지(樹下止), ⑪ 빈터에서 좌와(坐臥)하는 노지좌(露地

坐), ⑫ 오직 앉기만 하고 잠잘 때도 눕지 않는 단좌불와(但坐不臥) 등을 말한다.[6] 이러한 엄격한 두타행 가운데서도조차 불식육에 대한 언급은 찾아볼 수가 없다.

오히려 붓다는 고기를 먹어도 되는 음식으로까지 설명하고 있다.

> '대덕 세존이시여. 어떤 음식을 먹어야 합니까.' 붓다께서 대답하시었다. '다섯 가지 음식을 걸식해 먹어라.' 그때 비구들이 걸식하다가 밥을 얻으니 붓다께서 말씀하시되 '먹어라' 하셨고 갖가지 밥, 즉 쌀밥, 보리밥, 기장밥, 조밥, 피밥을 얻으니 붓다께서 말씀하시되 '이와 같은 갖가지 밥을 먹어라' 하셨고, 건반을 얻으니 붓다께서 말씀하시되 '갖가지 건반을 먹어라' 하셨고, 생선을 얻으니 붓다께서 말씀하시되 '갖가지 생선을 먹어라' 하셨고, 고기를 얻으니 붓다께서 말씀하시되 '갖가지 고기를 먹어라' 하셨고 ……[7]

이는 아마도 붓다 당시에도 비교적 초기에 실해졌던 가르침으로 이해된다. 여기에서는 비구들이 먹어야 하는 음식으로서 갖가지 고기를 들고 있다. 이상에서와 같이 몇 가지 예를 통하여 볼 수 있듯이 붓다 당시 아마도 초기에는 식육에 대한 문제가 그리 중

---

6) 이 두타행의 순서도 남북전이 서로 다르고 그 수도 13가지로 나누기도 한다. 그러나 세부적인 차이는 있지만 그 내용은 동일하다. 두타행은 출가의 이상으로 설하여지기는 했으나 현실적으로는 그 실천자가 많지 않았다고 전한다. (사토 미츠오, 김호성 역(1991), 『초기불교 교단과 계율』, 52)
7) 『四分律』 권42(T22, 866c).

요하게 거론되지 않았음을 알 수 있다. 이외에도 약건도에는 고기 즙이나 동물의 지방, 물고기의 지방 등을 쇠약한 비구에게 약으로 복용할 수 있도록 하였으며, 어떤 병인지 자세히 알 수 없으나 비인병에는 생육이나 생형까지도 쓸 수 있도록 하였다.

어느 때 세존께서 왕사성에 계실 때 어떤 미친 비구가 푸줏간에 가서 날고기와 피를 얻어 먹고서 병이 나았는데 본 마음이 돌아온 뒤에 걱정을 하였다. 비구들이 붓다에게 사뢰니 붓다께서 말씀하셨다.
"범한 것이 아니다. 만일 다른 비구도 이와 같은 병이 있어서 날고기와 피를 먹어서 낫겠거든 먹어도 좋다."[8]

## III. 불식육(不食肉) 문제의 대두

이상에서 살펴본 바와 같이 붓다 당시에는 식육에 대한 문제는 중시되지 않았지만, 반면에 생명을 빼앗는 문제는 중요하게 다루어지고 있다. 그러므로 바라이법(波羅夷法) 제3조는 단인명계(斷人命戒, manussa-viggaha-pārājika)이다. 이것은 가장 무거운 바라이에 처해졌던 것이다.

어느 비구일지라도 고의로 인체의 생명을 빼앗는다면 혹은 그것

---

8) 『四分律』 권42(T22, 868b).

을 위해 칼을 지닌 자를 구하거나 죽음을 찬탄하거나 죽음을 권하여, 아! 남자여. 이 나쁘고 괴로운 생은 너에게 무슨 쓸모가 있는가. 죽음은 그대에게 있어 생보다 우월하다는 마음으로 사유하고 마음으로 사념하고 여러 가지 방편을 가지고 죽음을 찬탄하며 혹은 죽음을 권한다면 이것 또한 바라이로서 함께 머물러 서는[共住] 안 된다.

이 학처 이외에도 바일제 가운데는 "땅을 파지 말라." "초목을 베지 말라", "벌레 있는 물을 먹지 말라" 등과 같은 학처도 찾아볼 수 있는데 이는 생명존중과 관련 있는 계율이다. 불식육에 대한 계율은 보이지 않지만, 생명을 빼앗는 것에 관련 있는 계율은 여러 곳에서 발견된다. 그러므로 비구 팔물(八物) 가운데는 parissāvana라는 물을 거르는 도구가 보이는데 이는 위생의 목적이 아닌 물속에 들어 있는 벌레를 죽이지 않기 위해 사용하였던 것이다.

그러나 불식육에 대한 문제가 붓다 당시에 전혀 거론되지 않은 것은 아니었다. 이에 대한 문제가 직접적으로 거론된 것은 붓다에 의해서라기보다 그의 종제인 제바달다에 의해서였다고 할 수 있다. 일반적으로 제바달다의 오사(五事)라고 알려져 있는 것에 의해서였다. 제바달다는 다섯 가지 엄격한 계율을 정하여 이것이 승가에서 채용될 수 있도록 붓다에게 강요하였다. 5사는 빨리율에 따르면

1. 죽을 때까지 숲속에 머물러야 한다. 촌락에 들어가면 죄가 된

다.
2. 죽을 때까지 걸식해야 한다. 청식을 받은 자는 죄가 된다.
3. 죽을 때까지 분소의를 입어야 한다. 거사의를 받으면 죄가 된다.
4. 죽을 때까지 나무 밑에 머물러야 한다. 집 안에서 거주하면 죄가 된다.
5. 죽을 때까지 생선 고기를 먹지 말아야 한다. 생선과 고기를 먹으면 죄가 된다.[9]

이와 같은 다섯 가지 조항이 제바달다의 제안인데, 이에 대하여 붓다는 다음과 같이 답하였다.

1. 비구는 원에 따라 산림에 머물러도 좋고 마을에 머물러도 좋다.
2. 비구는 원에 따라 걸식을 해도 좋고 청식을 해도 좋다.
3. 비구는 원에 따라 분소의를 입어도 좋고 거사의를 입어도 좋다.
4. 8개월 동안은 나무 밑에서 좌와(坐臥)해야 함을 인정한다.
5. 스스로를 위해 죽이는 것을 보거나 죽이는 소리를 듣거나 그런 의심이 가지 않는 것은 먹어도 좋다.

즉 제바달다의 5사란 죽을 때까지 숲속·걸식·분소의·나무 밑·생

---

9) Vinayapiṭaka Ⅱ, 197.

선과 고기를 먹지 않는 것을 지키는 것이다. 마지막 생선과 고기를 먹지 않는다는 것을 제외하고 나머지 네 가지 모두 사의지(四依止)와 두타행 가운데 포함되어 있던 것들이다. 붓다께서는 이러한 제바달다의 제안을 물리치면서 '원하는 사람은 이 다섯 가지를 지킨다면 좋으나, 원하지 않는 사람은 지키지 않아도 좋다'라고 대답하였다고 한다. 즉 이 오사는 엄격한 규칙으로써 소욕지욕을 수행하는 데는 유용하지만 의지가 강한 수행자만 있는 것은 아니므로 엄격한 수행을 원하지 않는 자는 반드시 5사를 지키지 않아도 괜찮다고 하는 것이다. 붓다는 5사는 훌륭한 수행법이지만 지나치게 엄격하므로 모든 비구가 지켜야 할 규칙으로서는 적절하지 않다고 생각했다. 5사를 수행하는 효과는 인정되지만 엄격한 수행이기 때문에 규칙으로서 채용하는 것을 물리쳤다. 이와 같이 5사를 받아들이지 않았다는 사실은 한편으로는 불식육을 행하지 않았음을 의미한다.

이러한 제바달다의 식육에 대한 지적과 더불어 교단 내부에서는 고기를 먹는 문제가 서서히 쟁점으로 떠오르기 시작한다. 그것은 한 비구가 사람의 고기를 먹은 사건을 통해서였다.

> 어느 때 붓다께서 바라나시국에 계실 적에 어떤 비구가 토하고 내리는 약을 먹었는데 이때에 소비라는 우바이가 절에 와서 방들을 구경하다가 병들은 비구의 곁에까지 가서 물었다.
> "어디가 아프십니까."
> "토하고 내리는 약을 먹었소." 다시 물었다. "무엇을 드시고 싶습

니까?"

"고기가 필요합니다."

그가 말하되 "제가 고기를 보내겠습니다"하고 바라나시로 돌아와서 사람에게 돈을 주어 고기를 사 오게 하되 "여보시오. 이 돈을 가지고 가서 고기를 사와주세요."하였다. 그러나 그때 바라나시 성에는 푸줏간이 없었다. 그 사람이 두루 성안을 헤매다가 고기를 구하지 못하고 그대로 돌아와 소비 우바이에게 말하였다.

"마님. 아셔야 합니다. 지금 여기에서는 살생을 하지 않으므로 돌아다니면서 구해도 고기를 구하지 못했습니다." ……

…… 붓다께서 선법을 마치시고 자리에서 일어나 다시 절로 돌아오셔서 토하고 내리는 병을 앓는 비구에게 가서 물으셨다.

"소비 우바이가 너에게 고기를 보냈더냐?"

"저에게 고기를 주었습니다."

다시 물으셨다. "먹었느냐?"

"먹었습니다."

다시 물으셨다. "맛이 있었느냐?"

"맛이 좋았습니다. 그렇게 좋은 고기는 처음 먹었습니다."

붓다께서 말씀하셨다. "그대 어리석은 사람아. 사람의 고기를 먹었다. 지금부터는 사람의 고기를 먹지 마라. 만일 먹으면 투란차(偸蘭遮)를 범한다. 그리고 그 밖의 다른 징그러운 고기도 먹지 마라. 먹으면 돌길라(突吉羅)를 범한다."[10]

---

10) 『四分律』 권42(T22, 868c-869a).

이 일은 『사분율』 약건도에서 들고 있는데, 소비라는 우바이는 토사곽란하는 비구가 고기를 먹고 싶어 하여 고기를 구하여 돌아다녔으나 구할 수 없자, 자신의 살을 베어 그 비구에게 먹게 한 사건이었다. 이 일로 인하여 고기에 제한을 두는 조문들이 율장에 나타나기 시작한다. 사람의 고기, 징그러운 고기는 물론 개고기를 먹는 것도 금하게 되기에 이른다.

그때 어떤 비구가 바라나시국에서 있을 때에 걸식하기가 어려워서 백정의 집에 가서 개고기를 얻어먹었다. 그 뒤에 비구들이 걸식을 다니는데 개들이 미워하면서 쫓고 짖으니 비구들이 생각하기를 "우리들 가운데 누군가가 개고기를 먹었으므로 여러 개들이 미워하면서 따라와 짖는다"하였다. 비구들이 붓다에게 가서 사뢰니 붓다께서 말씀하셨다. "지금부터 개고기를 먹지 말라. 만일 먹는다면 돌길라이다."[11]

개고기뿐만 아니라 앞서 코끼리고기, 말고기, 용고기 등도 먹지 말라고 여러 가지 이유를 들어 약건도에서는 설명하고 있다. 이와 같이 고기의 종류에 대한 제한들은 나타나지만, 고기 먹는 것 자체를 금하는 것은 아니었다.

그때에 여러 니건자들은 왕족들이 모인 자리에 가서 손을 흔들고 통곡하면서 원망하였다.

---

11) 『四分律』 권42(T22, 868c).

"이 사가장군이 손수 큰 소를 잡아서 사문 고타마와 비구들에게 음식을 대접했는데 그들은 자기들을 위하여 잡을 줄 알면서도 먹더라."

그때에 어떤 사람이 사가장군에게 가서 말하되 "아서야 할 일이 있소. 니건자들이 왕족들에게 가서 손을 흔들고 통곡하면서 말하기를 사가장군이 손수 소를 잡아서 사문 고타마와 비구들에게 음식을 대접하더라 하였소"하였다. 사가가 이 말을 듣고 말하되 "이는 밤낮으로 붓다와 비구들에게 원수를 만들어 주는 일이다. 나는 끝내 목숨을 위해서 중생의 목숨을 끊지 않으리라"하였다.

그때에 사가장군은 많은 음식으로 붓다와 비구들에게 대접한 뒤에 발우를 거두고 다시 하나의 낮은 평상을 한쪽에 갖다 놓고 앉았다. 붓다께서 방편으로 설법하시고 깨우쳐 주시어 기쁨을 얻게 하였다.

이렇게 자리에서 일어나 그 집을 떠나 처소로 돌아와 비구들을 모두 모아 놓고 말씀하셨다.

"지금부터 고의로 자기를 위해서 죽인 고기는 먹지 말라. 여기에서 고의로 자기를 위해 죽였다 함은 보았거나 들었거나 의심한 것이다. 이러한 세 가지 인연이 있으면 깨끗하지 못한 고기이다. 나는 이 고기를 먹지 말라 하노라.

만일 나를 위해서 죽이는 것을 보았거나[見], 믿을 만한 사람에게서 나를 위해 죽였다는 말을 듣거나[聞], 혹은 집안에 머리·가죽·털·다리·가죽·피 따위가 보이든지 또는 이 사람이 열 가지 악한 업을 지으면서 항상 살생하는 사람임으로 능히 나를 위해 죽였으리라고 의심하는 것이니[疑] 이러한 세 가지 인연은 깨끗하지 못한 고기이니 먹지 말아야 한다.

세 가지 깨끗한 고기를 먹을지니 보지 못하고 듣지 못하고 의심치 않은 것은 먹어도 좋으리라. 만일 나를 위하여 죽이는 것을 보지 못했거나 집안에 머리·가죽·털·다리·가죽·피 따위가 보이지 않거나 그 사람이 살생하는 이가 아니며, 내지 열 가지 착한 업을 지키므로 그가 나를 위해서 중생의 목숨을 끊었으리라고 의심치 않는 것이니, 이런 세 가지 깨끗한 고기는 먹어도 좋다. 큰 제사를 지내는 곳의 고기를 먹지 말라. 왜냐하면 그가 생각하되 장만해온 이가 좀 주리라하기 때문이니라. 그러므로 먹지 말라. 만일 먹으면 법대로 다스리리라."[12]

출가자가 고기를 먹는 것을 제한하는 것은 삼종정육(三種淨肉)으로 나타나는데, 이 삼종정육은 먹어도 좋다고 설명한다. 삼종정육은 다름 아닌 견(見) 자기의 눈으로 죽이는 것으로 보지 않는 것, 문(聞) 자기를 위하여 죽였다는 말을 듣지 않는 것, 의(疑) 자기를 위하여 죽인 것이 아닌가 하는 의심이 가지 않는 것의 세 가지 조건이 청정함을 뜻한다.[13] 이 3종의 정육은 비구가 먹을 수 있도록 허락되었다.

---

12) 『四分律』 권42(T22, 872ab).
13) 여기서 다시 자사(自死, 수명이 다하여 자연히 죽은 것), 조잔(鳥殘, 독수리, 매 등이 먹다 남기고 간 것)의 두 가지를 더하여 5종 정육이라고 한다. 다시 여기에 불위기살(不爲己殺, 자기를 위해서 죽이지 않는 것), 생건(生乾, 자연히 죽어서 건조되어진 고기), 불기우(不期遇, 우연한 기회에 먹게 된 고기), 전이살(前已殺, 이미 이전에 죽어진 고기)의 네 가지를 더하여 9종정육이라 한다. (尹古菴 證義『菩薩戒本梵網經』, 171).

이와 같이 비구들이 고기 먹는 문제에 대하여 여러 가지 문제가 일자, 고기의 종류를 제하거나 삼종정육과 같은 제한을 두고 허용하는 방향으로 나타나기 시작한다.

## IV. 율장의 색미식계(索美食戒)

율장에서는 고기를 먹어서는 안 된다는 것이 학처로는 나타나지 않는다. 하지만 간접적으로 이를 금하는 조목으로 색미식계가 있다. 색미식계는 비구가 아프지 않을 때에 미식(paṇita-bhojana)을 구해서 먹어서는 안 된다는 계이다. 미식이란 바로 영양가 있는 음식을 가리킨다. 자이나교 성전에 불제자 사리풋다의 말이라고 전하는 바에 따르면

> 기분 좋은 음식을 먹으며 기분 좋은 집 가운데 기분 좋은 좌와 소 가운데 불교의 비구는 마음을 통일하여 선사한다.
> 기분 좋지 않은 음식을 먹으며 기분 좋지 않은 집의 기분 좋지 않는 좌와소 가운데 비구는 고를 생각한다.
> 그와 같이 많은 다른 종류의 사물을 버리고 현자 지혜 있는 사람은 다른 것을 탐하지 않는다. 이것이 모든 붓다의 가르침이다.[14]

---

14) Isibhāsiyāiṃ, 38: 2-4.

불교에서는 기분 좋은 음식을 먹는 이, 다시 말하여 음식에 대하여도 탐하지 않는 이를 이상적인 비구라고 이해하였음을 알 수 있다. 이러한 사고가 당연히 비구라면 미식을 찾아 나서서는 안 되는 것으로 나타나게 된 것이라고 보인다. 그런데 비구는 구하지 않았는데 받게 되는 경우에는 어떤 미식이라도 받아도 좋다. 또한 아픈 경우에는 미식을 취할 필요가 있으므로 미식을 빌어 구하여 7일약으로 저장하여 오전에도 오후에도 먹어도 좋다. 그러나 이것은 병에 걸린 비구에만 국한되는 특별한 예이며, 병에 걸리지 않는 비구는 미식을 빌어먹는 것을 허용하지 않는다. 『사분율』에서는 색미식계가 성립하게 된 이유에 대하여, 다음과 같이 설명하고 있다.

> 어느 때 붓다께서 사위국 기수급고독원에 계셨다. 그 때에 발난타 석자에게 어떤 장사군이 단월이 되었는데 발난타 석자는 밥 때가 되어 옷을 입고 발우를 들고 그 집에 가서 이렇게 말했다.
> "나는 지금 잡밥을 얻으려 하오."
> 장사군이 물었다. "무슨 병환이 있으시기에 그런 밥을 생각하십니까."
> "병이 있는 것은 아니고 다만 잡밥이 매우 먹고 싶을 뿐이오."
> 장사군이 말했다. "우리들은 장사군으로서 항상 장사를 하여도 잡밥을 먹기가 어려운데 하물며 출가하신 분이겠습니까?"
> 그 때에 걸식하는 비구들이 이 말을 듣고 발난타 석자를 비난하였다. "어찌하여 자기 몸을 위해서 이와 같이 좋은 음식을 구할

까."

그 때에 걸식 비구들이 걸식을 마치고 절로 돌아와서 이 사실을 비구들에게 자세히 말하니 그 중에 욕심이 적고 만족함을 알고 두타를 행하고 계율을 배우기를 좋아하고 부끄러움을 아는 이는 발난타 석자를 비난하였다.

그 때에 비구들이 붓다께 가서 머리를 숙여 발 앞에 예배하고 한쪽에 앉아서 이 사실을 자세히 사뢰었다. 붓다께서 이 사실에 의하여 비구들을 모으시고 무수한 방편으로 발난타 석자를 꾸짖으셨다. "네가 행한 일은 옳지 않다. 위의가 아니요, 사문의 법이 아니요, 청정한 행이 아니요, 수순하는 행이 아니어서 할 바가 아니거늘 어찌하여 발난타 석자야, 자기 몸을 위해서 그와 같이 좋은 음식을 구하였느냐."

붓다께서 무수한 방편으로 발난타 석자를 꾸짖으신 뒤에 비구들에게 말씀하셨다. "발난타 어리석은 사람은 여러 가지 유루의 곳에 가장 처음으로 계를 범하였다. 지금부터 비구들에게 계를 제정해 주어 열 구절의 이치를 모으고 내지 바른 법이 오래도록 머무르게 하리니 계를 말하려는 이는 이와 같이 말하라."

"만일 우유·소락·생선·고기 등 이와 같이 좋은 음식이 있는데 비구가 자기 몸을 위하여 이렇게 좋은 음식을 구하여 먹으면 바일제이다."

붓다께서 이와 같이 비구들에게 계를 제정해 주신 뒤 병든 비구들이 이 말을 듣고 모두가 두려워하고 조심스러워서 감히 걸식하지 못하고 병들은 비구를 위해서 구걸하지도 못하고 음식을 얻어도 먹지 못했다. 붓다께서 말씀하셨다. "지금부터 병들은 비구는 남에게 구걸하도록 허락하며, 또 병든 비구를 위해서 구걸하도록 허락하며 구걸하여 얻은 것은 먹도록 허락하니 지금부터는 이와 같이 계를 말하리라."

"만일 우유·소락·생선·고기 등 좋은 음식을 얻을 곳에서 어떤 비구가 병이 없으면서도 이러한 좋은 음식을 자기 몸을 위해 구하면 바일제이다.

비구의 정의는 이와 같고 좋은 음식이라 함은 우유·소락·생선·고기이며, 병이라 함은 한 자리에 앉아서 밥을 다 먹지 못하는 것까지이니라."[15]

먼저 색미식계는 그 내용을 보면 인연담, 계조(戒條), 조문해석 세 부분으로 나누어 볼 수 있는데 제 율장은 각기 내용과 표현을 달리하고 있다. 제계(制戒)의 인연 또한 각기 다르다.

『사분율』은 발난타가 상주(商主)인 단월에게 미식인 잡식(雜食)을 구하였다는 이야기를 싣고 있는데 반하여,[16] 빨리율은 육군비구가 미식을 구걸하여 먹은 일을 설명하면서 그것을 인연으로 하여 이 계가 제정되었음을 밝히고 있다.[17] 『오분율』도 육군비구가 미식을 구하였지만 이를 구할 수 없자, 화낸 이야기를 싣고 있다.[18] 『십송률』[19]과 근본유부율[20]은 마하남이 붓다와 비구들에게 식사를 청하

---

15) 『四分律』 권15(T22, 664a).
16) 『四分律』 권15(T22, 664a).
17) Vinayapiṭaka Ⅳ, 87-88; 『南傳大藏經』 권4, 139-140.
18) 『五分律』 권8(T22, 55ab).
19) 『十誦律』 권13(T23, 69c-97a).
20) 『根本說一切有部毘奈耶』 권37(T23, 827b-828c).

였을 때 육군비구가 미식이 없다는 것을 말하고 마하남을 가책하였다는 것을 달리 설명하고 있다.

『승기율』에서는 육군비구가 유가(油家)로부터 기름을 구걸하고 이와 같은 방법으로 미식을 구걸하여 먹어 세상 사람들로부터 비난받았음을 설명하고 있다.

이 계는 제 율장에서 다 같이 바일제이지만 각 율장마다 설명하는 순서는 다르다. 빨리율, 『승기율』, 『설일체유부계경』은 이것을 바일제법 제39조에 놓고 있으며, 이에 반하여 『사분율』, 『십송률』, 근본유부율, 『해탈계경』은 이 계를 바일제법 제40조에, 『오분율』은 제41조에 두고 있다. 또한 미식으로 들고 있는 내용도 율장마다 각기 다름을 알 수 있다.

먼저 빨리율 바일제법 제39조를 보면 다음과 같다.

> 다음과 같이 미미(美味)의 식(食)이 있다. 즉 숙소(熟酥)·생소(生酥)·유(油)·밀(蜜)·석밀(石蜜)·어(魚)·육(肉)·유(乳)·락(酪)이다. 어느 비구일지라도 이와 같은 미식의 음식을 병에 걸리지 않았음에도 자신을 위하여 빌어서 먹는다면 바일제이다.[21]

대중부계의 설출세부가 전지한 산스끄리뜨계경의 바야제법 제39조를 보면

> 다음과 같이 미식이라고 인정되는 음식물이 있다. 어느 비구일

---

21) Vinayapiṭaka IV, 88; 『南傳大藏經』 권4(140).

지라도 이와 같은 종류의 미식이라 인정되는 음식물을 자기를 위하여 병에 걸리지 않았음에도 집집마다 구걸하고 혹은 구걸하게 하여 먹고 혹은 작식(嚼食)한다면 바일제이다.[22]

여기에서 들고 있는 미식은 생소(navanīta)를 제외한 8종이다. 그리고 제 율장에서 밝히고 있는 미식은 거의 동일하지만 다소의 차이도 보인다. 설출세부와 같은 계통의 대중부가 전지한 『마하승기율대비구계본』의 바야제법 제39조에는 소·유·밀·석밀·유·락·어·육[23]을 들고 있으며, 『승기율』도 8종을 들고 있다. 또한 법장부가 전지한 『사분승계본』의 바일제 제40조에는 유·락·어·육[24]을 들고 있으며 『사분율』도 이와 같다.

화지부(化地部)가 전지한 『오분계본』의 바일제법 제41조에는 유·락·소·유·어·육[25]을 미식으로 들고 있으며, 『오분율』도 이와 같다.

다음에 설일체유부가 전지한 『십송비구바라제목차계본(十誦比丘波羅提木叉戒本)』의 바일제법 제40조에는 유·생·숙·유·어·육·포(脯) 등 『십송률』과 같이 미식을 8종을 들고 있다. 휘노가 출판한 산스끄리뜨계경에서는 이 8종의 미식은 kṣīra(유)·navanīta(생소)·sarpis(숙소)·taila(유)·matsya(어)·māṃsa(육)·vallūra(건육)이며 락(dadhi)은 보이지 않으나 그 밖에는 한역과 잘 합치된다. 다음에 『근본설일체유부계경』의 바일저가법 제40조에서는 유·소·생·어·육

---

22) N. Tatia ed.(1976), *Prātimokṣasūtram of the Lokottaravādimahāsāṅghika School*, 22.
23) 『摩訶僧祇律大比丘戒本』(T22, 552c).
24) 『四分僧戒本』(T22, 1027a).
25) 『彌沙塞五分戒本』(T22, 197c).

등 『십송률』과 같이 미식을 5종을 들고 있다. 바넬지가 공간(公刊)한 산스끄리뜨계경에는 미식을 kṣīra(유)·dadhi(락)·navanīta(생소)·matsya(어)·māṃsa(육)·vallūra(포) 6종을 들고 있으며 한역보다도 포(脯)가 많다. 그러나 그 밖의 것은 한역과 잘 합치된다. 다음에 음광부(飮光部)가 전지한 『해탈계경』의 바일제법 제40조에는 소·유·밀·석밀·유·락·생소·어·육 등 9종을 들어 가장 많다.

지금까지의 각 부파가 전지하고 있는 제 율장의 미식의 수와 내용을 도식화하면 다음과 같다.

| 부파 | 율명 | 미식의 내용 |
|---|---|---|
| 상좌부 | 빨리율 | 熟酥·生酥·油·蜜·石蜜(黑砂糖)·魚·肉·乳·酪 |
| 설출세부 | 산스끄리뜨계경 | 熟酥·油·蜜·石蜜·乳·酪·魚·肉 |
| 대중부 | 마하승기율대비구계본 | 酥·油·蜜·石蜜·乳·酪·魚·肉 |
| 법장부 | 사분승계본 | 乳·酪·魚·肉 |
| 화지부 | 오분계본 | 乳·酪·油·魚·肉 |
| 설일체유부 | 십송비구바라제목차계본 | 乳·生酥·熟酥·油·魚·肉·脯 |
| 설일체유부 | 산스끄리뜨계경 | 乳·生酥·熟酥·油·酥·魚·肉·脯 |
| 근본설일체유부 | 근본설일체유부계경 | 乳·酪·生·魚·肉 |
| 음광부 | 해탈계경 | 酥·油·蜜·石蜜·乳·酪·生酥·魚·肉 |

이상을 통하여 율장의 색미식계의 조문을 살펴보면, 미식의 수와 내용에 대하여서는 다소의 차이가 보이나 계문 전체를 보면 내용은 거의 합치된다고 보아도 좋다. 즉 "이 미식을 비구가 병에 걸

리지 않았으면서도 자기를 위하여 찾아 먹는다면 바일제이다"라는 것이다.

여기에서 중요한 사실은 고기가 미식 즉 영양가 있는 음식으로 다루어지고 있다는 사실이다. 고기를 미식으로 취급하고 있는 것은 제 율장에서 공통된다. 여기에서 고기를 금하는 것은 어디까지나 미식으로서 금하는 것이며 살아있는 것에 대한 애민이나 보호 때문은 아님을 알 수 있다. 이 학처에서는 그러한 사고는 반영하고 있지 않은 것이다. 또한 제 율장에서 공통적으로 취급하는 것으로 보아 고기를 미식으로 생각하는 사고는 부파분열 이전에 이미 존재하였다라고 보아도 좋다라고 생각된다.

## V. 대승계경의 불식육

대승불교에서는 식육의 문제에 대하여 어떻게 이해하고 있을까? 대승불교시대에 들어서면서 식육을 명백하게 금지하는 경전이 보이기 시작한다. 어떠한 예외의 조건을 들어 금지하는 것이 아니라 무조건 금지하는 방식으로 설명되고 있다. 불식육의 문제에 대하여 간단명료하게 보이고 있는 대승의 대표적인 경전은 『열반경』이다. 『열반경』은 불식육계를 불성계(佛性戒)로 이해하고 있다. 모든 유정(有情)은 불성이 있는 가치 있는 존재이므로 이러한 존재를 먹어서는 안 된다는 방식으로 이끌어 간다. 먼저 「여래성품(如來性品)」에는 다음과 같은 설명이 있다.

이때 가섭보살이 붓다에게 여쭈었다. "세존이시여! 고기 먹는 사람에게 고기를 베풀어서는 안 됩니다. 무엇 때문입니까? 나는 고기를 먹지 않는 이가 대공덕이 있는 것을 보았기 때문입니다." 붓다는 가섭을 칭찬하였다. "착하고 착하도다. 너희들은 이제 나의 뜻을 잘 알았다. 호법보살도 이와 같이 알아야 한다. 선남자여! 오늘부터 성문제자는 고기 먹는 것을 허락하지 않는다. 만약 단월신시를 받을 때 고기가 있다면 자식의 살과 같이 생각하여야 한다." 가섭보살이 붓다에게 다시 여쭈었다. "세존이시여! 무릇 고기를 먹는 자는 큰 자비의 종자를 끊는 것입니다." 가섭은 다시 말했다. "여래는 언제인가 먼저 비구가 삼종정육을 먹는 것을 허락하시지 않았습니까?" "가섭이여! 이 삼종정육은 일에 따라 점차 제정한 것이다." 가섭보살이 다시 붓다에게 여쭈었다. "세존이시여! 어떤 인연 때문입니까. 10종 부정 내지 9종 청정을 다시 허락하지 않으셨습니까?" 붓다가 다시 가섭에게 대답하였다. "또한 일에 따라 점차로 제정한 것이다. 마땅히 이 현재 고기를 끊으라는 뜻을 알아라." 가섭보살이 다시 여쭈었다. "여래께서는 어떻습니까. 어육을 미식이라고 칭찬하지 않으셨습니까." "선남자여! 나 또한 어육에 속하는 것을 미식이라고 설하지 않았다."[26]

『열반경』에서는 제 율장에서 허용되었던 삼종정육을 금지하는 이유에 대하여 설명하고 있다. 『십송률』 권26, 『사분율』 권42, 『승기

---

26) 『大般涅槃經』(T12, 386a).

율』권32, 『비니모경』권3 등 제 율장에서는 불견(不見)·불문(不聞)·불의(不疑)의 삼종정육을 허락하였는데 『열반경』에서 이를 새롭게 금지하게 된 이유에 대하여 그것은 임시로 제정하였으므로 지금에 와서 단육(斷肉)하게 한 것임을 밝히고 있다. 10종 부정과 9종 청정도 임시로 제정된 것임을 밝히고 있다. 붓다의 진정한 의도는 고기를 끊는데 있음을 분명히 밝히고 있다. '일체중생 실유불성(一切衆生 悉有佛性)'을 근본으로 하며 모든 생명 있는 존재가 불성을 지니고 있으므로 일체생물의 고기는 먹어서는 안 된다는 귀결은 『열반경』의 논리상 어찌 보면 당연하다고 할 수 있을 것이다.

또한 「사정품(邪正品)」에서는 마설(魔說)을 설명하는 가운데 어육에 욕심내어 좋아하는 것을 들고 있다. 『열반경』에서는 독자적인 계로서 성중계(性重戒)와 식세기혐계(息世譏嫌戒)를 들어 설명하고 있다.

> 식세기혐계는 장사하면서 가벼운 저울이나 작은 말로 사람을 속이거나, 다른 이의 세력으로 인하여 남의 재물을 빼앗는 것이나, 해롭게 하려는 마음으로 결백하고 성공할 것을 파괴하거나, 불을 켜놓고 눕는 것이나, 집과 전장을 마련하고 곡식과 나무를 심거나, 살림을 유지하려고 가게를 내는 일을 하지 아니하며, 고기를 먹지 않고 술을 마시지 않고 오신채를 모두 먹지 아니하므로 …… 국왕의 사신이 되어 오고 가면서 이것을 저에게 말하고 저것을 여기에 말하지 말며, 아첨하고 정당치 못하게 살아가지 말며, 임금과 신하와 도적과 싸움과 음식과 국토와 흉년들고 풍년

들고 공포스럽고 안락한 것을 선전하여 말하지 말라. 선남자여! 이것을 보살마하살들은 식세기혐계(세상의 혐의를 쉬는 계율)이라 한다.[27]

『열반경』에서는 "고기를 먹지 말라"를 식세기혐계에도 포함시키고 있음을 알 수가 있다. 마지막 「교진여품(憍陳如品)」에 문수사리가 설하는 5사에도 ① 범행(梵行), ② 단육(斷肉), ③ 단주(斷酒), ④ 단신(斷辛), ⑤ 낙주적정(樂住寂靜)[28]을 들어 여기에서도 단육을 들고 있음을 볼 수 있다. 이와 같이 『열반경』의 계율설 가운데 구체적으로 경전 전체에 걸쳐 산설(散說)되어 있는 단육계는 전반적으로 이를 엄하게 지키도록 강조하고 있는 것이다.

불식육에 대한 문제를 더욱 강조하여 보이는 경전은 『능가경(楞伽經)』이라고 할 수 있다. 「단육품(斷肉品)」이라는 품까지 설정하여 일관되게 단육에 대하여 설명하고 있다. 단육이라는 용어에서부터 『능가경』의 진의(眞義)를 짐작하여 볼 수 있다. 『능가경』의 「단식육품(斷食肉品)」에서는 다음과 설명이 보인다.

대혜여! 일체의 모든 고기는 한량없는 많은 인연이 있으므로 보살은 그중에서도 마땅히 불쌍히 여기는 마음을 내고 마땅히 먹지 말라. 내가 지금 너를 위해 조금만 말할 것이다. 대혜여! 일체 중생들은 예부터 내려온 생사 중에서 윤회하여 쉬지 않으면서 일찍부터 부모, 형제, 남녀 권속, 내지 친구, 친애, 모시는 이,

---

27) 『大般涅槃經』(T12, 674b).
28) 『大般涅槃經』(T12, 850b).

부리는 이가 없었는데 생을 바꾸면서 새 짐승 등의 몸을 받았는데, 어찌하여 그중에서 취하여 먹겠는가. 대혜여! 보살마하살이 모든 중생을 관찰하기를 자기 몸과 같이 하며, 고기는 모두 생명 있는 것에서 온 것임을 생각하여야 하는데 어떻게 하겠는가. 대혜여! 모든 나찰 따위도 나의 이 말을 듣고 오히려 고기를 끊는데 하물며 법을 좋아하는 사람이라면 (말하여 무엇하겠는가.) 대혜여! 보살마하살은 거주하는 곳이나 나는 곳마다, 모든 중생들이 모두 친속이라고 보고, 또 외아들을 생각하듯이 사랑스럽게 생각하여야 한다. 그러므로 마땅히 일체의 고기를 먹어서는 안 된다.[29]

보살들은 모든 중생들이 자신의 친척 또는 외아들이라고 생각하고 일체의 고기를 먹어서는 안 됨을 설명하고 있다. 그리고 구체적으로 고기를 먹어서는 안 되는 이유에 대하여 밝히고 있다.

대혜여! 만일 나의 제자가 고기를 먹으면 모든 세상 사람들이 모두 헐뜯고 비방하는 마음을 품어서 말하기를 "어찌하여 사문의 청정한 행을 닦는 사람이 하늘과 신선들이 먹는 음식을 버린 채 악한 짐승처럼 고기를 배불리 먹고 세간에 나다녀서 모든 중생들로 하여금 놀라고 두려운 마음을 품게 하며, 청정한 행을 깨뜨리고 사문의 도를 저버리는가. 이로 보아 불법 중에 조복행이 없음을 알겠도다"라고 할 것이다. 보살은 자애와 불쌍히 여기는 마

---

[29] 『大乘入楞伽經』 권6(T16, 622c).

음으로 중생들을 보호하고 중생들로 하여금 이와 같은 마음을 내지 않도록 하기 위해서라도 마땅히 고기를 먹지 말아야 한다. 대혜여! 사람의 몸을 태울 때 더러운 냄새가 나는 것처럼 다른 고기를 태울 때도 그와 다름이 없는데 어찌하여 그 중에서 먹고 먹지 않음이 있겠는가. 그러므로 일체의 즐거움과 청정을 좋아하는 이는 마땅히 고기를 먹지 말아야 한다.[30]

그 이유로서는 나의 제자가 고기를 먹는다면 모든 세상 사람들이 헐뜯고 비방하게 되기 때문이며 고기를 태울 때 좋지 않은 냄새가 나기 때문이라고 그 구체적 이유에 대하여 밝히고 있다. 또한 식육의 문제에 대하여 3종청정은 허락하였는데 지금에 와서 왜 금하게 된 그 구체적인 이유에 대하여 설명하고 있다.

대혜여! 내가 여러 곳에서 10종은 막고 3종은 허락한다고 말한 것은 점차로 고기를 먹는 것을 금단하여 닦아 배우게 하기 위해서였다. 지금 이 경 가운데에서 스스로 죽은 것이거나 남이 죽인 것을 가림이 없이 무릇 모든 고기는 모두 다 끊어야 한다고 하나니, 대혜여! 나는 일찍이 제자들이 고기를 먹는 것을 허락하지 않았으며 현재에도 허락하지 않고 또 미래에도 마땅히 허락하지 않을 것이다. 대혜여! 무릇 고기를 먹는 것은 출가한 사람에게 있어 모두 청정하지 못한 것이다.[31]

---

30) 『大乘入楞伽經』 권6(T16, 623b).
31) 『大乘入楞伽經』 권6(T16, 624b).

『능가경』에서는 3종을 허락한 이유에 대하여 점차로 고기를 먹는 것을 끊어서 닦아 배우게 하기 위해서 였으며 모든 고기를 다 먹는 것을 끊어야 한다고 강조하고 있다. 그러나 『능가경』에서의 논지는 어디까지나 『열반경』과는 다름을 알 수 있다. 불성에 입각한 설이 아니며 단지 축생을 동정하여 불식(不食)의 공덕에 대한 설명이 나타나는 것이다.

『범망경』에서는 불식육을 명확히 계로서 밝히고 있다. 본래의 이름이 『범망경노나불설보살심지계품(梵網經盧舍那佛說菩薩心地戒品)』 제10권인 『범망경』은 대승율부의 대표적인 경전이라 할 수 있다. 여기에서는 보살수행에 있어서 그 심지법문(心地法門)과 계위 및 수지해야 할 10중계(重戒) 48경계(輕戒)를 설명하고 있는데 48경계 가운데 세 번째에 불식육에 대한 설명이 보인다.

> 만일 불자들이 고의로 고기를 먹겠느냐 일체의 고기를 먹지 말 것이니, 대저 고기를 먹는 자는 대자비의 불성종자를 끊는 것이어서 일체중생이 보면 곧 버리고 도망하느니라. 그러므로 일체의 보살은 모름지기 일체 중생의 고기를 먹지 말 것이니 고기를 먹으면 한량없는 죄를 얻느니라. 만일 짐짓 먹는 자는 경구죄(輕垢罪)를 범하느니라.[32]

이 계가 제정된 이유에 대하여 『범망경』 주석서인 『범망경고적기(梵網經古迹記)』에서 태현(太賢)은 "보살이면 이치로 보아 당연히 자

---

32) 『梵網經』 권10(T24, 1005b).

기 몸의 살을 버리면서 중생의 생명을 구해야 하는데 도리어 남의 고기를 먹는다 하면 반드시 살생하기에 이르게 되므로 이 계를 제정하였다"고 밝히고 있다. 그리고 고기를 먹으면 안 되는 구체적 이유에 대해서는 "중생들이 자비의 힘이 없어 살해하려는 뜻을 품기 때문에 이러한 인연으로 고기를 먹지 말라고 하였다. 문수사리여! 어떤 중생이 분소의를 좋아하면 나는 분소의를 설한다. 걸식 또한 그러하여 그들을 교화하기 위하여 나는 두타를 설명한다. 그와 같이 문수여! 만일 중생이 살해하려는 마음이 있으면 일부러 나는 고기를 먹지 말라고 말하지만, 만일 살해하려는 마음을 품지 않을 수 있으며 대자비심으로 일체중생을 교화할 수 있다면 죄과가 없다"[33]라고 설명하고 있다. 의적(義寂)의 『보살계본소(菩薩戒本疏)』에서는 불식육계에 대하여 다음과 같이 풀이하고 있다.

> 성문은 열반하기 이전에는 세 가지 깨끗한 고기가 허락되며 그 밖의 것은 허락되지 아니하며 열반에 이른 뒤에는 모두가 허락되지 않지만, 보살은 전후 불문하고 모두 허락되지 아니한다.

성문과 보살은 그 입장이 확연히 다름을 설명하고 있다.
법장(法藏)은 이른바 "보리심을 발하고 보살행을 행하는 것은 이치상 자신의 목숨을 버림으로써 중생을 구하는 것인데 어찌 반대로 중생의 고기를 먹을 수 있겠는가"[34]라고 하여 대보리심을 일으킨 보살에게 중생구제라는 자비심이 무엇보다도 중요한 것인 만

---

33) 『梵網經古迹記』 권4(H3, 459c).
34) 『梵網經菩薩戒本疏』 권4(T40, 636c).

큼 살생이란 방법을 통하여 제공이 가능한 식육을 금하는 것은 당연한 것임을 설명하였다. 그리고 식육의 과실에 대하여 법장은 구체적으로 세 가지를 들고 있다.

첫째, 대자비의 종자를 끊어서 자리의 도를 잃는다. 둘째, 중생을 저버리므로 이타의 도를 잃는다. 셋째, 중생에게 공포를 주어 도망하게 한다.

또한 『보살지지경』 제4 「방편품」에서도 "마늘 등 땀나는 음식을 먹지 말며, 이와 같이 고기 먹지 말며 술도 마시지 말라"라고 하여 『보살지지경』에서도 고기 먹는 것을 금지하고 있다.

## VI. 나오는 말

오늘날 우리는 불교의 출가인은 고기를 먹어서는 안 되는 것으로 인식하고 있다. 그러나 고기를 먹어서는 안 된다는 계율이 명확히 보이는 것은 대승불교에 이르러서이다. 붓다 당시에는 별 의식 없이 출가 수행자들은 고기를 시여 받고 그 고기를 먹었다고 보인다.

그러나 계율의 형식이 수범수제라는 과정, 즉 한 사건을 통하여 문제가 발생하고 그 문제소지를 없애기 위하여 제정되었듯이, 고기를 먹는 것이 많은 문제를 일으키게 된다. 이러한 사건의 발생은 고기 먹는 것에 제한을 두는 형식으로 나타남을 율장의 약건도에서 볼 수 있었다.

견·문·의 3종이 청정한 것 이외는 먹어서는 안 된다든가, 사람의 고기, 개고기 등을 먹어서는 안 된다는 제한이 구체적으로 나타나게 된다. 마침내는 비구가 영양가 있는 음식 즉 미식으로 고기를 찾아 나서는 것을 금하는 바일제의 색미식계가 학처로서 나타나기 시작한다.

그러나 이러한 제한이 나타남에도 불구하고 이는 고기를 먹는 그 자체를 금지하는 것은 아니었다. 고기를 먹는 것 자체를 금하는 계율은 대승불교에서부터 비로소 나타난다. 대승불교에서는 제한이 없이 고기 먹는 그 자체를 금지한다. 고기를 먹어서는 무조건 안 된다는 방식으로 표현되어 있다.

이 계율이 대승불교 전체에 걸쳐 나타나는 것은 물론 아니지만, 중요한 대승의 계율을 구체적으로 보여주는 『열반경』, 『능가경』, 『보살지지경』, 『범망경』 등에서는 이 문제가 중요하게 다루어지고 있음을 볼 수 있다.

왜 초기불교는 물론 부파불교에 이르기까지 허용되었던 고기를 먹는 문제가 대승불교에서 이르러 새롭게 금지되는 것일까. 물론 이 이유에 대하여 각 대승경전은 설명을 달리 할 것이다. 그러나 본 장에서는 이러한 문제에 대한 고찰에 앞서 불식육의 문제가 불교 내부에서 어떻게 전개되어 갔는가 하는 문제를 논구하여 보았다. 이 점은 여러 논의에 앞서 가장 선행되어야 할 문제라고 이해되기 때문이다.

대승불교의 불식육은 어느 때 갑자기 대두된 문제가 아니라 불교 교단 내에서 볼 때는 서서히 진행되었던 의식이 대승경전을 통하여 반영된 것임을 알 수 있었다. 또한 불식육계를 통하여 볼 때 한국에서는 육식에 대한 금지가 강하게 남아 있음은 『사분율』의 영향이라기보다는 『범망경』 등 대승계경의 영향이 그만큼 크게 미치고 있음을 증명하는 것이라 하겠다. 육(肉)과 어(魚) 이외에는 미식으로서 들고 있는 여타의 음식에 대한 금기는 지금에는 거의 찾아볼 수 없기 때문에 불식육은 『사분율』보다는 『범망경』 등 대승계율의 영향이라고 보아야 할 것이기 때문이다. 그러므로 한국불교에 있어 출가의 준거가 되는 등 『사분율』이 절대적인 영향을 미치고 있지만, 한편으로는 이에 못지않게 특히 『범망경』 등의 대승계율의 영향이 반영되고 있음을 알 수 있다.

---

이 글은 「不食肉戒 一考」(『불교학보』 35, 동국대학교 불교문화연구원, 1998, 207-225)를 수정·보완한 것이다.

# 보살계의 성립에 대한 재고

## I. 들어가는 말

　대승불교의 보살계는 어떠한 과정과 단계를 거쳐 성립되는가? 보살계를 대표하는 삼취정계(三聚淨戒)는 어떻게 성립되는가? 본 글을 쓰고자 한 의도이자 목적이다. 재가자는 불교교단에서 무시되어서는 안 될 중요한 구성원이다. 보시를 통해 교단을 지탱시켜주는 동력원이기 때문이다. 초기불교 또는 부파불교시대에 재가자는 우바새 또는 우바이로 표현된다. 우바새·우바이가 되기 위해서는 교단에서 요구되는 의식과 요건 등을 갖추어야 한다. 의식과 요건이란 다름 아닌 삼귀의(三歸依), 오계(五戒), 팔재계(八齋戒) 등을 받아 지니는 것이라 할 수 있다. 초기불교시대 삼귀의, 오계, 팔재계 등은 다양한 형태의 변화를 거쳐 완성된 형태를 갖추었음을 볼 수 있다. 대승불교시대 재가보살이 준수하는 삼귀의, 오계, 팔재계 등 대승의 입장에서 표현을 달리하여 설명되고 있음이 주목된다. 이는 수계 작법의식에 있어서도 마찬가지임을 확인할 수 있다. 대승불교가 성립하면서 대승의 이상적인 인간상인 보살이 지녀야 하는 보살계가 성립된다. 대승의 독자적인 계는 삼취정계라 할 수 있다. 보살계는 십선계(十善戒)로부터 시작하여 다양한 변화를 거쳐 삼취정계(三聚淨戒)로 완성되어진다. 대승불교에서는 십선도(十善道)가 십선계로 이해된다. 십선계를 기반으로 하여 다양한 계의 형태가 보인다. 또한 삼취정계의 설명도 단순하지 않다. 논자는 초기불교시대 재가자의 삼귀의, 오계, 팔재계부터 대승불교 보살계인 삼취정계가 성립되기까지의 과정을 통해 보살계의 특징을 밝혀보고자 한다.

## II. 재가신자의 계

초기불교와 부파불교시대에 불교의 재가신자를 우바새(優婆塞, upāsaka)·우바이(優婆夷, upāsikā)라고 한다. 우바새란 '가까이 모시는 사람'이라는 뜻으로 근사(近事)라고도 번역한다. 이들은 출가한 비구·비구니를 가까이 모시고 교법을 듣고 그의 지도를 받으면서 출가자에게 생활물자를 보시하는 사람들이다. 우바새·우바이는 남녀를 구분하여 부른 것으로 양자 사이에는 본질적인 차이가 없다. 대승불교에는 우바새·우바이에 상당하는 재가보살이 존재한다.

우바새가 되는 조건은 불(佛)·법(法)·승(僧) 즉 삼보(三寶)에 귀의하는 것이다. 삼보에 귀의한다고 고백하는 것에 의해서 우바새가 된다. 그리고 우바새가 되었다는 것은 오계(五戒)를 수지할 수 있는 자격을 갖추었음을 의미한다. 이 밖에 삼귀오계를 모두 수지한 경우와 삼귀의를 한 후에 오계의 일부만을 수지한 경우에도 우바새가 되는 조건을 충족한다. 대·소승불교는 우바새가 되는 조건으로서 삼귀의는 필수조건으로 하지만, 오계의 수지는 필수조건으로 하지 않았기 때문에 이와 같은 유동성이 있는 것으로 보인다.

재가신자 즉 우바새와 우바이, 대승의 재가보살은 종교적 행법으로 삼보에 귀의하고 오계와 팔재계를 수지하여 지켰다. 그래서 이들의 종교적 행법에 대해 자세히 살펴볼 필요성이 있다.

## 1. 삼귀오계(三歸五戒)

재가보살은 불교교단에 입문할 때 삼보에 귀의하고 오계를 수지한다. 이 점은 성문승(聲聞僧)의 우바새·우바이도 마찬가지이다. 삼귀의(三歸依)는 불교교단에 입문하는 제일의 요건이므로 삼귀계(三歸戒)라고도 하며, 대승불교와 소승불교가 다 같이 중요시하고 있다. 오계(五戒)는 삼보에 귀의한 재가보살이 평생 지켜야 하는 계율로서 성문승의 재가신자와 같이 살(殺)·도(盜)·사음(邪婬)·망어(妄語)·음주(飲酒) 등을 멀리 여의는 것이다.

삼귀오계는 재가신자의 입단식이라고 할 수 있다. 빨리율을 비롯한 여러 율장에서는 삼보가 성립된 이후 야사의 아버지가 최초로 삼귀의계를 받고 우바새가 되었다고 한다. 또한 『오분율(五分律)』[1]에서는 야사의 아버지가 최초로 삼귀오계를 받았다고 한다. 여러 율장이 입단식을 다르게 교설하는 것으로 보아 삼귀의는 재가신자가 되는 필수조건이며, 오계는 재가신자가 되기 위한 필수조건이 아니었다는 것을 알 수 있다. 그리고 삼귀의는 붓다 당시 비구의 출가를 허락하는 구족계제도로서 중요한 가치를 지닌다.

삼귀오계가 재가신자의 입단식이 되기까지는 여러 단계의 변화를 거쳐서 성립된다. 아함경전에서는 삼귀의만으로도 재가신자가 되는 경우에 대해서 설하고 있다. 초창기의 삼귀의문을 『숫따니빠따(Suttanipāta)』에서는 다음과 같이 설하고 있다.

> 저는 세존 고따마와 법과 비구 승가에 귀의합니다. 세존 고따마께서는 저를 오늘부터 목숨이 다할 때까지 귀의케 하도록 우바새로서 섭수하여 주소서.[2]

이상은 우바새가 되는 입단식의 문구로 삼귀의문이 후대와 같이 완성된 형태가 아니다. 이 삼귀의문은 비구니 승가가 성립되기 전에 행해졌던 것으로 추정할 수 있다. 붓다보다는 '세존 고따마'라는 용어를 사용하며, 비구니 승가를 제외한 비구 승가에만 귀의한다고 표명한 것에서 알 수 있다. '세존 고따마'는 붓다를 의미하는 것으로 불교신자가 아닌 사람은 그의 성(姓)인 고따마로 부르는 것이 관습이었다. 우바새가 된 후에는 석존의 성을 부르지 않고 반

---

1) 『彌沙塞部和醯五分律』 권15(T22, 105b).
2) Suttanipāta, 24-25.

드시 '세존(世尊)'이라고 부르게 된다. '비구 승가에 귀의한다'는 비구니 승가가 성립되기 전에 행했던 것으로 볼 수 있는데, 후에는 '승가에 귀의한다'는 것으로 변모하기 때문에 비구니 승가도 포함되어 있는 것으로 이해할 수 있을 것이다. 이 밖에 『숫따니빠따』[3]에서는 '불보·법보·승보'라는 형태의 삼보를 설하고 있다.

초기불교로부터 부파불교 시대에 걸쳐 변형되어 후세에 성립된 삼귀의문의 정형은 다음과 같다.

저는 붓다께 귀의합니다. (歸依佛, Buddhaṃ saraṇaṃ gacchāmi)
저는 법에 귀의합니다. (歸依法, Dhammaṃ saraṇaṃ gacchāmi)
저는 승가에 귀의합니다(歸依僧, Saṅghaṃ saraṇaṃ gacchāmi)

이상의 삼귀의문을 누구든지 비구나 승가 앞에서 "저를 오늘부터 이 목숨이 다할 때까지 삼보에 귀의한 우바새로서 거두어 주옵소서"라고 세 번 반복하여 고백함으로써 재가신자가 되는 것이다. 삼귀의를 행하는 방법은 각 부파에 따라 조금씩 다를 수 있지만 불법승 삼보에 귀의하는 것은 모두 동일하다.

또한 아함경전에서는 삼귀의를 하고 우바새가 된 후에 오계를 받는 것이 바람직하다고 설하기도 한다. 『잡아함경』에서는 "만약 우바새에게 믿음이 있어도 계가 없으면 이것은 구족한 것이 아니다. 마땅히 부지런히 방편으로 힘써서 정계(淨戒)를 구족해야 한다"[4]라고 하면서 구계(具戒)의 우바새를 설하고 있다. 구계의 우바

---

3) Suttanipāta, 39ff.
4) 『雜阿含經』 권33(T2, 237a).

새가 수지하는 삼귀오계의 내용을 살펴보면 다음과 같다.

> 지금 저는 붓다께 귀의합니다. 저는 법에 귀의합니다. 저는 승가에 귀의합니다. 오직 원컨대 저는 정법 안에서 우바새가 되어 지금부터 몸과 목숨이 다할 때까지 죽이지 않고, 도둑질하지 않고, 사음하지 않고, 거짓으로 속이지 않고, 음주하지 않겠습니다.[5]

이상의 내용은 삼귀의를 한 후에 우바새가 되어 다시 오계를 수지함으로써 구계의 우바새가 된다는 것이다. 그러나 오계를 받지 않으면 우바새가 아니라는 것을 설하지 않고 있다. 또한 재가신자 중에는 오계 가운데 사음계를 버리고 이비범행(離非梵行)을 지키는 자가 있었는데, 아함경전[6]에서는 욱가(郁迦)장자가 최초로 이비범행의 오계를 수지하여 지킨 단음우바새(斷婬優婆塞)라고 전한다. 이상과 같이 초기불교시대에는 삼귀의의 우바새와 삼귀의를 한 후에 오계를 수지한 구계의 우바새와 범행을 지키는 단음우바새가 존재하였다는 것을 알 수 있다.

부파불교에 이르러서는 오계를 수지하지 않고 삼귀의만으로 우바새가 되는 경우, 삼귀오계를 수지하여 우바새가 되는 경우, 삼귀의를 하고 오계의 일부만을 받아 우바새가 되는 경우에 대해서 설명하고 있다. 오계의 수지는 모든 부파에서 설하고 있는데, 설일체유부의 건타라국(健馱羅國) 논사들은 오계의 분수(分受)를 허용한 반면, 가습미라국(迦濕彌羅國)의 논사들은 삼귀의를 하고 다시 오계를

---

5) 『長阿含經』 권15(T1, 96c).
6) Aṅguttara Nikāya IV, 210, 214; 『中阿含經』 권9(T1, 840).

전부 받아야만 우바새가 될 수 있다고 주장한다.[7] 삼귀의만의 우바새와 오계의 일부만을 받은 우바새는 우바새의 계체(戒體)를 갖추지 못하였기 때문에 우바새가 될 수 없다는 것이다. 설일체유부의 정통설에서는 오계를 수지하지 않은 경우 우바새로 인정하지 않고 있으며, 『살바다비니비바사(薩婆多毘尼毘婆沙)』[8]에서는 삼귀의를 했다면 이미 오계를 수지한 것과 같은 효과가 있음을 설명하고 있다.

대승불교의 재가보살은 "삼자귀(三自歸)로써 위의 모든 공덕을 행하고 마땅히 굳건하게 오계에 머물러야 한다"[9]고 말한다. 이것은 재가보살의 수행형식으로 삼귀오계를 수지해야 함을 분명히 말한 것이다. 또한 재가보살은 삼귀의를 함으로써 얻어지는 공덕을 무상정등각으로 회향해야 한다고 밝히고 있다.[10] 이것은 성문승의 삼귀의와는 분명히 차별화되는 것이다. 대승경전에서 설명하는 삼귀의문은 여러 종류이다. 『화엄경(華嚴經)』「정행품(淨行品)」에서는 다음과 같이 설하고 있다.

> 스스로 붓다께 귀의하면 마땅히 원해야 한다. 중생은 대도(大道)를 체득하고 이해하여 무상의(無上意)를 발한다고. 스스로 법에 귀의하면 마땅히 원해야 한다. 중생은 심오한 경장(經藏)에 들어가 지혜가 바다와 같게 된다고. 스스로 승(僧)에 귀의하면 마땅히 원해야 한다. 중생은 대중을 통리(統理)하여 일체에 장애가 없

---

7) 『大毘婆沙論』 권124(T27, 645c-646a).
8) 『薩婆多毘尼毘婆沙』 권1(T23, 506c, 508b).
9) 『十住毘婆沙論』 권7(T26, 56b).
10) 『十住毘婆沙論』 권7(T26, 54c).

다고.[11]

　이상의 삼귀의문은 초기불교시대의 삼귀의문에 대승적인 서원을 부가하고 있다. 재가보살은 삼보에 귀의하는 것에 의해 자신의 서원을 함께 표명하고 있다. 즉 원(願)에 입각한 삼보에 대한 귀의이며, 자리이타의 입장에서 삼귀의를 표명한 것이다. 대승불교 역시 귀의 대상은 불·법·승의 삼보에서 벗어나지 않고 있다. 다만 승(僧)에 대한 귀의가 성문승이 아닌 보살중(菩薩衆)으로 바뀐 정도이다.
　그러나『십주비바사론(十住毘婆沙論)』에서 설하는 삼귀의문은 귀의 대상이 초기불교와 부파불교와는 달리하고 있다.「서품」의 귀경송(歸敬頌)에서는 삼귀의문을 다음과 같이 설하고 있다.

　　일체의 붓다와 무상한 대도(大道)와 견고한 마음으로 10지에 머무는 모든 보살중과 아(我)·아소(我所)가 없는 성문·벽지불에게 경례한다.[12]

　이상은 재가보살의 삼보에 대한 귀의를 표명한 문구이다. 삼보에 대한 설명이 간접적인 문구를 사용하고는 있지만 그 의미는 동일한 것으로 보아도 된다. '일체의 붓다'는 불보, '무상한 대도'는 법보이다. 이것은 도제(道諦)를 법보로 보는 것이다. 다음에 '십지에 머무는 보살중과 아·아소가 없는 성문·벽지불'은 승보를 나타낸 것

---

11)『大方廣佛華嚴經』권6(T9, 430c-431a).
12)『十住毘婆沙論』권1(T26, 20a).

이다.[13] 이 가운데 승보에 대한 설명은 대승적인 특징을 잘 보여주고 있다. 승보에 성문·벽지불로부터 지상(地上)의 보살을 내세워서 재가보살이 보살중에 귀의함을 보여주고 있다. 또한 보리심을 발하고 보살이라는 자각을 지닌 자가 삼보에 귀의해야 함을 밝히고 있다. 이 논서에서 삼보에 대한 설명은 다음과 같다.

> 보리심을 버리지 않고, 받은 바 법을 파괴하지 않고, 대비심을 버리지 않고, 나머지 승(乘)을 탐락하지 않는다. 이와 같으면 여실하게 부처님께 귀의한다고 이름한다. 설법자에게 친근하여 한 마음으로 법을 청수(聽受)하고 염지(念持)하여 연설한다면 법에 귀의한다고 이름한다. 만약 모든 성문인으로서 아직 법위에 들지 않은 자에게는 위없는 마음을 내어 붓다의 십력을 얻게 한다. 먼저 재시(財施)로서 섭수하고 후에 법시(法施)로서 한다. 이 사과(四果)의 승(僧)·불분별의 귀중(貴衆)을 깊이 믿고, 성문의 공덕을 구하더라도 해탈을 증득하지 않는다. 이것을 승에 귀의한다고 이름한다.[14]

이상에서는 재가보살의 귀의 대상인 붓다를 직접적으로 내세우지 않고, 간접적으로 대승의 법을 실천하는 것이 귀의불(歸依佛)이라 말하고 있다. 설법자로부터 붓다의 심오한 법을 듣고 나서는 다른 사람들을 위하여 연설을 하고, 이 법시로 얻은 공덕을 불도에 회향하는 것이 귀의법(歸依法)이라 밝히고 있다. 성문승의 비구

---

13) 平川彰, 심법제 역(1993), 『初期大乘佛敎의 宗敎生活』, 251.
14) 『十住毘婆沙論』 권7(T26, 54c-55a).

로서 아직 깨달음을 얻지 못한 자에게는 먼저 재시로서 그 사람의 마음을 희유하고, 그 다음에는 대승의 심오한 법을 설하여 대승에 전향시키는 것이 귀의승(歸依僧)이라 밝히고 있다. 재가보살의 삼귀의문에서는 성문승을 완전히 배제시키지 않으면서도 자리(自利)에 치중하고 있는 성문승에게는 귀의하지 않겠다는 의지를 보여 주고 있다.[15]

다음은 대승불교의 오계에 대해서 살펴보겠다. 오계는 3계, 4계의 단계를 거쳐서 '불음주'라는 계가 더해져 오계로서 계문이 완성되었다. 오계는 살·도·사음·망어·음주를 멀리 여의는 것으로 대·소승이 다르지 않다. 『앙굿따라 니까야』에서는 오계에 대해 다음과 같이 밝히고 있다.

> 대덕이여! 어떤 사람을 계를 갖춘 우바새라 하는가? 만약 우바새가 살생을 멀리 떠나고, 주지 않은 물건을 취하는 것을 멀리 떠나고, 부부 이외의 부정한 관계를 멀리 떠나고, 망령된 말을 멀리 떠나고, 술 마시는 일과 마작 등 온갖 노름 행위를 멀리 떠난다면, 이것을 계를 갖춘 우바새라 한다.[16]

여기서는 '떠난다'는 표현을 함으로써 타인의 명령에 의해 악을 멈추는 것이 아니라 스스로 악을 떠날 것을 서원하는 형태를 취하고 있다. 이에 대해 한역경전은 불살생·불투도·불사음·불망어·불음주로 번역하여 '해서는 안 된다'는 타율적인 금지 명령의 형태를

---

15) 平川彰, 심법제 역(1993), 『初期大乘佛敎의 宗敎生活』 252-254 참조.
16) Aṅguttara Nikāya VIII, 25.

취하고 있다. 『욱가장자경(郁伽長者經)』에서는 재가보살의 오계에 대해서 다음과 같이 설하고 있다.

> 그는 죽이지 않음을 즐기며 칼·작대기를 놓아버린다. 참괴하여 견고히 맹서하여 일체의 모든 중생 등을 죽이지 않고 일체를 괴롭히지 않는다. 중생에게 등심(等心)으로서 항상 자심(慈心)을 행한다.
> 그는 마땅히 훔쳐서는 안 된다. 자기 재물에 지족하며 다른 재물에 희망을 일으키지 않는다. 탐(貪)을 없애버리고 우치(愚癡)를 일으키지 않는다. 다른 이의 봉록(封祿)에 대하여 탐착을 일으키지 않는다. 풀잎일지라도 주어지지 않으면 취하지 않는다.
> 그는 사음을 떠난다. 자기의 아내에 자족하며 남의 아내를 바라지 않는다. 더러운 마음으로 다른 여인의 모습을 보지 않고, 그 마음을 싫증내며 한결같이 괴롭게 여기면서 마음은 늘 등지고 버려야 한다. 만약 자기의 아내에게 탐욕의 생각이 생기면, 늘 부정(不淨)하고 놀라고 두렵다는 생각을 내면서 '이것은 번뇌[結使]의 힘이다. 그러므로 [음행의] 탐욕은 내가 할 바가 아니다.' 늘 무상상(無常想)·고(苦)·무아상(無我想)·부정(不淨)의 생각을 일으킨다. 그 사람은 마땅히 이와 같이 사념해야 한다. '나는 마땅히 내지 음욕의 생각을 일으키지 않아야 하거늘, 하물며 둘이 어울려서 몸을 서로 만지고 접촉하겠는가.'
> 마땅히 망어를 떠나야 한다. 진리의 말과 진실의 말을 하고, 말한 대로 행동하며 다른 이를 속이지 않는다. 착한 마음을 성취하

며 먼저 생각하고 나서 행한다. 보고 들은 대로 진실되게 말한다. 법을 수호하면서 설사 몸과 목숨을 버리더라도 끝내 망어하지 않는다.

그는 마땅히 술을 떠나야 한다. 취하지 않고 어지럽지도 않으며 함부로 말하지 않는다. 스스로 경솔하게 굴지 않으며 또 조롱하거나 시끄럽지 않으며 서로 강제로 끌어당기지도 않으며 올바른 생각에 머문 뒤에야 그것을 안다.[17]

이상의 오계는 아함경전의 오계와는 표현을 달리하여 대승불교의 입장에서 설명하고 있다. 그러나 대승불교의 오계 역시 살·도·사음·망어·음주를 여의는 것으로 계문에 있어서는 성문승의 오계와 특별히 다른 점이 없다. 다만 '불음주계'에서 대·소승이 서로 다른 입장을 보이고 있다. 성문승의 오계에 대한 해석에서는 음주를 금지하고 있을 뿐 남에게 술을 주는 것, 술을 파는 것 등에 관해서는 언급하지 않고 있다. 이에 반해 대승의 재가보살은 술을 갖고 보시하더라도 죄가 되지 않는다고 말하고 있다.[18] 그 까닭은 보시바라밀이 오계보다 우월하기 때문에 술을 원하는 경우에는 이것을 거부하지 않는다는 것이다. 오계보다도 보시바라밀을 우월하게 보는 점은 성문승의 오계에서는 언급하지 않은 것으로 대승의 독자적인 특징이다. 그러나 대승의 입장을 모든 대승계경이 보여주는 것은 아니다. 『우바새계경(優婆塞戒經)』과 『범망경(梵網經)』에서는

---

17) 「郁伽長者會」 第19 『大寶積經』 권82(T11, 473ac); 『法鏡經』(T12, 16bc); 『郁迦羅越問菩薩行經』(T12, 24ac).
18) 『十住毘婆沙論』 권7(T26, 56c).

'불고주계(不酤酒戒)'를 제정하여 술을 판매하는 것을 금지함으로써 서로 다른 입장을 보여주고 있다. 이와 같이 대·소승이 불음주계에서 서로 다른 입장을 취하지만, 오계를 수지하는 점에서는 다르지 않다.[19]

다음은 오계의 수계작법에 대해서 살펴보고자 한다. 대승불교의 오계 받는 법은 『대지도론(大智度論)』을 통해서 살펴볼 수 있다.

> 오계를 받는 법은 장궤합장을 하고 말해야 한다. "저 아무개는 붓다께 귀의하고, 가르침에 귀의하고, 승가에 귀의합니다." 이와 같이 두 번, 세 번 반복해야 한다. "저 아무개는 붓다께 귀의해 마쳤고, 가르침에 귀의해 마쳤고, 승가에 귀의해 마쳤습니다." 이와 같이 두 번, 세 번 반복해야 한다. "저는 석가모니불의 우바새입니다. 저를 증명하여 주옵소서. 저 아무개는 오늘부터 목숨이 다할 때까지 귀의하겠습니다." 게사는 마땅히 말해야 한다. "그대 우바새는 들어라. 여래이시고 응공이신 정변지께서는 사람을 아시고 사람을 보시고 우바새를 위하여 오계를 이와 같이 설하여 주셨나니, 이것을 그대는 목숨이 다할 때까지 지녀야 한다. 무엇이 5가지인가? 목숨이 다할 때까지 살생하지 말지니, 이것이 우바새계이다. 이 가운데 목숨이 다하도록 마땅히 고의로 살생하지 말지니, 이 일을 감당할 수 있거든 '승낙합니다'라고 대답하라. 목숨이 다할 때까지 훔치지 말지니, 이것이 우바새계이다. 이 가운데 목숨이 다하도록 마땅히 훔치지 말아야 하나니, 이 일

---

19) 平川彰, 심법제 역(1993), 『初期大乘佛敎의 宗敎生活』, 27 참조.

을 감당할 수 있거든 '승낙합니다'라고 대답하라. 목숨이 다할 때까지 삿된 음행을 하지 말지니, 이것이 우바새계이다. 이 가운데 목숨이 다하도록 응당 삿된 음행을 하지 말아야 하나니, 이 일을 감당할 수 있거든 '승낙합니다'라고 대답하라. 목숨이 다할 때까지 거짓말을 하지 말지니, 이것이 우바새계이다. 이 가운데에서 목숨이 다하도록 마땅히 거짓말을 하지 말아야 하나니, 이 일을 감당할 수 있거든 '승낙합니다'라고 대답하라. 목숨이 다할 때까지 술을 마시지 말지니, 이것이 우바새계이다. 이 가운데에서 목숨이 다하도록 응당 술을 마시지 말아야 하나니, 이 일을 감당할 수 있거든 '승낙합니다'라고 대답하라. 이것이 우바새의 오계이니 목숨이 다할 때까지 받아 지니고 삼보, 즉 불보·법보·승보에 공양하면서 부지런히 복된 업을 닦아 불도를 구하라."[20]

이상의 작법에서는 재가보살이 계사로부터 오계를 받고 있다. 이 수계작법은 『십송률』에서 설명하고 있는 오계의 수계작법과 거의 유사하다. 다만 『대지도론』에서는 수계자가 계사의 지도에 따라 '승낙합니다'라고 대답을 하는데, 『십송률』에서는 계사가 '능히 지킬 수 있으면 마땅히 지킬 수 있다고 말해야 한다'라고 했을 때 수계자가 대답하는 말로서 '능히 지키겠습니다'라는 말이 생략되어 있다. 또한 『대지도론』에서는 "어떤 사람은 스승으로부터 계를 받지 않고, 다만 마음속에 스스로 서원을 일으켜서 '나는 오늘부터 살생하지 않겠습니다'라고 말해야 한다"[21]고 하는 자서수계(自誓

---

20) 『大智度論』 권13(T25, 159c).
21) 『大智度論』 권13(T25, 155a).

受戒)를 설하고 있다. 『십주비바사론』에서는 '재가법오계(在家法五戒)' '견주오계(堅住五戒)'라 하고 있을 뿐 오계를 누구로부터 받는가 하는 점에 대해서는 다루고 있지 않다. 대승불교의 재가보살이 오계를 수지하는 방법으로는 계사로부터 받는 경우와 스스로 서원하여 받는 자서수계가 있었던 것으로 보인다.

대승불교의 오계 받는 법은 오계의 분수(分受)를 인정하는 경우와 오계의 분수를 인정하지 않는 경우로 구분된다. 이 점은 부파불교의 입장과 같은 것이다. 대승불교의 대표적인 논서 가운데 『대지도론』에서는 오계를 완전히 지킬 수 없는 재가신자에 대해서 오계의 분수가 가능함을 설하고 있다. 즉 "오계에 다섯 가지 수계법이 있는데, 이를 5종의 우바새라고 한다. 첫째는 일분행(一分行) 우바새, 둘째는 소분행(少分行) 우바새, 셋째는 다분행(多分行) 우바새, 넷째는 만분행(滿分行) 우바새, 다섯째는 단음(斷婬)우바새이다. 일분행자는 오계 가운데 1계를 받는다. 4계를 수지할 수 없기 때문이다. 소분행자는 2계를 받거나 3계를 받는 자이다. 다분행자는 4계를 받으며, 만분행자는 오계를 전부 받는 사람이다. 단음자는 오계를 받고난 뒤에 다시 스승 앞에 나아가 스스로 서약하고, '나는 내 처와도 성관계를 갖지 않겠습니다'라고 한다. 이를 오계라 이름한다"[22]고 설하고 있다. 『대지도론』은 재가신자가 오계 전부를 지키는 것이 바람직하지만, 오계를 모두 지킬 수 없는 사람은 오계의 일부만을 수지해도 재가신자가 될 수 있다는 입장이다.

또한 『십주비바사론』에서는 오계를 굳게 지킬 것[堅守]을 설하

---

22) 『大智度論』 권13(T25, 158c).

여 오계의 분수를 인정하지 않고 있다. 목숨을 잃을지언정 오계를 파해서는 안 된다는 입장이다. 이 두 논서는 저자가 동일함에도 불구하고 서로 대립되는 설을 주장하고 있다. 이 점에 대해 히라카와 아키라(平川彰)는 『대지도론』을 번역하는 과정에 구마라집이 자기의 설을 첨가해 가필했을 것이라 주장하고 있다.

## 2. 팔관재계(八關齋戒)

재가신자는 오계를 지키는 것 이외에 팔재계(八齋戒)의 수행을 한다. 이것은 포살(布薩)이라 하며, 재가신자의 포살과 출가자의 포살이 있다. 재가신자의 포살은 육재일(六齋日)에 행하며, 이때 팔재계를 수지하고 하루 낮밤[一日一夜]의 제한된 시간 동안 팔재계를 지키며 설법을 듣고 단식하며 출가자에게 음식물을 제공한다. 이것은 초기불교에서 행했던 일반적인 재가신자의 포살이다.

대승불교의 재가보살은 "재일에는 팔계를 지녀 정계(淨戒)를 지닌 자에게 친근하고 계의 착한 인연을 갖고 깊은 마음으로 애경을 행한다"[23]라 하여 육재일에는 팔계를 수지해야 한다는 것을 규정하고 있다.[24] 여기서 육재일이란 매달 8·14·15·23·29·30일을 말한다.[25] 그리고 삼기(三큰)에도 팔계를 수지해야 한다고 『십주비바사론』은 설하고 있다. 삼기란 15일 동안이 1기(一큰)인데 동지부터 그

---

23) 『十住毘婆沙論』 권8(T26, 59c-60a).
24) 平川彰, 심법제 역(1993), 『初期大乘佛敎의 宗敎生活』, 28.
25) 『도행반야경(道行般若經)』(T8, 443c)에서는 반월(半月)의 8·14·15일을 내세우지만, 『소품반야경(小品般若經)』(T8, 553a)에서는 8·14·15·23·29·30일로 자세히 나오고 있다.

후 45일 동안이니, 이 여러 나쁜 날에는 귀신들이 많이 있어서 엄습하며 멋대로 구는지라 세상 사람들을 수호하는 날이기 때문에 한낮이 지나면 먹지 않는다고 한다. 이로 인하여 붓다가 하루 낮밤 동안 팔재계를 받게 하였다는 것이다. 팔재계, 즉 1일계(一日戒)는 『십주비바사론』에서 다음과 같이 설하고 있다.

모든 성인께서 언제나 살생을 여의고 칼과 몽둥이를 버리며 항상 성냄이 없고 부끄러운 마음이 있으며 중생을 사랑하고 가엾이 여기시는 것처럼 저 아무개는 이제 하루 낮과 하룻밤 동안에 살생을 멀리 여의고 칼과 몽둥이를 버리며 성냄이 없고 부끄러운 마음이 있으며 중생을 사랑하고 가엾이 여기는 이와 같은 법으로써 성인을 따라 배우겠습니다.
모든 성인께서 언제나 주지 않으면 가지지 않고 몸의 행은 청정히 하여 받되 만족할 줄 아시는 것처럼 …… 겁탈하거나 주지 않는데도 갖는 것을 멀리 여의고 청정히 스스로의 삶을 구하는 …….
모든 성인께서 언제나 음행을 끊고 세상의 즐거움을 멀리 여의시는 것처럼 …… 음행을 끊고 세상의 즐거움을 멀리 여의어 범행을 깨끗이 닦는 …….
모든 성인께서 언제나 거짓말을 여의고 진실한 말과 정직한 말을 하시는 것처럼 …… 거짓말을 멀리 여의고 진실한 말과 정직한 말을 하는 …….
모든 성인께서 언제나 술을 멀리 여의시는 것처럼 술이란 바로 방일한 것이니 …… 술을 멀리 여의는 …….

모든 성인께서 언제나 노래하고 춤추며 풍류 잡히고 향과 영락 등의 몸을 장엄하는 도구를 멀리 여의시는 것처럼 …… 노래하고 춤을 추며, 풍류 잡히고 꽃과 향과 영락 등의 몸을 장엄하는 도구를 멀리 여의는 …….

모든 성인께서 언제나 …… 높고 넓은 큰 평상을 멀리 여의고 작은 걸상에 계시며 풀깔개로 자리를 삼으시는 것처럼 …… 높고 넓은 큰 평상을 멀리 여의고 작은 걸상에 계시며 풀 깔개로 자리를 삼는 …….

모든 성인께서 언제나 한낮이 지나면 드시지 않고 때 아닐 적의 음식을 멀리 여의는 것처럼 …… 한낮이 지나면 드시지 않고 때 아닐 적의 음식을 멀리 여의는 …….[26]

이상의 팔재계는 불살생·불투도·불음·불망어·불음주·부좌고대상(不坐高大牀)·불착화영락(不著花瓔珞)·불비시식(不非時食)으로 구성되어 있다. 앞의 불살생·불투도·불망어·불음주는 오계와 같지만, 불음은 절대적인 금욕을 말하고, 오계의 불사음과는 다른 것이다. 재가보살도 포살일에는 출가자와 같이 범행을 지켜서 금욕생활을 하는 것이다. 불비시식계는 정오 이후부터 다음날 아침까지 단식을 하는 것으로 팔재계의 '재의 주체'로 보고 있다.

대승불교의 재가보살이 하루 낮밤 동안 수행하는 팔재계 역시 성문승의 재가신자가 수행하는 종교적 실천과 동일하다. 다

---

26) 『十住毘婆沙論』 권8(T26, 60ab).

만 팔계의 순서가 경전에 따라 조금씩 다르게 편성되고 있다. 그것은 비시식계에 대한 취급의 차이로 비시식계를 몇 번째 두느냐에 따른 것이다. 빨리니까야, 『불설팔관재경(佛說八關齋經)』, 『증일아함경』 등은 비시식계를 여섯 번째에 두고 있다. 이것은 비시식계를 특별히 중시하고 있지 않다는 것을 의미한다. 이에 반해 『중아함경』, 『불설재경(佛說齋經)』, 『우바이타사가경(優陂夷墮舍迦經)』 등은 비시식계를 마지막에 두고 있다. 『십주비바사론』은 후자에 속하며, 이것은 비시식계를 매우 중요시하고 있다는 것을 의미한다. 그런데 『대지도론』[27]은 비시식계를 팔계의 범주 바깥에 두고 있다. 이에 대한 설명은 『구사론』에 나타나는데, '도식향발무가관청(塗飾香髮舞歌觀聽)'을 둘로 나누어서 '도식향발(塗飾香髮)'과 '무가관청(舞歌觀聽)'을 각각 1계로 해서 팔계로 한다. 그래서 이비시식(離非時食)을 재의 체(體)로 하고, 팔재계에서 따로 나타내는 것이다. 이와 같이 팔재계에 대한 취급에는 갖가지 형태가 있지만 팔재계를 지키는 점에서는 대·소승의 재가신자가 다르지 않다.[28]

팔재계의 수계작법은 『대지도론』을 통해서 살펴보도록 하겠다.

> 1일계를 받을 때는 장궤합장하고 다음과 같이 말해야 한다. '저 아무개는 오늘 하룻낮 하룻밤 부처님께 귀의하고, 가르침에 귀의하고, 승가에 귀의합니다.' 이와 같이 두 번 세 번 반복해야 한다. 다시 이와 같이 말해야 한다. '저 아무개는 부처님께 귀의해 마쳤고, 가르침에 귀의해 마쳤고, 승가에 귀의해 마쳤습니다.' 이

---

27) 『大智度論』 권13(T25, 159bc).
28) 平川彰, 심법제 역(1993), 『初期大乘佛敎의 宗敎生活』, 28-29.

와 같이 두 번 세 번 거듭해야 한다. 다시 이와 같이 말해야 한다. '저 아무개는 신업(身業)이 선하지 않고 구업(口業)이 선하지 않고 의업(意業)이 선하지 못하여 탐욕스럽고 성내고 어리석은 연고로 금생에도 전생에도 이와 같은 죄를 지었습니다. 오늘 지극한 마음으로 참회하여 몸이 청정하고 입이 청정하고 뜻이 청정함에 팔계를 받아 행하려고 합니다. 이것이 곧 포살입니다. 포살은 함께 머무는 것입니다. 제불이 목숨이 다하도록 살생하지 않았듯이 저 아무개도 하룻낮 하룻밤 동안 살생하지 않겠습니다. 제불이 목숨이 다하도록 훔치지 않았듯이 저 아무개도 하룻낮 하룻밤 동안 훔치지 않겠습니다. 제불이 목숨이 다하도록 음행하지 않았듯이 저 아무개도 하룻낮 하룻밤 동안 음행하지 않겠습니다. 제불이 목숨이 다하도록 거짓말을 하지 않았듯이 저 아무개도 하룻낮 하룻밤 동안 거짓말을 하지 않겠습니다. 제불이 목숨이 다하도록 술을 마시지 않았듯이 저 아무개도 하룻낮 하룻밤 동안 술을 마시지 않겠습니다. 제불이 목숨이 다하도록 높고 큰 평상에 앉지 않았듯이 저 아무개도 하룻낮 하룻밤 동안 높고 큰 평상에 앉지 않겠습니다. 제불이 목숨이 다하도록 꽃이나 영락을 지니지 않고 향을 몸에 바르거나 옷에 뿌리지 않았듯이 저 아무개도 하룻낮 하룻밤 동안 꽃이나 영락을 지니지 않고 향을 몸에 바르거나 옷에 뿌리지 않겠습니다. 제불이 목숨이 다하도록 스스로 노래를 부르거나 춤을 추거나 풍악을 울리지 않고 또한 찾아가 구경하지 않았듯이 저 아무개도 하룻낮 하룻밤 동안 스스로 노래를 부르거나 춤을 추거나 풍악을 울리지 않고 또한 찾아가 구경을 하지도 않겠습니다. 제불이 목숨이 다하도록 한낮이 지나면 음식을 드시지 않았듯이 저 아무개도 하룻낮 하룻밤 동안 한낮이 지나면 음식을 먹지 않겠습니다.' 이와 같이 팔계를 받고 나서 다시 이와 같이 말해야 한다. '저 아무개는 팔계를 받아 행하고 제불의 법을 따르고 배우오니 포살이라고 합니다. 원컨대 이 포살을 지녀 복을 받을 지이다. 태어날 때마다 삼악도와 팔난(八難)에 떨어지지 않을 지이다. 저는 전륜성왕이나 범천왕·제석천왕·천왕 등의 세계에 대한 즐거움을 구하지 않으니, 원컨대 모든 번뇌가 다하여 마침내는 일체지[薩婆若]에 이르러 불도를 성취하여지이다.'[29]

이상은 재가보살의 1일계를 받는 법이다. 수계자는 장궤합장을 하고 처음에 하루 낮밤 동안 삼보에 귀의한다는 것을 세 번 말하게 한다. 이것을 계사 앞에서 하는지 불상 앞에서 하는지에 대해서는 말하고 있지 않다. 다음으로 신구의 악업을 정성스런 마음으로 참회한다. 그리고 팔계를 순차적으로 받는데, 이것도 '제불이 목숨이 다하도록 살생하지 않음과 같이 저 아무개도 하루 낮밤 동안 살생하지 않겠습니다'라고 하고 있다. 『앙굿따라 니까야』 등에서는 '아라한에게 배워서' 계를 받으려고 결심하였는데, 여기서는 제불을 모범으로 하고 있다. 이것만이 대승적으로 바뀌었다.[30]

팔재계는 하루 낮밤의 계이기 때문에 이른 아침에 계를 받는다. 이것은 하루 낮밤으로 시간을 한정해서 받기 때문에 다음날 아침

---

29) 『大智度論』 권13(T25, 159c).
30) 平川彰, 석혜능 역(2003), 『원시불교의 연구』, 444.

이 되면 그 계체가 소멸한다. 따라서 매번 포살에 참가하여 팔재계를 다시 수지해야 한다. 그리고 육재일에 팔재계를 지키면 공덕이 무량하고, 12월 1일에서 15일 사이에 이 계를 지키면 그 복이 매우 많다고 한다.[31] 또한『도행반야경(道行般若經)』[32]에서는 재가신자가 법사가 되어 육재일에 반야바라밀을 설하면 그 복덕이 무량하다고 설명한다.

또한『십주비바사론』에서는 '팔재계를 지닌 복덕의 인연으로써 모두 함께 성불한다'[33]고 하였으며,『대지도론』에서는 하루 낮밤을 제불과 같이 팔재계와 비시식계를 지키면 그 공덕으로 열반에 이를 수 있다고 하여 보살의 자각을 나타내고 있다. 그러나 포살에 참가하여 팔재계를 받는 것이 재가신자의 의무는 아니라고 한다.

## III. 보살계의 성립과 사상적 의의

### 1. 대승계경의 성립 배경

대승불교운동이 번성함에 따라 많은 경전들이 편찬되었다. 이들 대승경전은 대승불교에서 아주 중요한 위치에 있다. 대승경전을 통해서 대승불교의 성립에 대한 전반적인 사항들을 알 수 있기 때문이다. 대승경전은 대장경 가운데 반야부·법화부·화엄부·보적

---

31)『大智度論』권13(T25, 159b).
32)『道行般若經』권4(T8, 443b).
33)『十住毘婆沙論』권8(T26, 60b).

부·열반부·대집부·경집부·밀교부 등이 해당된다. 이 가운데 반야경류에서 대승불교가 출발하였다고 말한다.

대승경전의 역사는 크게 용수 이전과 이후로 구분하고, 보통은 3기로 나누어 논할 수 있다. 제1기는 대승의 형성에서 용수의 시대까지이고, 제2기는 용수 이후에서 무착과 세친의 시대까지이며, 제3기는 세친 이후의 시대이다.[34] 이 가운데 제1기에서 경전의 제작이 크게 성행하였으며, 이 시기의 경전은 대승불교의 교리를 최초로 저술한 용수의 학설에 영향을 주었을 뿐만 아니라 많이 인용되었다.

대승경전의 역사는 대승계경(大乘戒經)의 역사와도 밀접한 관계가 있다. 대승경전 가운데 많은 경전들이 보살의 수행 근간인 육바라밀 가운데에 계바라밀을 설하고 있다. 경전들은 계바라밀을 설하는 곳에서 여러 가지의 대승계를 설하고 있다. 이와 같이 대승계를 설하고 있는 경전을 대승계경이라 한다. 오노 호도(大野法道)는 모든 대승경전을 계경의 범주에 넣고 있다. 대승경전에서 계율은 경전의 일부로 편집되었다. 이들은 구체적인 계율 조항을 말하기보다는 계율의 정신을 먼저 이해시키고, 그 정신에 따라 대승계를 실천하도록 하고 있다.

대승계경에 설해진 대승계는 여러 가지 종류가 있다. 대승계의 종류에 따라 대승계경의 시대적 구분이 가능하다. 대승계를 대표하는 것은 삼취정계이며, 이 계를 통해서 대승계경 역시 3기로 나누어 살펴볼 수 있다. 초기 대승계경으로는 『반야경』과 『화엄경』

---

34) 平川彰 外, 정승석 역(1999), 『大乘佛敎槪說』, 97.

이 대표적이다. 이 경전들은 재가보살이 지녀야 할 실천덕목으로서 십선계(十善戒)를 설하고 있다. 중기 대승계경으로는 『열반경』과 『해심밀경』·『보살선계경』·『보살지지경』·『유가사지론』·『우바새계경』 등이 대표적이며, 여기서는 삼취정계를 설하고 있다. 이 시기는 보살계에 성문계를 접수하여 섭율의계에 편성시키고 있는 것이 특징이다. 보살계에 성문계가 등장했다는 것은 출가보살의 약진을 의미한다. 초기 대승불교는 재가보살이 중심이 되어 교단을 이끌고 부파불교를 강하게 비판하였지만, 중기에 이르러서는 출가보살의 수가 증가하고 교단 내에서의 위상이 높아짐에 따라 십선계만으로 모든 규정을 나타내기에 부족했기 때문에 성문계를 채용하게 된 것이다. 이 밖에 대승계경으로 『범망경』·『보살영락본업경』 등이 있으며, 근래 연구들은 중국에서 찬술한 위경(僞經)이라 지목하고 있다.[35] 그러나 이 경전들이 중국·한국·일본의 계율사상에 끼친 영향은 지대하다. 두 경전은 보살계 사상에서 상호 밀접한 관계에 있으며, 삼취정계의 사상이 중기 대승계경에서 설한 것보다는 체계적이고 구체적인 계로서 10중(重) 48경계(輕戒)를 설하고 있다. 후기 대승계경으로는 『대일경』이 있으며, 여기에 삼매야계가 설해져 있다.

　　대승계, 즉 보살계는 삼취정계를 말한다. 삼취정계는 『화엄경』으로부터 시작하여 『열반경』을 거쳐 『해심밀경』·『보살선계경』·『보살지지경』·『유가사지론』 등의 유가계(瑜伽戒)에서 대·소승계가 융합하

---

[35] 望月信亨, 김진열 역(1995), 『불교경전 성립의 연구』, 345-393; 大野法道(1954), 『大乘戒經の硏究』, 87-91, 274-282; 船山徹(1996), 「疑經『梵網經』成立の諸問題」, 『佛敎史學硏究』 39-1, 54-78.

고, 『범망경』 『보살영락본업경』에 이르러 완전히 성문계와 별립하였다. 이 모든 대승계경에는 보살의 수행도인 육바라밀이 설해져 있으며, 그 가운데에는 계바라밀이 있다. 계바라밀은 보살계를 의미하며, 보살계에서는 자리이타의 실천을 강조하여, 깨달음과 직결시키고 있다. 이와 같은 내용은 보살계가 정비되고 체계화되는 과정에서도 여전히 설해지고 있는 것이 특징이다.

## 2. 보살계의 성립 및 그 의의

대승불교가 추구하는 이상적인 인간상은 보살이다. 보살은 '깨달음을 추구하는 사람'으로서 자신뿐만 아니라 타인에 이르기까지 열반으로 이끌어야 한다. 즉 보살은 자리이타를 완성해야 하는 자이다. 그래서 대승의 보살이 수행의 모범으로 삼은 것이 육바라밀이다. 육바라밀은 보시·지계·인욕·정진·선정·지혜 등의 6가지 항목으로 구성되는데, 이 가운데 지계가 보살의 실천덕목으로 자리매김하게 된다. 지계, 즉 계바라밀이 대승계로 채택되고, 대승의 불교도인 보살이 계바라밀을 지켰기 때문에 보살계라고 말한다.

보살계는 일체의 계를 총괄하며, 삼취정계에 귀착한다. 삼취정계(三聚淨戒)는 섭율의계(攝律儀戒)·섭선법계(攝善法戒)·섭중생계(攝衆生戒) 등 세 종류로 구성되어 있다. 섭율의계는 일체의 악을 모두 단절하는 것으로 시대의 변화에 따라 계의 이해를 달리하여 발전적인 모습을 보여주고 있다. 섭선법계는 일체의 선을 타인에게 행하도록 권하는 것이며, 섭중생계는 일체 중생을 위해서 이로운 일을 행하도록 권하는 것이다. 보살은 소극적으로 자리(自利)를 목적으로 하는 섭율의계에 끝나지 않고, 그 위에 적극적으로 선을 행하는 섭선법계와 섭중생계를 실천함으로써 자리이타의 행을 완성시키게 된다. 이와 같이 보살계는 삼취정계에 의해서 완성되는 것이다.

대승불교의 독자적인 보살계, 즉 삼취정계가 성립되기까지는 여러 단계의 변화과정을 거쳐서 확립된다. 초기 대승불교의 보살들은 십선도(十善道)를 계바라밀로서 채택하여 지켰다. 아함경전에서 계로서 인정받지 못하였던 십선도를 대승불교는 계로서의 가치를 새롭게 인정하고 받아들여 보살계로 채택한 것이다. 또한 십선계를 스스로 행할 뿐만 아니라 타인에게도 행하도록 해야 한다는 자리이타의 입장을 보여주고 있다. 삼취정계를 통하여 대승의 독자적인 계 정신이 발견된다. 십선계는 '불사음계'가 있어서 재가보살의 계라고 한정지을 수도 있지만, 출가보살이 자발적으로 '불사음'을 '불음'으로 바꾸어 지키면 출가보살의 계가 되기도 하였다.[36] 초기 대승불교의 계바라밀은 재가보살과 출가보살이 공통으로 하지만 재가보살이 우위에 있으며, 부파불교를 강하게 비판함과 동시에 초기불교의 윤리도덕이라 할 수 있는 십선도를 섭수하고 그것을 보살의 계로 확립함으로써 그 가치를 높여주고 있다.

보살계는 보통 『화엄경』에서 비롯되었다고 하는데 이 경에서 삼취정계가 시작되었기 때문이다. 『화엄경』의 이구지(離垢地)에서는 재가보살의 입장으로 십선도를 계로서 채택하여 삼취정계의 형태

---

36) 平川彰 外, 정승석 역(1999), 『大乘佛敎槪說』, 49.

로 설하고 있다. 삼취정계라는 용어를 직접적으로 사용하지는 않지만 십선계의 각 덕목을 설명함에 있어 그것을 스스로 행할 뿐만 아니라 타인에게도 가르쳐서 행하도록 하고, 다시 그것을 널리 중생에게 미치도록 해야 한다는 입장을 보이고 있다.[37] 여기서는 삼취정계의 형태로 보살계를 설하고 있지만 섭율의계에서는 성문계가 아닌 십선계를 채용하고 있다. 그러므로 『화엄경』의 보살계는 삼취정계로 가는 과도기에 있는 것이다.

또한 초기 대승경전에서는 출가보살의 존재가 좀 더 명료해지면서 십선계를 중심으로 하여 계의 조문 수를 증대시키고 있다.[38] 그리고 『십주비바사론』에서는 성문의 바라제목차를 가미하여 출가보살의 생활규범을 구체적으로 제시하고 있다. 「호계품(護戒品)」[39]에서는 65종의 계와 「해두타품(解頭陀品)」[40]에서는 출가보살이 수행하는 두타행을 언급하고 있다. 또한 「조염불삼매품(助念佛三昧品)」에서는 삼매를 수습할 때의 마음가짐에 대하여 재가보살의 계로서 20조목, 출가보살의 계로서 60조목을 들고 있다.[41] 그러나 『십주비바사론』은 율장의 여러 규칙들을 다수 채용하면서도 한편으로는 "만약 성문지 및 벽지불지에 떨어진다면 이것을 보살의 죽음이라 이름한다. 즉 일체의 이로움을 잃는다"[42]고 설하여 대승의 입장을 견

---

37) 平川彰 外, 정승석 역(1999), 『大乘佛敎槪說』, 256.
38) 『대보적경(大寶積經)』의 「선비보살회(善臂菩薩會)」와 「무진혜보살회(無盡慧菩薩會)」, 『대수긴나라왕소문경(大樹緊那羅王所問經)』, 『대집경(大集經)』의 「무진의보살품(無盡意菩薩品)」, 『화엄경』의 「정행품」, 『보살내계경(菩薩內戒經)』 등이 계바라밀의 조문수를 증가시키고 있다.
39) 『十住毘婆沙論』 권16(T26, 109c-110b).
40) 『十住毘婆沙論』 권16(T26, 111bc).
41) 『十住毘婆沙論』 권12(T26, 87ab).
42) 『十住毘婆沙論』 권5(T26, 41a).

지하고 있다. 더욱이 『대지도론』에서는 계바라밀에 대한 설명에서 십선계를 총상계(總相戒)로 하여 구체적인 계율로서 250계를 설정하고 백사갈마의 수계 작법도 채용하고 있다.[43]

대승불교가 점차 재가보살에서 출가보살 중심으로 바뀌면서 십선계는 대승의 계로서 부족한 점을 드러내게 된다. 출가자의 의식주 등의 모든 규정을 나타내기에는 역부족이었던 것이다. 그래서 보살계 가운데 성문계를 받아들이고 부족한 점을 보충하여 실행하게 된다. 이것은 대승과 소승의 융합이라 할 수 있다. 중기 대승계경 가운데 『대반열반경(大般涅槃經)』에서는 처음으로 성문계와 보살계를 구별하고 분명하게 성문계에 대해서 대승계, 즉 보살계에 포함시키고 있다. 이것에 의하면 보살계의 성립은 『열반경』의 성립시대부터 시작되었다고 할 수 있다. 이 경전에서는 지계가 최고의 깨달음과 직결되고, 또 그 지계의 효과가 널리 중생에게 미치도록 해야 한다고 설하고 있다.

그리고 유가계 경전에서는 삼취정계 가운데 섭율의계에 칠중(七衆)의 별해탈율의(別解脫律儀)를 채택하여 출가보살의 존재를 부각시키고 있다. 성문계를 받아들인 것은 『열반경』에서 비롯되었지만, 『유가사지론』의 「보살지(菩薩地)」에서는 그것을 체계적으로 보살계 가운데 정착시키고 있다. 이에 반해 『보살선계경』에서는 섭율의계, 즉 성문계를 보살계로 인정하지 않고, 오직 섭선법계와 섭중생계만을 보살계로 인정하고 있다. 그러나 보살계 속에 채택된 성문계는 출가보살의 계로서 중요한 위치에 있었다는 것은 분명한 사실

---

43) 平川彰 外, 정승석 역(1999), 『大乘佛敎槪說』, 51.

이다. 유가계 경전은 일상적인 행사에서 성문계를 행함과 함께 섭선법계와 섭중생계를 설함으로써 대승정신에 입각하여 성문계를 행하게 되는 것이다. 따라서 이 계는 대소승인 모두에게 적용될 수 있는 계인 것이다.

다음은 삼취정계 가운데 섭율의계에 성문계를 포함시키지 않고 보살계를 새롭게 제정한 경우이다. 여기서는 성문계와도 완전히 다른 십선도만을 기조로 하는 보살계를 제정하고 있다. 즉 삼취정계의 내용이 모두 대승계이기 때문에 유가계가 성문계를 섭수하여 삼취정계를 설하는 것과는 그 입장이 다르다. 이와 같은 형식의 대표적인 보살계는 『범망경』과 『보살영락본업경』에서 설하는 10중 48경계이다. 이 가운데 10중계가 섭율의계에 해당되며, 중계로서 대표적인 것은 『범망경』의 10중계로 10바라제목차 혹은 10바라이라고 한다. 『범망경』은 『화엄경』의 설을 계승 발전시킨 것으로 그 위에 『열반경』의 사상을 계승하고 있다. 『범망경』은 58계를 설하여 성문계와 별립하고 있지만 아직 삼취정계를 분명히 설명하지 않았기 때문에 『보살영락본업경』은 이를 계승하여 삼취정계의 사상과 그 구체적인 계율인 10중 48경계의 조화를 꾀한다.

보살계는 이상과 같이 변화를 거듭하여 삼취정계로서 확립된다. 여러 단계를 거쳐서 보살계가 완성되기는 하지만 모든 계들이 한결같이 자리이타행을 강조하고 있다. 보살의 자리이타의 행은 자신만을 위한 것이 아니고, 일체 중생들의 이익을 위해서 행해진다. 그래서 소극적인 행선(行善)보다는 적극적인 행선을 권하고 그것이 널리 중생에게 미치도록 해야 한다는 것이다. 그리고 보살이 악행을 범하더라도 일체중생을 위한 자비심에서 행해졌다고 한다면 계를 범하였다고 하지 않고 오히려 공덕이 있다고 한다. 이것은 밖으로 나타난 행위의 결과보다 그 행동을 유발시킨 인간의 마음을 중요시하기 때문에 보살의 파계를 용인하는 것이다. 또한 보살계를 지키면 그 선근으로써 최고의 깨달음을 얻을 수 있다고 하여 보살의 자각을 지향하고 있다. 결론적으로 말하면 대승의 보살계는 지계보다는 중생제도를 목적으로 하며, 마침내는 깨달음과 직결된다는 것이다.

## IV. 나오는 말

대승불교에서 보살계가 성립되는 과정을 살펴보았다. 대승의 이상적인 인간상의 실천행인 보살계의 귀결이라 할 수 있는 삼취정계에 이르는 단계와 발전을 고찰하여 보았다. 보살계인 삼취정계는 삼귀의, 오계, 팔재계, 십선계 등 다양한 계 형태를 거쳐 확립됨을 알 수 있다. 물론 이러한 과정적 발전은 획일적이지도 단순하지도 않다.

초기 부파불교의 재가신자인 우바새·우바이와 대승불교의 재가보살은 삼귀의·오계·팔재계 등을 공유한다. 그러나 그 설명에 있어서는 확실히 다르다. 초기 부파불교의 삼귀의·오계·팔재계는 우바새·우바이를 특징짓는 중요한 요건이 된다. 그 표현과 의미를 달리하면서 점차 완성되어 감을 알 수 있다. 삼귀의·오계·팔재계는 대승불교에 있어서나 재가보살에게 있어서도 가치를 지닌다. 그러나 이는 초기불교와는 확연히 다른 콘텍스트(context)를 갖는다. 대승의 이념인 자리이타의 의미를 가지고 해석되는 것이다. 대승불교의 이상적인 인간상은 보살이다. 보살은 '깨달음을 추구하는 사람'이다. 보살은 자신뿐 아니라 남에 이르기까지 열반으로 이끌어야 한다.

대승의 보살 수행도는 육바라밀이다. 따라서 육바라밀 중 계바라밀이 주목되며 이를 보살계라 한다. 대승불교에 있어서도 삼취정계가 성립되기까지는 여러 단계의 변화과정을 거친다. 초기대승불교 경전에서 몇 가지 종류의 삼취정계의 형태를 볼 수 있다. 크게 삼취정계의 섭율의계에 성문계를 포함시키는 형태와 포함시키지 않는 형태로 나눌 수 있다. 보살계는 여러 단계의 변화를 거쳐 삼취정계로서 확립된다. 그러나 한결같이 자리이타행을 강조하는 특징을 발견할 수 있다. 대승의 보살계는 지계보다는 중생제도를 목적으로 하며, 이것을 깨달음의 완성으로 보기 때문이다.

이 글은 「보살계의 성립에 대한 재고」(『보조사상』 33, 보조사상연구원, 2010, 331-356)를 수정·보완한 것이다.

제8장

# 동아시아 계율 이해 연구

## Ⅰ. 들어가는 말

계율은 불교의 실천 영역이다. 불교교학의 이론을 담아 실천하는 것이 바로 계율이다. 따라서 불교계율에는 불교만의 독자적 특징을 담고 있다. 불교인이 불교계율을 실천하지 않으면 안 되는 이유도 여기에 있다.

계율은 본래 계와 율이 합쳐진 말이다. 인도에서 불교가 성립하면서 계와 율은 본래 다른 용어로 각기 구분하여 사용되었다. 계는 출가자와 재가자가 각각 지켜야 하는 바에는 차이가 있으나 승속 모두에게 요구되는 것이며, 자발적인 의미를 지닌 반면, 율은 출가자에만 해당하는 것으로 출가자가 해서는 안 되는 처벌규정으로 금지적 의미를 가진다. 이러한 율이 제정된 것은 출가 공동체인 승가의 평화와 화합을 유지하여 출가자들이 수행에 전념할 수 있도록 하기 위해서였다.

인도계율은 동아시아 즉 중국, 한국, 일본에 수용되는 과정에서 적지 않은 변화를 겪게 된다. 이는 계율이 처음 만들어졌던 인도 당시와는 다른 시대적 배경·문화·정치·사회가 다르기 때문이라고 생각된다. 인도계율이 중국, 한국, 일본을 거치면서 현실적으로 지킬 수 없는 조문들도 생겨났으며, 반대로 원래의 계율에는 없으나 새롭게 요구되어 지켜야 하는 조문들도 나타났다.

동아시아에서 계율의 전개는 바로 이러한 현실을 반영하는 것이며, 계율의 발전과정이기도 했다. 하지만 여기에서 간과해서는 안 되는 사실은 인도에서 중국, 한국, 일본에 계율이 전승되면서 이들 나라에 적합한 윤리 도덕의식의 틀(paradigm)을 형성 향상시켰다는 점이다. 특히 동아시아에서 출가자를 대상으로 한 소승의 『사분율』과 승속을 구분하지 않는 보살계가 끊임없이 해석되었다는 점이 이를 반증한다.

본 장에서는 동아시아에 계율이 전래되면서 삼국에서 계율의 전개 양상을 살펴보고자 한다. 이를 통해 각 나라별로 계율이 어떻게 수용되고 전개발전 하였는지를 이해하여 보고자 한다. 아울러 그것이 갖는 현대적 의의를 밝혀보고자 한다.

## Ⅱ. 계율의 의미와 전이

계율은 산스끄리뜨어로는 'śīla-vinaya', 빨리어로는 'sīla-vinaya', 티벳어로는 'tshul-khrims ḥdul-ba'이며, 중국어로는 '戒律'로 번역한다. 그러나 계율은 빨리어와 산스끄리뜨 문헌에서는 그 사용 용례를 찾아볼 수 없다. 계율은 중국에서 한역하는 과정에서 통합되었다. 인도에서는 계(śīla)와 율(vinaya)이 전혀 다른 뜻으로 사용되었고, 중국에서 다른 의미를 지닌 말이 계율이라는 한 단어로 쓰이면서 그 본래의 의미를 잃어버렸다.

계(śīla)는 √śīl(명상하다·봉사하다·실행하다)이라는 어근에서 파생된 말이고, '습관성·경향·성격' 등의 의미를 지닌다. 그리고 '좋은 습관·좋은 행위·도덕적 행위' 등의 의미로 사용된다. 『대지도론』에는 '시라라고 하는 것은 여기 말(秦)로 성선(性善)이라고 한다'라고 하여 그 어의를 설명한 다음에 '기뻐하여 선도(善道)를 행하고 스스로 방일하지 않는 이것을 시라라고 한다'[1]고 그 의미에 대하여 밝히고 있다. 본래 시라는 불교만의 용어가 아닌, 인도 종교계에 브라타(vrata, 禁誓·誓戒), 삼와라(saṃvara, 律儀·護) 등과 더불어 종교적 행위를 나타내는 보편적 용어로 사용되었던 단어였다.[2] 이처럼 여러 종교에서 쓰고 있던 말을 불교에서 받아들여 계라고 한 것이다. 계는 단순히 금지적인 조문이 아닌 자발적으로 악을 멀리하고자 하는 강한 정신력을 가리키는 말이다. 이 계는 출가자와 재가자

---
1) 『大智度論』 권13(T25, 153b).
2) 平川彰, 석혜능 역(2003), 『원시불교의 연구』, 130.

모두에게 해당되며, 개인의 자발적인 의지 및 결의를 나타낸다. 율(vinaya)은 vi-√nī라는 어근에서 파생된 말이고, '이끌어 가다·가지고 가다·제외하다' 등의 의미가 있다. 또한 '훈련하다·교육하다'라는 의미에서 '규칙'의 의미를 갖는다. 한역에는 '조복(調伏)'이라는 역어로 나타나기도 하는데, 이것은 훈련의 의미를 포함하고 있다.[3] 또한 『비니모경』에서는 "비니(毘尼)는 멸(滅)이라 한다. 모든 악법을 멸하기 때문에 비니라고 한다"[4]고 말하며, 멸(滅)이라 해석하고 있다. 또한 "비니에는 무릇 다섯 가지 뜻이 있다. 첫째는 참회(懺悔), 둘째는 수순(隨順), 셋째는 멸(滅), 넷째는 단(斷), 다섯째는 사(捨)이다"[5]라고 해석하고 있다.

율장에서는 율이 '승가의 규칙'이란 의미로 쓰이고 있다. 율은 바라제목차(prātimokṣa)와 건도부에 있다. 바라제목차는 금지적인 성격을 지니므로 지지계(止持戒, vāritta-sīla)라고 하며, 건도부에 설해진 승가의 운영규칙은 비구들이 단체로서 행동하는 규칙이므로 작지계(作持戒, cāritta-sīla)라고 한다. 율은 승가의 화합과 질서를 위해 필요한 강제적이고 객관적인 규칙이다.

그러나 율은 이와 같이 절대적 강제성을 가지기에 시대와 장소에 따라 율이 현실에 적합하지 않은 경우에도 강제로 지켜야 하는 폐단이 생기기 쉽다. 본래 율은 그 자체로 볼 때 가치를 지니는 것은 아니다. 그러기에 계를 도와 수행을 증진시키는데 의의를 찾을 수 있다. 율의 조문 자체에서 시대와 장소를 떠난 보편타당성

---

3) 신성현(2002), 『대승계율연구』, 30.
4) 『毘尼母經』 권1(T24, 801a).
5) 『毘尼母經』 권7(T24, 842a).

을 주장하는 것은 바르지 않다. 어떤 의미에서는 율을 절대시하는 것은 계의 방치가 될 수 있다. 그렇다고 하여 율을 상식과 편리에 따라 개변하거나 부정해서는 더 더욱 안 된다. 율의 가치는 계의 입장에서 살아나는 것이다. 또한 계의 정신은 율의 입장에서 준수될 때 참다운 것이 된다. 계와 율은 서로 보완성을 간직하고 있어 계의 정신이 율의 입장에서 나타날 때 율의 조문은 계의 정신에서 살아날 때 가치 있는 것이 된다.

계와 율은 상보성을 지니기 때문이다. 이러한 계와 율의 상호보완성은 일찍부터 인도불교에서 시작되어 왔으며 중국이나 한국에서 계율이라는 단어로서 되살아 난 것이다.[6]

이상과 같이 초기불교 문헌에서는 계와 율을 분명하게 구분하여 설명한다. 계는 주관적인 개인의 결의로 범계(犯戒)에 대한 벌칙이 없으며, 세간의 윤리도덕에 해당하고 자발적인 면이 강조되고 있다. 율은 승가라는 공동체의 규칙으로 범계에 대한 경중(輕重)의 벌칙을 받으며, 세간의 법률에 해당하고 타율적인 규범이다. 윤리도덕적인 면이 강한 재가자의 오계와 팔재계, 출가자의 계로서 윤리적인 면은 경전에서, 비구·비구니의 구족계와 승가의 운영규칙은 율장에서 설하고 있다.

대승경전에서는 보살의 수행덕목인 육바라밀 가운데 계바라밀로서 십선계와 삼취정계를 설하고 있다. 중국불교와 한국불교 등에서는 계율을 혼용하여 사용하였는데, 불교도가 지켜야 할 모든 계가 포함된다고 할 수 있다.

---

6) 신성현(2002), 『대승계율연구』, 47.

## Ⅲ. 동아시아 계율의 전개

### 1. 중국의 계율 수용

중국에서는 계와 율을 나누지 않고 계율이라는 한 단어로 사용하였다. 계율은 경전을 번역하는 과정에서 만들어진 새로운 용어이다. 계율이 의미하는 말은 시라의 의미보다는 승가의 규칙, 즉 바라제목차를 일컫는 말로 사용되었다. 이 단어는 한국과 일본에도 지대한 영향을 미쳐 그대로 수용하게 되었다. 『범망경』이 번역되어 유통된 후에는 성문계보다는 범망계가 중국불교에서 우위를 차지하였고, 이에 대한 연구가 활발히 진행되었다. 『고승전』에서는 담가가라(曇柯迦羅)가 낙양에서 『승기계심(僧祇戒心)』을 번역하고, 이에 의거해 갈마법을 세워서 수계를 행한 것이 수계의 시초이며 중국불교 계율의 시작이었다.[7]

여산에서 백련사(白蓮社)를 결성하여 중국 정토교의 개척자로서의 역할을 한 혜원(慧遠, 334~416)도 계율을 중시하였다. 혜원 자신뿐만 아니라 여산에 사는 대중들은 하나 같이 계율을 잘 지녔다고 전한다. 환현(桓玄)이 승단을 가려내기 위해 명령을 내리는 과정의 내용을 보면, "사문 가운데 능히 경전의 가르침을 펴고 진술할 수 있고 의리를 유창하게 설법할 수 있거나 혹 금행(禁行)을 반듯하게 닦아 큰 교화를 베푸는데 기여할 수 있는 사람을 제외하고 이

---

7) 『高僧傳』 권1(T50, 325a).

에 어긋나는 스님들은 모두 스님 생활을 그만두게 하여 돌려보내라. 오직 여산만은 도덕이 자리 잡은 곳이니, 이번의 수사하고 가려내는 예에서 제외된다"[8]라고 하며 여산을 제외시키고 있는 것을 볼 때 여산의 계율 풍토를 엿볼 수 있다. 또한 혜원은 환현이 사문들을 왕권 하에 예속시키기 위하여 사문이 왕자(王者)에 대하여 예배해야 한다고 함에 대하여 『사문불경왕자론』을 지어서 사문은 왕자에게 예배를 할 필요가 없다고 주장하여 사문의 자세를 강조하였다.[9] 이것은 중국전통의 예교질서(禮敎秩序)와 외래종교인 불교의 계율이 서로 충돌하는 모습을 보여주는 것이라 할 수 있다.[10] 그리고 광률이 5세기 초에 전래되어 번역되기 시작하였다. 『십송률』을 시작으로 『사분율』·『마하승기율』·『오분율』·근본설일체유부율이 번역되었다. 이로써 중국불교는 오부율(五部律)이 완전히 갖추어졌으며, 율에 대한 본격적인 연구가 성행하게 되었다. 이 가운데 『십송률』이 먼저 유통되었고, 이어 『사분율』이 성행하여 중국불교의 교단에 지대한 영향을 미쳤다. 6세기경부터는 『사분율』이 크게 연구 유통되었고, 당대에 이르러서는 도선(道宣, 596-667)·법려(法礪, 569-635)·회소(懷素, 624-697)의 3인이 배출되어 사분율종의 기초를 확립하게 된다. 『사분율』은 율종이 개종되면서 소의경전이 되었고, 많은 율사들이 배출하여 이에 대한 수많은 주석서를 남겼다. 율종에서는 도선이 가장 대표적인 인물로서, 율종의 교리를 확립하고 남산율종(南山律宗)을 열었다. 이 밖에 법려는 상부종(相部宗)을, 회소는 동탑

---

8) 『高僧傳』 권6(T50, 360b).
9) 『高僧傳』 권6(T50, 360bc).
10) 鎌田茂雄, 정순일 역(1996), 『중국불교사』, 81.

종(東塔宗)을 열어 율종은 삼종(三宗)으로 분파되었다. 분파의 원인은 계체에 관한 이론의 차이 때문이었다. 그 중에 도선이 이끄는 남산율종이 크게 번성하였다.

도선은 계를 지지계(止持戒)와 작지계(作持戒)로 구분하고 그 교리를 계법(戒法)·계체(戒體)·계행(戒行)·계상(戒相)의 사문(四門)으로 나누고 있다.[11] 계법은 부처님이 제정한 계율로서 불살생·불투도·불음행·불망어·불음주 등을 말하고, 계체는 계법을 받은 후 신심(身心)에서 계의 본체를 발휘하는 것으로 모든 행을 발생시키는 근본, 즉 그름[非]과 나쁨[惡]을 막는 근본적인 역할을 체라고 한다. 예를 들면 불음계를 받으면 뒤에 술을 마시는 것을 억제하게 되는데 이것을 계체라고 한다. 계행은 계를 보존하고 실천하는 것으로 계를 받은 사람이 계법의 조목에 따라 널리 방편을 닦으면서 삼업을 수행하는 것이다. 계상은 계의 내용과 차별로 오계·십계·250계 등의 조문의 상(相)을 말한다.

중국의 남쪽지방에서는 대승보살계가 널리 유행하였다. 『보살영락본업경』·『범망경』·『보살지지경』·『보살선계경』 등이 번역되어 유통되었다. 이 가운데 『범망경』은 중국에서 찬술된 위경이라는 주장이 제기되었다. 특히 삼취정계가 설해져 있는 『보살지지경』은 『범망경』과 더불어 중국에서 중요시되어 유행하고 연구되었고, 『범망경』에 대한 많은 주석서가 쓰여 졌다. 양나라 혜교(慧皎, 497-554)의 『범망경소』, 지의(智顗, 538-597)의 『보살계의소』 2권, 법장(法藏, 643-712)의 『범망경보살계본소』 6권, 지주(智周, 668-723)의 『범망경의기소』

---

11) 『四分律刪繁補闕行事鈔』 권中1(T40, 50ab).

등이 있다. 『범망경소』는 현존하지 않으므로 『보살계의소』가 현존하는 주석서 가운데 가장 오래된 것이라 할 수 있다.

『범망경』의 본래 제목은 『범망경노사나불설보살심지계품제십』이며, 그 내용은 『보살지지경』과 비슷하며, 중국의 계율사상에 미친 영향은 지대하다. 이 경의 상권에는 노사나불에 대한 설명과 십발취심(十發趣心)·십장양심(十長養心)·십금강심(十金剛心)·십지(十地)의 보살 수도의 사십위(四十位)에 대한 설명이 있다. 하권에는 십무진장계품(十無盡藏戒品)을 설하겠다고 하여 10바라이와 48경구죄를 설하고 있다. 여기에서 비록 바라이라는 말이 사용되고는 있지만, 율은 아니다. 10바라이란 바라이죄 10조를 나열한 것이다. 바라이란 근본 율장에서는 교단에서 추방되는 죄를 의미하지만, 『범망경』에서는 "십중계를 범한 사실이 있으면 가르쳐서 참회하도록 해야 한다"라고 하며 바라이는 지옥에 떨어지는 죄로 설명하여 율장에서의 바라이와 이해를 달리한다.

십중(十重)은 ① 고의로 모든 생명 있는 것을 죽이는 것을 금한다[快意殺生戒], ② 남의 것을 훔치는 것을 금한다[劫盜人物戒], ③ 자비심 없이 음욕을 행하는 것을 금한다[無慈行欲戒], ④ 고의로 망어를 하는 것을 금한다[故心妄語戒], ⑤ 술을 사고파는 것을 금한다[沽酒生罪戒], ⑥ 타인의 허물을 말하는 것을 금한다[談他過失戒], ⑦ 자신을 칭찬하고 남을 비방하는 것을 금한다[自讚毀他戒], ⑧ 욕심을 내어 구하는 사람에게 수치심을 주는 것을 금한다[慳生毀辱戒], ⑨ 성을 낸 사람의 사죄를 받지 않는 것을 금한다[瞋不受謝戒], ⑩ 삼보를 비방하는 것을 금한다[毀謗三寶戒]를 말한다.

사십팔경계(四十八輕戒)는 스승 혹은 덕 있는 사람을 공경하지 않음을 금한다[不敬師長戒]·술 마시는 것을 금한다[飮酒戒]·고기 먹는 것을 금한다[食肉戒]·다섯 가지 매운 것을 먹는 것을 금한다[食五辛戒]·계를 범한 사람을 가르쳐서 참회시키지 않는 것을 금한다[不擧敎懺戒] 등 48가지의 계를 금하고 있는데, 식육과 식오신(食五辛)의 금지, 방생의 권유, 명리사욕(名利私辱)의 금지, 추선공양(追善供養), 일상행의(日常行儀)의 규정 등은 후세에 많은 영향을 끼쳤다. 『범망경』의 계는 범망계라고 하는데, 그 특징은 재가와 출가를 불문하고 수용하고 있다는 점에 있으며, 또한 자기의 불성을 개발하는 것을 목적으로 하는 불성계라는 것에 있다. 즉 부모(父母)·사승(師僧)·삼보(三寶) 등에 대한 효순을 권장하는 것, 자비를 강조하여 "중생이 불계(佛戒)를 받으면 곧 제불의 지위에 들어간다"고 설하고, 불자의 자각에 입각하여 보살도를 실천하는 것을 기초로 하는 계이다. 또한 이 계를 통하여 붓다의 자비의 극치를 볼 수 있다. 즉 범망계는 대승계의 진면목인 섭율의계·섭선법계·섭중생계 등 삼취정계의 본의(本義)를 구비하고 있으며, 적극적인 작선(作善)을 강조하여 타인을 교화 인도하는 대방편의 진의를 함축하고 있다. 그리고 "효를 이름하여 계라고 한다"고 설하는 등 중국적인 색채를 너무 강하게 띠고 있다는 것이다.[12]

천태종의 지의는 스스로도 계율을 철저히 지켰으며, 제자들에게도 계를 잘 지키도록 지도하였다고 한다. 지의는 임종 직전에 제자들에게 다음과 같이 말하였다고 한다.

---

12) 불교신문사 편(1997), 『불교경전의 이해』, 454-455.

"계란 마음의 말을 제어하기 위한 것이다. 비록 5부의 율을 수지한다고 해도 관심(觀心)을 하지 않으면 마음의 말은 끝내 조복되지 않는다."[13]

천태에게 있어 계행은 도를 얻기 위한 필수조건이다. 그러나 청정한 계를 지키고 관심을 하지 않는다면 궁극적인 깨달음을 얻을 수 없음을 말하고 있다. 또한 삼매가 일어나기 위해서는 반드시 계행이 청정해야 하지만 방심하여 계[14]를 범하였을 경우 진정으로 참회를 하면 계품이 청정해져서 삼매가 일어날 수 있다고 하였다. 그리고 『마하지관』에서는 파계를 하면 전생의 업을 촉발시켜 병이 난다고 하여 경계시키고 있다.[15]

지의는 계를 권계(權戒)와 실계(實戒)로 나누고 있다. 『법화현의』에서는 오계와 팔계·십계·구족계 등의 성문계와 『유가사지론』, 『보살선계경』 등에서 말하는 보살계를 모두 삼승에 공통하는 권계라 하고, 범망보살계를 계외(界外)의 보살이 설한 실계라 말하고 있다. 이 실계는 또한 상대적이어서 삼승의 권교를 열어 일승의 실교로 귀입(歸入)할 때 모든 계율이 그대로 절대묘계(絶待妙戒)가 된다. 『마하지관』에서는 구체적인 형식에 의한 사계(事戒)와 계상에 머물지 않고 공(共)·가(假)·중(中) 등 세 가지 관에 안주하는 이계(理戒)로 나누고, 전자는 천·인·아수라 등 삼취(三趣)의 과보를 얻는다고 하고, 후자는 삼승 및 사교(四敎)의 보살에 배대된다고 하였다.[16] 이와 같

---

13) 『觀心論』(T46, 585b).
14) 『釋禪波羅蜜次第法門』 권2(T46, 485a).
15) 『摩訶止觀』 권8 上(T46, 107c).
16) 『摩訶止觀』 권4 上(T46, 39a).

이 천태종에서는 일체계를 절대원돈의 묘계(妙戒)라고 말하고 있다.

지의는 제자들을 지도하기 위하여 10조목의 입제법(立制法)을 제정하였다. 입제법은 십중계(十重戒)를 제외하고 처벌규정이 없는 사십팔경계(四十八輕戒) 가운데 특히 수행생활과 관계된 것만을 골라 새롭게 계목을 정하고 있다. 여기에는 『사분율』의 규정도 포함하고 있다. 처벌규정은 승가에서 내보내는 것, 유나직을 한 번 맡는 것, 10번의 예불과 대중에게 참회, 3번의 예불과 대중에게 참회, 30배와 대중에게 참회하는 다섯 가지 방법이 있다. 재가불자에게 계를 줄 때는 『범망경』에 의지하여 십중사십팔경계를 주었다고 한다.[17]

화엄종의 법장은 『범망경보살계본소』에서 모든 경전을 화교(化敎)와 제교(制敎)로 구분하였다.[18] 화교는 일체 중생을 교화하기 위한 대소승의 모든 경전의 교법을 말하며, 불(佛)·보살(菩薩)·제자(弟子)·신선(神仙)·변화인(變化人) 등 5종인이 설할 수 있다고 하였다. 제교는 신·구·의 삼업으로 짓는 악업을 제지하고 실천 수행함으로 깨달음에 이르게 하는 율법을 말하며, 부처님만이 설할 수 있다고 하였다. 또 『화엄경』과 『범망경』을 일체시 하지 않고 양자의 구별을 명확히 하였다. 이는 법장이 화엄교의 우월성을 강조하는 입장이었음을 보여주는 것이다. 법장은 『범망경』이 제교에 속하는 것으로 보았다. 『범망경』의 보살계는 보살만을 위한 것이 아니라 5종성 모두가 실천할 수 있는 것으로 보았으며, 계율의 조목 주석

---

17) 최기표(2006), 「초기 천태교단의 계율」, 『한국불교학』 45, 107-114.
18) 『梵網經菩薩戒本疏』 권1(T40, 603b).

에서도 유가계를 실교(實敎)가 아닌 권교(權敎)로 보고 거의 인용을 하지 않았다. 결국 법장이 범망보살계를 보는 관점은 화엄교를 절대시하는 바탕 위에 서 있는 것이다. 그리고 일체보살이 보살계를 구족하면 신(信)과 행(行)을 이루고 십주(十住) 등의 보살위에 오른다고 하였다. 또한 『대지도론』의 글을 인용하여 삼취정계를 다음과 같이 정의하고 있다.

> "첫째 율의(律儀)는 허물을 여의고 끊는 덕으로 법신을 나타내고, 둘째 섭선(攝善)은 만행의 선을 닦음으로써 지혜의 덕인 보신을 이루며, 셋째 섭중생계(攝衆生戒)는 중생에게 은혜의 덕을 베풀어 화신을 이룬다."[19]

법장은 삼취정계를 삼신(三身)에 배대하여 해석을 하고 있다. 선종은 8-9세기에 걸쳐 교단의 세력이 커지고 발전함에 따라 독자적으로 교단생활을 유지할 규범이 필요로 하였다. 그래서 청규를 제정하여 종래의 계율에 의한 수행보다는 청규에 의해서 교단을 운영하고 수행생활을 하였다. 청규는 율장의 건도부에 해당한다고 볼 수 있다. 시대 요청에 따라 율장의 형태로서 선림의 규범을 규정한 것이 바로 청규인 것이다. 선종은 수행승들의 집단적인 수도생활의 규범과 주체적인 교단의 조직 및 운영 등을 위해 체계적으로 성문화한 백장청규의 등장과 함께 안으로는 기반을 정비시키고 정착시켰다. 또한 선종은 처음으로 백장회해(百丈懷海, 749-814)에

---

19) 『梵網經菩薩戒本疏』 권1(T40, 604b).

의해서 선종교단으로서 독립되었다. 백장은 그 당시 선종의 수행이 전통적인 계율로는 적합하지 않다고 생각하고 대소승의 계율을 절충하여 그 정신을 살리고 현실생활에 적합한 규범을 제정하여 수행에 힘쓰도록 하였다. 그리고 청규는 생산노동을 규정하고 있다는 점에 독자성이 있다. 인도불교에서는 생산 활동을 율로써 금지하고 있으나 중국선종은 노동도 수행으로서의 좌선과 동일시하여 수행의 중요한 덕목으로 삼았다. 교단의 경제적인 자급자족의 수행생활은 불교가 중국사회에서 잘 적응한 예로 중국불교의 일대혁신을 일으켰다.

## 2. 한국의 계율 전개

삼국시대 가운데 불교가 제일 먼저 공인된 나라는 고구려이다. 고구려에 불교가 전래된 것은 소수림왕 2년(372)에 전진(前秦)의 부견(符堅)이 사신과 승려 순도(順道)에게 불상과 경문을 보내온 것에서 시작한다. 이후에 초문사(肖門寺)를 창건하여 순도를 머무르게 하고, 이불란사(伊弗蘭寺)를 창건하여 아도를 머무르게 한 것이 국가에서 공식적으로 불교를 수용한 것이며 불사(佛寺)의 기원이 되었다. 그러나 불교는 이미 공인되기 이전부터 민간에 유포되었을 것으로 추정된다.

고구려 불교에서 계율에 관한 기록은 그다지 남아있지 않다. 고구려에 불교가 전래된 지 20년 뒤 담시(曇始)가 태원(太元)의 말기에 경률 수십부(數十部)[20]를 가지고 와서 불교를 크게 홍포하고 삼귀의

계와 오계를 세워 교화하였다는 설에서 유추하여 볼 수 있을 뿐이다. 담시가 전했다는 경률에 관해서는 전해지는 것이 없다. 고구려에 경률이 전해진 시기는 중국에서 광률이 번역되지 않은 시기로 고구려에 전해진 율은 계본과 갈마법에 관한 것이었을 것으로 추정된다. 그 당시 중국에서는 『승기율』과 『사분율』의 계본에 의거하여 수계가 이루어졌던 만큼 고구려에 전해진 율도 이와 같은 것으로 삼귀오계에 의한 수계가 이루어졌을 것이라 추정된다. 그리고 고구려는 팔관재법회가 성행하여 재가자들이 8재계를 수지했던 것으로 보인다. 신라 진흥왕 12년(551)에 고구려의 고승인 혜량에 의해서 백고좌법회와 팔관재법회가 열렸다는 기록이 있는 것을 보면 고구려에는 이전부터 팔관재가 널리 행해졌다는 것을 알 수 있다. 또한 『삼국유사』 권3[21])에 의하면, 고구려 말기에 석보덕(釋普德)에 의해 『열반경』이 강설되었다고 한다. 이로 미루어 보아 고구려에 이미 대승계가 알려졌을 것으로 추정된다. 백제는 제15대 침류왕 원년(384)에 마라난타(摩羅難陀)가 동진으로부터 건너와 불교를 전하여 시작되었다고 한다. 이때 왕이 융성한 대접을 하였다고 전해지고 있는데, 이것은 백제에 이미 불교가 알려져서 잘 알고 있었다는 것을 의미한다. 백제는 궁에 스님을 모시고 교설을 듣고 불사를 일으키고 승려들을 득도시키는 등 적극적으로 불교를 수용하였다. 백제불교는 특히 계율을 중심으로 발전하였다. 이는 계율을 매우 중요시하였던 동진불교의 영향을 받았기 때문이라고 생각된다. 그리고 일본불교의 계율의 기틀을 마련해 주었다.

---

20) 『高僧傳』 권10(T50, 392b).
21) 「高麗靈塔寺條」 『三國遺事』 권3(T49, 990a).

백제에서 본격적으로 계율이 연구된 것은 겸익(謙益)에 의해 시작되었다. 겸익은 인도에서 범문과 율을 배우고 귀국할 때 5부 율문을 가져와 번역하였다. 이때 율부(律部) 72권이 번역되었고, 담욱(曇旭)과 혜인(惠仁)에 의해 율소(律疏) 36권이 저술되었다. 이에 왕이 비담(毘曇)과 신율(新律)의 서문을 직접 짓고, 새로 번역된 불전을 태요전(台耀殿)에 봉장하였다고 한다.[22] 또 백제는 6세기 중후반에 일본에 불교를 전파하였다. 불경과 불상, 경사(經師), 율사, 선사 등을 보내어 법을 전하고, 조소, 회화, 조사(造寺) 등의 기술을 전수했다고 한다.[23] 일본에서는 선신니(善信尼) 등 여러 명의 사미니를 백제로 유학을 보냈다. 이들은 3년 동안 율을 익히고 구족계를 받았다고 한다. 이것으로 미루어 보면 백제에서는 이미 구족계 의식이 시행되고 있음을 알 수 있다. 백제는 일찍부터 계율의 연구가 성행하였고, 계율을 중심으로 불교가 발전하였지만, 그 구체적인 내용은 전해지고 있지 않으므로 알 수가 없다. 또 백제에는 보살계가 널리 알려졌던 것으로 보인다. 제29대 법왕(法王) 원년(599)에는 조령(詔令)을 내려 살생을 금지시키고, 민가에서 기르는 매의 종류를 놓아주게 하였으며, 고기 잡고 사냥하는 도구를 불살라 살생을 일체 금지시켰다고 한다.[24] 이는 보살계에서 모두 금지하는 계이다. 이러한 사실에 미루어 백제는 국가에서 불교의 계율을 실생활에 적극적으로 수용하여 지키도록 하였던 것을 알 수 있다.

신라는 제23대 법흥왕 14년(527)에 이차돈의 순교 이후 불교가

---

22) 이능화, 「彌勒佛光寺事蹟」, 『朝鮮佛敎通史』 상(서울: 경희출판사, 1968), 33-34.
23) 黃有福·陳景富, 권오철 역(1995), 『한중 불교문화 교류사』, 132-133.
24) 「法王禁殺條」, 『三國遺事』 권3(T49, 988b).

받아들여져서 국가적 신앙으로 발전하였다. 진흥왕은 불교 이념에 의해서 정책을 펼쳐나갔고, 불교는 국교로서 터전을 마련하였다. 신라는 삼국 가운데 율학의 흥기가 가장 늦었지만 가장 급속도로 발전하였다. 신라시대에는 성문계에 대한 연구가 활발했지만, 자장이 수계(授戒)하고 보살계본을 설하였다는 기록 등에서 특히 보살계가 성행했음을 알 수 있다. 또 신라에서는 고구려에서 온 혜량(惠亮)에 의해 처음으로 백고좌법회와 팔관재법회가 행해졌다고 한다. 팔관재법회는 팔재계를 근거로 하는 행사이기 때문에 신라에서도 불교가 전래된 초창기부터 포살과 수계의식이 행해졌던 것 같다. 그리고 진흥왕은 전쟁터에서 죽은 병사들의 망령을 추도하기 위하여 국가적으로 팔관재회를 베풀었다.

 신라의 율학은 원광과 자장에 의해 기틀이 마련되었으며 발전하였다. 원광(圓光, 550-630 또는 640)은 세속오계(世俗五戒)를 화랑도에게 주는 과정에서 불교에 열 가지 조목으로 된 보살계가 존재한다는 사실을 말하고 있다. 열 가지 조목의 보살계는 『범망경』의 십중계를 말하는 것으로 원광은 보살계를 이미 알고 있었던 것으로 보인다. 원광은 세속오계를 제정하면서 신라가 처해있는 현실을 생각하지 않을 수 없었다. 재가자에게 현실성이 없고 지키기 어려운 계율을 지키라고 강요한다면 그들은 강하게 거부할 것이라 생각하였다. 그래서 원광은 보살계를 새롭게 해석하여 화랑도가 지킬 수 있는 새로운 오계를 제정하였다. 세속오계는 '임금은 충성으로 섬기고[事君以忠], 어버이는 효로 섬기고[事親以孝], 벗은 믿음으로 사귀고[朋友有信], 전쟁에 임해서는 물러나지 않으며[臨戰無退], 살생은 가려서 해야 한다[殺生有擇]' 다섯 가지 계이다. 이 가운데 살생유택은 불살생의 금계를 시대상황에 맞게 변형시킨 것으로 봄과 여름 및 육재일(六齋日)에는 살생을 하지 말고, 소·말·닭·개 등의 가축은 죽이지 말며, 잘게 썬 고기 한 점보다 작은 미물(微物)들은 죽이지 말라[25]는 등으로 살생을 최소화할 것을 말하고 있다. 세속오계는 당시 사회 윤리관을 표명한 것으로 국가와 사회의 현실적인 이익을 바탕으로 하고 있다. 세속오계는 시대적 산물의 대표적인 계율이라 할 수 있을 것이다.

자장은 한국 율종의 개창조로서 "나는 하루를 계율을 지키다가 죽을지언정 일생을 파계하면서 살기를 원하지 않는다"[26]라고 하며 계율을 자신의 목숨보다도 귀중하게 여겼다고 한다. 자장은 대국통(大國統)이 된 이후에 승니의 기강을 바로잡고 교단을 총관(總管)하였으며, 통도사를 창건하고 금강계단을 세워 수계의식을 할 수 있도록 하는 등 신라불교 율학의 기틀을 확립하였다. 『삼국유사』에서는 자장이 황룡사에서 칠일칠야(七日七夜) 동안 보살계본을 강설하였음을 밝히고 있다.[27] 이 사실은 자장이 출가자와 재가자의 계율을 구분하고, 성문계의 토대 위에 보살계를 연구하고 선양하였음을 알 수 있는 대목이다. 자장은 보살계를 대중에게 알리는데 적극적으로 노력하였으며, 이로 인하여 보살계는 신라에 본격적으로 전파되었을 것이다. 자장의 보살계 강설은 시대적 요구에 부응한 것으로 금계 위주의 성문계보다는 적극적인 보살계가 신라가

---

25) 「列傳」第5, 貴山, 『三國史記』권45.
26) 『續高僧傳』권24(T50, 639a).
27) 「慈藏定律條」, 『三國遺事』권4(T49, 1005b); 『續高僧傳』권24(T50, 639c).

처한 현실에 보다 적합하다고 생각했기 때문일 것이다. 또 『속고승전』에 의하면, 자장은 꿈에 도리천에서 온 두 명의 장부에게 오계를 받은 후, 한 달 동안 나라 안의 남녀노소에게 오계를 주었으며,[28] 만년(晚年)에는 5부 대중에게 각기 구습(舊習)을 증장케 하고, 다시 강관(綱管)을 두어 감찰을 하고 유지하게 하였으며, 반 달마다 계를 설하고 율에 의해 참회하게 하였으며, 봄과 겨울에 총체적으로 시험하여 지키고 범한 것을 알게 하였다고 한다.[29]

신라시대는 특히 계율에 대한 연구가 활발하였다. 통일신라 이전에는 성문계인 『사분율』을 중심으로 연구되었고, 삼국이 통일된 후에는 대승의 범망보살계가 중점적으로 연구되었다. 그 중심에 원효(元曉, 617-686)가 있는데, 『범망경종요』 1권, 『범망경소』 2권, 『범망경약소』 1권, 『범망경보살계본사기』 2권, 『보살계본지범요기』 1권, 『영락본업경소』 3권, 『사분율갈마소』 4권 등의 많은 저술을 하였다. 원효는 여러 분야의 저술을 남겼지만, 성문계와 보살계에 대한 연구도 가장 활발히 하였다. 성문계의 주석서는 현존하는 것이 없고, 현존하는 것은 대부분 보살계에 대한 주석서로, 원효에 의해서 『범망경』의 연구가 본격적으로 이루어졌음을 알 수 있다.

원효는 『보살계본지범요기』에서 계는 근원으로 되돌아가는 방편이라고 말하고 있다. 즉 "보살계란 흐름을 거슬러서 근원으로 돌아가게 하는 큰 나루[大津]이며, 삿된 것을 제거하고 올바른 것에 나아가게 하는 요문이다"[30]라고 하였다. 이 말은 계가 깨달음을

---

28) 『續高僧傳』 권24(T50, 639b).
29) 『續高僧傳』 권24(T50, 639c).
30) 『梵網經菩薩戒本持犯要記』(H1, 581a).

얻기 위한 수행방편임을 강조한 것이다. 또한 원효는 『범망경보살계본사기』에서 깨달음을 얻기 위한 계행으로서 삼취정계의 구족을 강조하고 있다. 범망계에 내재하고 있는 삼취정계를 해와 달로 비유하여 그 필요성을 강조하고 있다.

계가 해와 달처럼 밝다고 한 것은 간략히 세 뜻이 있다. 첫째는 해와 달의 자체는 염(染)을 떠나고 정(淨)을 밝게 하기 때문에 또한 능히 저 어둠을 깨뜨리고 물체를 드러나게 한다. 계도 또한 이와 같아서 자체가 더러움을 버리고 밝고 맑아서 번뇌의 어두운 법과 장애를 깨뜨려 불성과 여래장 등의 물질을 나타내기 때문에 마땅히 저 해와 달의 뜻에 비유를 하였다. 둘째는 해는 열로써 성품을 삼고, 달은 서늘한 것으로써 성품을 삼는다. 만일 해만 있고 달이 없으면 모든 싹은 타서 열매가 생기지 않는다. 또한 달만 있고 해가 없으면 온갖 싹은 즉시 썩을 것이다. 계도 또한 이와 같다. 만약 비록 섭율의계와 섭선법계만 있고 섭중생계가 없다고 한다면 오직 자리행만 있고 이타행이 없어서 이승과 같기 때문에 무상보리의 풍성한 과실이 생기지 않는다. 만약 비록 섭중생계만 있고 섭율의계와 섭선법계가 없다고 한다면 오직 이타만 있고 자리행이 없어서 도리어 범부와 같기 때문에 능히 보리의 싹이 나지 않는다. 지금 해와 달이 다 있기 때문에 능히 싹은 썩지도 않고 타지도 않는다. 계도 또한 이와 같아서 능히 삼취정계가 갖추어져 있기 때문에 범부나 이승과 같지 않으며 능히 무상보리의 3종의 과를 감득할 수 있다.[31]

이상의 내용은 계율이 번뇌를 깨뜨릴 수 있으며, 범망계에 내재되어 있는 삼취정계를 구족할 때 깨달음을 얻을 수 있음을 밝힌 것이다. 즉 삼취정계에 자리행과 이타행이 함께 갖추어져 있기 때문에 무상보리를 얻을 수 있다는 것이다. 원효의 계율관은 범망계를 그 중심으로 하고 있다. 범망계는 출가자와 재가자 모두에게 적용되는 계율로서 지범(持犯)의 판단기준은 표면적인 행위보다는 중생제도라는 내면적 동기에 두어 더욱 중요시하고 있다. 원효는 『범망경』과 『화엄경』을 일승교로 보고, 『화엄경』은 일승만교(一乘滿敎), 보살도의 실천을 강조하는 『범망경』은 일승분교(一乘分敎)로 구분하였다. 또한 중관과 유식을 삼승통교(三乘通敎)에 배당하여 『범망경』은 『화엄경』에 버금가며, 유가·유식보다는 뛰어나다고 보았다.

의적은 『범망경보살계본소』에서 "계는 덕의 근본이요, 도는 그로 말미암아 생긴다. 따라서 깨달음의 종자를 흥하게 하고 정법을 이어받는 것과 생사의 오랜 흐름을 끊고 피안에 오르는 것과 중생을 제도하는 것 등이 계로부터 말미암는다"라고 하였다. 이런 이유로 여래가 보살의 바라제목차를 제정하였으며, 이 보살계는 진루(塵累)를 고요하게 하고 얽매임에서 해탈시키는 기초이며 원인을 닦고 결과를 증득하는 근본이라고 밝히고 있다. 또한 보살계에 대하여 "다만 이 『계경』의 글과 뜻은 깊고 은밀하여 해석을 잘 해야 하며, 또한 분명하게 알기가 지극히 어렵기 때문에 먼저 과목(科目)을 추려서 간략하게 지귀(旨歸)를 표시한다. 계법은 한량이 없지만,

---

31) 『梵網經菩薩戒本私記』(H1, 588c-589a).

요약하면 수(受)와 수(隨)일 뿐이다. 수(受)는 곧 업의 근본으로 처음에 법을 받아들이는 것은 몸에 있음을 나타냈고, 수(隨)는 즉 지니는 마음으로 나중에 연(緣)을 나타내서 막아 보호함을 일으킨다"[32]라고 정의하였다. 즉 계율은 받는 것과 이를 따라 지키는 것의 둘로 요약된다는 것이다. 우선 계를 받을 수 있는 사람의 자격이 되는 그릇을 간택하고[簡資器], 이어서 법사가 될 수 있는 덕을 간택하고 있다[簡師德]. 그리고 수계(受戒)의 방법과 궤칙을 말하고[受之方軌], 끝으로 문답으로 의심을 버리게 하고 있다[問答遣疑]. 그리고 계를 받아서 지키는 수행(隨行)에 대해서도 율의계와 섭선법계, 섭중생계로 나누어서 각각 지키고 어기는 경우를 다루고 있다. 의적은 『유가론』에 의지하여 『범망경』을 해석하고, 성문계를 자주 언급하였다. 그리고 주석을 함에 있어 의적 나름대로 계명(戒名)을 붙이고 계율 조목을 해석하였다. 즉 전쟁이나 군대 또는 무기의 소지 등과 같은 사회적인 문제에 대하여 재가자의 경우에는 이에 관여하는 것을 허용하였다. 이는 전쟁을 겪었던 신라의 시대적 배경 때문에 생겨난 해석일 것이다. 또 세속인의 상업행위를 인정하고 있는데, 이 또한 당시 일반사회의 활발한 상업 활동을 반영한 것이라 보인다. 재가자의 위상을 높이 평가하여 단월도 설법주(說法主)가 될 수 있다고 하였다. 이는 불교가 대중화되면서 재가신자의 비중이 커진 시대적 상황을 반영한 결과라고 이해된다. 이 밖에도 의적은 노비(奴)와 주인은 그 지위가 구별되어 본래 뒤섞일 수 없다고 하였다. 이는 골품제도로 신분을 엄격히 구분하고 있던 신

---

32) 『菩薩戒本疏』권上(H2, 251c).

라의 한 단면을 잘 반영한 듯하다.[33] 의적은 신라가 그 당시에 처해있던 사회적인 배경들을 통하여 직접적으로 연관시켜 보살계를 해석하고 있다.

고려시대는 처음부터 조사선이 성행하였으나 천태종이 개창된 중엽 이후에는 상당한 부진을 보였다. 천태종의 성립부터 지눌에 이르기까지는 선종의 침체기라 할 수 있다. 일찍부터 구산선문이 열려 선을 우선시하였으므로 율종이 있기는 하였지만 계율은 그리 중요시하지 않았다. 계율의 조목을 따지거나 번잡한 도덕의 문제를 추구하기 보다는 조사선에 의하여 마음을 깨닫는 것이 시급하였던 것이다. 그래서 율종은 발전하지 못하고 쇠퇴하여 체계적이고 계획적인 통제력을 상실하여 교단의 조직과 질서가 무너졌으며, 교단 간에 많은 분란을 일으켰다.

지눌(知訥, 1158-1210)이 수선사를 결성하여 결사를 하기 전에는 신라시대에 보살계가 크게 성행했던 만큼 고려시대에도 왕실의 적극적인 후원으로 보살계가 성행했다. 또한 고려는 팔관회나 연등회와 같은 행사가 많았던 만큼 재가인들의 팔재계가 성행했을 것이다. 그러나 고려의 팔관회는 불교의 팔계에 근원을 두었지만, 차츰 불교의 색채를 벗고 신라의 신선적 풍류를 띠고 국가적인 행사로 변모하였다.[34]

지눌은 결사를 통하여 교단을 바로 세우고 선풍을 진작시키기 위해서 많은 노력을 기울였다. 그리고 저서도 많이 남겼는데, 청규의 성격을 띠는 것으로 『권수정혜결사문』『계초심학인문』이 있

---

33) 최원식(1993), 「신라 보살계사상사 연구」, 92.
34) 鎌田茂雄, 신현숙 역(1988), 『한국불교사』, 158.

다. 『권수정혜결사문』은 10여 명의 동학들이 모여 세속의 명리를 버리고 산림에 들어가 결사하며 수행할 때의 마음가짐과 행동규칙을 정한 것이기 때문에 이를 청규라 해도 무방할 것이다. 『계초심학인문』은 선원청규의 영향을 받아 저술되었을 것이다. 이 책은 『육조단경』의 내용을 더욱 간략히 요약하고 있으며, 선학을 배우는 사람의 마음가짐에 중점을 두고 있다. 내용은 발심·수계·대중화합·공동생활의 주의점·예불·참회·청법·중생제도 등으로 구성되어 있다.[35] 여기에서는 불교에 처음 입문한 초심자들은 악한 벗을 멀리하고 착한 벗을 가까이하며 오계와 십계를 받아 지니고 항상 화합하여 도를 닦는 데에만 힘써야 한다고 강조하고 있다. 그리고 대중생활 중에 명심해야 할 사항들과 선정과 지혜를 닦아서 자성을 체득하고 중생을 제도해야 한다고 가르치고 있다.

　지공(指空, 1330-1363)은 인도 출신 승려로 중국을 거쳐 1326년 3월에 고려에 도착하여 2년 7개월 정도 머물렀는데, 무생계를 통하여 교화활동을 하면서 경전을 번역하고 저술을 하는 등 많은 발자취를 남겼다. 지공은 법신사상과 계율사상을 강조하였는데, 그의 계율사상을 단적으로 보여주는 것은 무생계로 고려에 끼친 영향이 매우 컸다. 무생계의 근거가 된 경전은 『무생계경』이다. 이 경은 법신사상에 토대를 두고, 출가자와 재가자를 공통으로 광범위하게 적용되었으며, 인도의 식생활에 토대를 두고 있다. 지공은 무생계(無生戒)로써 사부대중에게 수계를 하였는데, 그 영향력은 매우 커서 술과 고기를 즐기던 사람들은 이를 끊었고, 무당을 따르던 사

---

35) 박호남(1992), 「불교율장의 성립과 대승율의 발달 연구」, 265.

람들은 이를 멀리했다고 한다. 고려인들은 이 무생계로 말미암아 식생활에서도 육식을 금하게 되었고, 샤먼적인 토속제의(土俗祭儀)에도 육류의 사용을 철저히 금지하게 되어 갈등을 일으키는 등 심각한 변화를 일으켰다고 한다. 무생계는 출가자와 재가자 모두에게 적용되는 계율로 지공은 수계를 하고 계첩을 주었다고 한다.[36]

고려불교의 병폐로 인하여 조선시대는 배불숭유정책으로 일관되었다. 조선은 개국과 함께 불교와 관련된 의식인 팔관회와 연등회, 인왕백고좌법회를 폐지하였다. 태종은 사찰의 토지와 노비를 국가에 귀속시키고, 종단을 7종으로 축소시켰다. 이러한 배불정책은 불교계를 크게 위축시켰다. 그리고 불교교단의 타락상에 근거하여 이론적으로 불교사상을 배척하였는데, 정도전의 『불씨잡변(佛氏雜辨)』이 대표적이다. 이에 대하여 조선 초기 일부 학승과 선승들은 당시 유학자들의 배불론의 한계를 인지(認知)하고, 유교와 불교의 공존가능성 및 회통가능성을 근본적인 입장에서 이론적으로 제시하려는 노력을 기울였다. 배불론에 대한 불교 측의 대응논리에는 기화(己和, 1376-1433)의 『현정론(顯正論)』이 대표적이다. 『현정론』은 숭유배불(崇儒排佛)의 시대적 상황에서 핍박받던 불교를 지키기 위한 노력의 결실로 불교를 대변하고 몰지각한 유생들을 깨우치며 불교의 참모습을 드러내 보이기 위해 저술되었다. 『현정론』에서는 불교의 기본 계인 오계(五戒)와 유교의 핵심윤리인 오상(五常)을 같은 맥락에서 비교하고 있다. 불살생은 인(仁), 불투도는 의(義), 불사음은 예(禮), 불음주는 지(智), 불망어는 신(信)에 배대시키

---

[36] 허흥식(1991), 「지공의 무생계첩과 무생계경」, 『서지학보』 4, 141-151; 허흥식(1997), 『고려로 옮긴 인도의 등불』, 95-101.

고 있다.[37] 기화는 윤리적인 면을 배대하여 불교와 유교는 근본적으로 일치한다고 주장하였다. 성격상 상반되는 두 교리가 조화를 이룰 수 있는 것은 악을 멀리하고 선을 가까이 한다는 공통적인 근본입장이 같기 때문이라고 하였다. 또 기화는 불교의 자비와 유교의 인을 불살생에 의해 비교하고 있다. 불교의 '천지(天地)는 나와 함께 근본이 동일하고 만물은 나와 한 몸이다'[38]라고 한 동체자비와 유교의 '어진 사람은 천지만물을 자기의 한 몸으로 여긴다'[39]라고 한 것을 동일한 가르침으로 보았다. 그러나 유가는 산목숨을 죽여서 자기 목숨을 유지하는 언행이 일치하지 않는 행위를 함으로써 모순점을 드러내고 있다. 불교에서는 이 점을 들어 살생은 형제를 죽이는 것과 같지 않은가?라는 반문을 하면서 이를 비판하고 있다. 기화는 양자가 이론적인 면에서는 같다고 볼 수 있지만, 실천적인 면에서는 엄연히 다르다고 말하고 있다. 유자(儒者)들은 인의 도를 이론적으로는 잘 논하고 있지만, 실천이 뒷받침을 해주지 못하고 있으며, 불교는 자비심의 실천으로 불살생이라는 윤리로 경계하여 만물이 나와 한 몸임을 직접적으로 실천하고 있으므로 양교(兩敎)는 현격한 차이가 있다고 말한다.

휴정(休靜, 1520-1604)은 『선가귀감』에서 선교가 둘이 아님을 밝히면서도 선을 우위에 두고 있다. 그리고 깨달으면 그만이라는 선승들을 깨우치기 위하여 수행인으로서 지켜야 할 일상적인 행동규범을 간곡히 말하고 있다. 휴정은 계를 법계(法戒)와 심계(心戒)로

---

37) 『顯正論』(H7, 217c).
38) 『顯正論』(H7, 219b).
39) 『顯正論』(H7, 219b).

나누어 설명하였는데, 법계는 몸으로 범하는 일이 없고, 심계는 생각으로 범하는 일이 없다고 하였다. 또한 4계가 모든 계율의 근본임을 밝히면서 생각으로라도 범함이 없게 해야 한다고 말하였다. 즉 "음욕은 청정을 끊고, 살생은 자비를 끊으며, 투도는 복덕을 끊고, 망어는 진실을 끊는다. 지혜를 이루어 비록 육신통을 얻었다고 할지라도 살·도·음·망을 끊지 않으면 악도에 떨어지고 영원히 보리의 바른 길을 잃고 말 것이다"[40]라고 하여 참선을 하는데 계율이 매우 중요함을 말하고 있다. 또 마음의 계는 한번 파하면 백 가지의 허물이 일어나기 때문에 부처님과 같이 계를 존중해야 한다고 말하고 있다.[41] 계율을 지키지 않으면서 깨달음을 얻기를 바란다는 것은 있을 수 없는 일로 반드시 지계하고 깨달음을 얻을 것을 말하고 있다.

긍선(亘璇, 1767-1852)은 참선수행자들을 위하여 『수선결사문』을 저술하였다. 여기서는 수선결사를 제창하는 뜻과 결사운영의 제반 사항들을 체계적으로 엮고 있으며, 뒷부분에 『사중규승』과 『식지변설』을 첨부하고 있다. 『수선결사문』에서는 유·도·불의 삼교를 비교하면서 유교의 오상(五常)을 불교의 오계와 동일하게 보고 있다. 『사중규승』은 수선결사 대중들이 지켜야 할 청규로 선수행의 방향을 말하고 있으나 어디서 어떻게 행해야 하는지 등의 구체적인 내용이 없다. 청규의 내용을 보면 ① 이 문에 들어오면 다만 활구를 참상(參商)함으로써 자성을 돈오하는 것을 급무로 하고, 예불·전경(轉經) 등 일체 행사(行事)는 연을 따라 수작(酬酢)하며 가히 굳건히

---

40) 『禪家龜鑑』(H7, 639b).
41) 『禪家龜鑑』(H7, 639bc).

집착하지 말아야 한다. ② 우리는 다분히 부모에게 태어나지 않음이 없다. 이와 같은 무리는 다 악취에 빠져 밤낮으로 대고뇌를 받는다. 통히 심부(心腑)를 얽어 각기 대분지(大憤志)를 발하여 이런 중생들을 널리 제도하기를 원해야 한다. ③ 간절히 허망한 것을 짓지 말고 금계를 굳건히 지녀야 한다. ④ 인욕으로 역순(逆順)의 경계를 관해야 한다. ⑤ 청정걸식은 비구의 정명(正命)이다. 이 외에는 사명(邪命)에 속하므로 버려야 한다. ⑥ 이 문에 들어오면 다만 걸식으로 구해야 한다. 노병고(老病苦)가 있어 걸식을 하지 못할 때는 자비심으로 수호해야 한다. ⑦ 회중(會中)에 청정하지 않은 자는 제명(除名)하여 내보내야 한다는 것이다.[42] 긍선은 선을 우위에 두고 성문계와 대승계보다는 중국의 선종과 같이 대소승계를 적절히 수용하여 간단하게 청규를 제정하고 있다. 참선수행을 함에 있어 기본적으로는 지계하여 자기를 청정히 하고, 자비심으로 대중을 두호하고 일체 중생을 제도하기를 염원하며 열심히 수행 정진할 것을 말하고 있다. 그러나 노동에 대해서는 언급하고 있지 않다.

조선 말기와 일제강점기는 안팎으로 매우 혼란스러웠던 시기이다. 일제시대는 일본불교의 영향으로 대처식육(帶妻食肉)을 하는 자가 많았으나, 한편으로는 계율을 수호하기 위해서 힘쓰는 자가 있었다. 이 시대는 대처식육을 수용할 것인가 말 것인가가 큰 문제로 대두하였다. 이 문제로 인하여 불교정화운동이 일어났고, 사회적으로도 큰 이슈가 되었다. 이 시기에 용성(龍城, 1864-1940)은 청정

---

42) 「寺中規繩」, 『修禪結社文科釋』(H10, 547-548a).

지계를 주장하였다. 선율병행(禪律並行)과 선농일치(禪農一致)를 강조하고, 청소년운동의 행동지침으로 세속오계를 제정하였다. 세속오계는 "국가에 충성하고[國家忠誠], 부모에게 효도하고[父母孝道], 사장을 공경하고[師長恭敬], 벗은 신의로 사귀고[交友信義], 전쟁은 지혜로 이긴다[戰爭智勝]"라는 것이다.

학명(鶴鳴, 1867-1929)은 조선의 선을 중국과 일본에 알렸으며, 서민들을 제도하고 깨우치기 위해 역동적인 삶을 문학작품으로 형상화한 문필가이다. 그리고 선농일치를 주장하며 선불교를 개척하기 위해 힘썼다. 학명은 탁발과 시주에만 의존하던 기존의 불교계를 비판하고, 노동과 참선을 병행하는 반선반농운동(牛禪牛農運動)을 주창하고, 내장선원규칙을 제정하였다. 이 내장선원규칙에서는 운동에 참여할 수 있는 자의 자격을 새로 출가한 사람을 대상으로 하고 기존의 승려는 부지런한 성품이 있는 자에게만 한정하고 있다. 파계(破戒)와 사행(邪行), 폐습(弊習) 등은 일체 금하고, 범패를 학습하고 찬불(讚佛)·자찬(自讚)·회심(回心)·환향곡(還鄕曲) 등을 짓거나 창(唱)을 하도록 규정하고 있다.[43] 이 운동은 당시 불교계에 매우 참신하고 혁신적인 불교운동이었다.

선사이면서 율사인 동산(東山, 1890-1965)은 계율은 도에 들어가는 요긴한 문이며, 세상을 벗어나는 바른 길이라며 적극적으로 계를 지킬 것을 주장하였다. 그리고 해(解)와 행(行)이 둘이 아닌 하나로 보았다. 해와 행을 나누고 다르다고 한다면 온전한 깨달음이 아니라고 하였다. 또 오계와 십계, 250계, 범망경보살계 등의 계를 지

---

43) 강유문(1928), 「내장선원일별」, 『불교』 46-47합호, 83.

닌 때가 자성을 회복하는 때이며, 자성을 회복하는 때가 계와 정을 지닌 때임을 말하고 있다. 동산은 보살계 수계산림을 자주 열어 『범망경』을 강설하고 대승계율이 무엇인가를 천명하였다고 한다.[44]

### 3. 일본의 계율 발전

일본불교의 계율의 기원은 백제로부터 시작되었다. 계율을 중심으로 발전하였던 백제불교는 일본불교의 계율 수용에 절대적인 역할을 하였다. 「원흥사가람연기」에는 일본의 최초 니승(尼僧) 선신니가 고구려의 비구 혜편(惠便)으로부터 득도하였고, 선신니(善信尼) 등 대중이 백제로 유학을 가서 이부승가(二部僧伽)에서 비구니계를 받은 것으로 나타나고 한다.[45] 숭준(崇峻) 3년(590) 백제에서 수계한 비구니들은 일본으로 귀국하여 반 달마다 포살을 하였는데, 이 때문에 출가하여 수계하는 사람이 많았다고 한다.[46]

일본불교는 백제의 종말기부터 중국과 직접 왕래를 시작하고, 많은 승려들을 유학 보냈다. 이 가운데 도광(道光, 653-678)은 중국에 들어가 도선·만의(滿意)·회소 등에게서 계율을 배웠다고 한다. 도광은 도선의 『사분율산번보궐행사초』를 가지고 귀국하여 그 해에 『의사분율초찬록문(依四分律抄撰錄文)』 1권을 발표함으로써 중국에서 일본에 최초로 율종을 전래한 사람이 되었다. 이때까지도 구족계

---

44) 동산대종사 문집편찬위원회 편(1996), 『東山大宗師文集』 참조.
45) 『元興寺伽藍緣起』(『大日本佛敎全書』118, 140).
46) 崇峻紀 3年 庚戌 3月條, 「日本書紀」 21(『日本史料』 217).

의식이 여법하지 않았으므로 도광은『사분율』에 의거해 일본의 비구, 비구니들을 규율하였다고 한다. 이로서 일본의 불교계는 겨우 본격적인 계율을 지향하는 기반을 조성하였고, 중국에 유학하고 돌아오는 사람들에 의해서『사분율』의 주소(註疏)가 전래되어 계율사상이 널리 유포되었다고 한다.[47]

일본불교는 승니령(僧尼令)에 의해서 불교의 정책이 보호에서 통제로 전환을 하게 된다. 대보(大寶) 1년(701) 대안사에 27조로 구성된 승니령을 설치하였다. 조명을 열거하면, 觀玄象條·卜相吉凶條·自還俗條·三寶物條·非寺院條·取童子條·飮酒條·有事可論條·作音樂條·聽着木蘭·停婦女條·不得輒入尼寺條·禪行條·任僧綱條·修營條·方便條·有私事條·不得私蓄條·遇三位以上條·身死條·准格律條·私度條·令俗人敎化條·出家條·外國條·齋外布施條·梵身捨身條 등이다. 그 내용은 환속형(還俗刑)과 고사형(苦使刑)의 벌칙, 일반승니에 대한 규제, 삼강(三綱)·승강(僧綱)에 대한 규제 등이다.[48] 천평승보(天平勝寶) 7년(755)에 이르러 당승(唐僧) 감진(鑑眞)이 동대사에 계단을 설치하고 구족계와 보살계를 전계하면서부터 일본불교도들은 중요한 생활규범을 전수받았다고 한다.[49]

가정(嘉禎) 2년(1236) 동대사에서 자서수계(自誓受戒)를 한 각성(覺盛, 1194-1249)과 예존(叡尊, 1201-1290) 등에 의해 율종이 부흥되었다. 이 중에 예존은 계율을 연구하고 호지한 율승으로 적극적으로 포살과 안거 등을 행하였다. 관원(寬元) 3년(1245) 별수(別受)를 결행

---

47) 채인환(1986),「백제불교계율의 전래와 전파」,『한국불교학』11, 99.
48) 石田瑞磨, 이영자 역(1995),『일본불교사』, 47-52.
49) 채인환(1986),「백제불교계율의 전래와 전파」,『한국불교학』11, 100.

하고 별수계자(別受戒者) 26명을 배출해낸 것과 사미니계를 준 것이 주목되며, 사미니에는 그 2년 후에 육법계를 주었으며, 다시 2년 후 건장(建長) 원년(1249) 법화사에서 12명에게 비구니계를 주었다. 이것은 비구니라는 신분이 율종 부흥이라는 형태로 일본에서 처음으로 생겨날 수 있었던 것이다. 또 예존은 서대사를 중심으로 계를 설하거나 수계를 통하여 사회구제 활동에도 노력하여 보살이라 추앙되었다. 또 인성(忍性, 1217-1303)은 극락사를 열고 관동에 율종을 넓히고, 계단을 만들어 별수를 행했다. 구제활동도 활발하여 평상시의 시식 시약은 물론이고 다리놓기, 우물파기, 목욕탕, 병원, 천민집단 형성, 살생금지의 장소 63개소를 정하는 등 적극적이며 다채로웠다. 살생금지는 살생을 생업으로 하는 사람을 곤란한 처지에 빠지게 하여 비판을 받았다.[50]

## IV. 나오는 말 ; 동아시아 계율의 현대적 의의

계율은 삼학 가운데 첫째로 불도를 실천하는 기초이며, 삼장 가운데 하나로 불교교학 가운데 대단히 중요하다. 그리고 육바라밀 가운데 계바라밀로 보살이 반드시 수행해야 할 덕목이다. 이와 같이 중요한 위치에 있는 계율을 불교도에게 한정시키지 말고 그 정신을 현대를 살고 있는 모든 사람들에게 적극적으로 확산시킨다면 인류의 행복과 세계의 평화는 보다 빨리 올 것이다.

---

50) 石田瑞磨, 이영자 역(1995), 『일본불교사』, 201-202.

계율은 불교도들이 지켜야 할 행위규범으로 신구의 삼업으로 나쁜 업을 짓는 것을 방지하고 육근을 보호하여 선근을 증장시킨다. 계는 자발적으로 악행을 멀리 떠난다는 의지를 나타내는 윤리도덕이며, 율은 승가의 질서를 유지하기 위하여 비구, 비구니들이 지켜야 할 승가의 규범으로 세간의 법률과 같아서 강제적이다. 계율은 우리의 일상생활과 가장 밀접히 관련되어 있으며, 시대와 장소를 따라 끊임없이 변화하고 발전하여 왔다. 어느 시대를 막론하고 교단과 수행자들에게 항상 중요한 위치에 있었기 때문에 계율을 떠나서는 개인의 깨달음과 교단의 평화를 생각할 수 없다.

불교 계율은 항상 그 시대의 환경에 맞게 제정되어 수행되었다. 초기불교에서는 오계를 비롯하여 팔계, 십계, 250계 등을 지켜 개인은 자발적으로는 악을 멀리하려고 노력했으며, 또 승가라는 공동체의 질서를 유지하기 위해서 율을 강제적으로 지키도록 하였다. 대승불교에서는 보살의 수행덕목인 육바라밀 가운데 계바라밀로서 십선계와 삼취정계를 수행하였다. 이 계의 내용은 삼업에 관한 일상적인 실천덕목들로 자발적인 결의로서의 계율이다. 그리고 십선계를 스스로 행할 뿐만 아니라 남에게도 행하도록 권장하고 있다. 중국불교에서 계율사상의 전개는 성문계로부터 대승보살계로의 변화과정이다. 5세기 초에 성문계가 번역되기 시작하여 크게 유행하였고, 연구도 활발하였다. 그 중에 『사분율』이 크게 성행하여 사분율종의 소의경전이 되었다. 그리고 『사분율』에 의거한 수계의식 등이 이루어졌다. 또 대승경론에 설해진 대승보살계가 유행하였는데, 범망보살계가 대표적이다. 범망보살계에서는 그 어느 때보다도 더 적극적인 선행을 강조하였다. 또한 선종에서는 기존의 계율이 그 당시의 수행생활에 적합하지 않다고 믿고 계율의 정신을 살리면서도 새롭게 변형된 청규를 제정하여 교단을 운영하고 수행자들의 수행덕목으로 삼았다. 성문계에서 금지하고 있는 노동을 깨달음에 이르기 위한 수행의 일부분으로 받아들여 교단이 경제적으로 자급자족할 수 있도록 하였다. 한국불교도 그 영향을 크게 받아 재가자들에게 맞는 계율을 제정해 실천하도록 하였다. 대체적으로 보살계의 연구가 성행하였고, 계율의 정신과 시대적인 배경을 조화롭게 받아들여서 제정한 청규를 실천하였다. 때로는 지나친 계율의 실천으로 부정적인 측면을 양산하기도 하였지만, 나와 남을 함께 배려하여 윤리적인 사회가 될 수 있도록 공헌한 것도 사실이다.

불교의 계율에는 자비와 평등, 평화의 실천이 있다. 불교는 자비의 종교로 일체중생에게 즐거움을 주고 고통에서 벗어나게 하기 위해서 자비를 실천한다. 자비는 인간에게 어떻게 살아야 하는지 그 방법론을 말하고 있다. 모든 인간에게 악을 떠나 선을 행할 것을 가르치고 있다. 이 선행 속에는 생명의 존엄성이 내재해 있다. 계율 가운데 불살생계는 모든 생명을 소중히 여길 뿐만 아니라 억압받고 있는 생명을 살려주는 방생의 의미도 포함한다. 생명의 존엄은 인간과 다른 생명체들이 평등하게 존귀하다는 것이다. 자타가 둘이 아닌 하나라는 것을 강조한 것이다. 자비는 나와 남의 존재를 인정하는 것이며, 나의 고통과 행복뿐만 아니라 타인의 고통과 행복을 함께 고려한다. 그래서 타인의 고통을 함께 의식하고 함께 괴로워하고 그 고통으로부터 벗어나게 한다. 이처럼 자비의 힘은 인간뿐만 아니라 지구상에 존재하는 생명체들이 평화롭게 공존할 수 있도록 해 준다.

　이 지구상의 평화는 불교의 계율사상을 바르게 이해하고 실천할 때 온다는 것이다. 세상 사람들이 출가수행자와 같은 계율을 지킬 필요는 없지만, 가장 기본적인 오계만이라도 지킨다면 인류의 삶의 질은 더욱 향상될 것이다. 개인의 일상생활부터 악을 멀리하려고 노력한다면 이 거대한 세계 또한 변화할 것이다. 이 지구상에 당면하고 있는 전쟁, 갈등, 폭력, 부정부패, 환경파괴, 약물남용 등의 사회적인 문제는 개인의 생활을 변화시킴으로써 해결할 수 있다. 공동체의 질서는 나를 생각하는 만큼 타인을 생각하고 배려할 때 유지될 수 있다. 계율은 개개인의 올바른 깨달음을 위하여, 교단의 청정과 화합을 위하여, 중생의 이익과 안락을 위하여 제정되었다. 모든 사람들이 종교에 얽매이지 않고 불교의 계율을 한 가지만이라도 지킨다면, 이 세상은 청정하고, 화합하여 평화를 유지할 수 있고, 이익과 안락함을 얻어 피안에 이를 수 있을 것이다.

이 글은 「동아시아 계율 이해 연구」(『선문화연구』 19, 한국불교선리연구원, 2015, 117-157)를 수정·보완한 것이다.

제3부

불교 계율과 윤리

제9장

# 율장에 나타난 남녀차별의 문제

## I. 들어가는 말

불교는 자유와 평등의 실현을 이상으로 한다. 불교는 팔만사천이라는 많은 교설을 설하고 있으며 실천하도록 가르치고 있지만, 이는 다름아닌 자유와 평등의 구현이라고 볼 수 있다. 불교는 지혜·깨침·해탈·열반 그리고 부처가 됨을 강조한다. 이는 다름 아닌 자유라는 말로서 표방될 수 있는 말이다. 해탈이라는 원어 비뭇띠(vimutti)는 다름 아닌 자유라는 말이다. 생과 사의 얽매임에서의 해방, 욕심·성냄·어리석음으로부터의 벗어남은 다름 아닌 자유라고 이야기 할 수 있다.

불교는 또한 평등을 강조한다. 모든 살아 숨 쉬는 존재[有情]들의 평등을 강조한다. 모든 존재는 연기의 존재이기에 남이 아파하는 것을 보면 나의 아픔처럼 여기며, 이는 다름 아닌 자비(慈悲)이다. 생명의 가치는 붓다의 생명이나 비둘기 한 마리의 생명이나 같다는 전생담의 이야기는 시사하는 바가 큰 것이다.

불교는 이와 같이 자유와 더불어 평등을 강조하고 있다. 그럼에도 불구하고 불교에서는 과연 모든 존재를 평등하게 보고 있느냐에 대한 의문이 생길 수 있다. 평등이라는 것은 단지 명목상에서일 뿐이지, 실질적으로는 그렇지 않다고 생각할 수 있는 의문이다. 특히 그런 의문이 들게 하는 것 가운데 하나가 남녀의 평등에 대한 문제이다. 남·여를 평등하게 받아들이고 있다고 생각하기에는 의심적이고 부정적인 사건과 표현들이 불교의 문헌들에서는 보이고 있기 때문이다. 아난이 여성을 출가하게 하였다는 이유로 교단에서 문책을 받는 일을 위시하여, 아무리 출가한 지 오래되는 비구니일지라도 비구의 지도를 받아야 한다는 비구니 팔중법(八重法), 그리고 『법화경』의 여성 오장죄(五障罪)와 변성성불론(變成成佛論)은 아무래도 남녀평등이라고 받아들이기에는 미심쩍게 만든다. 특히나 불교도의 생활윤리라고 할 수 있는 계율 가운데는 많은 차별을 살펴볼 수 있다. 비구니의 계율 조목에 상당한 차이가 나는 것이다. 남녀 간의 신체상의 특성을 인정한다고 할지라도 설득력이 없다고 여겨질 정도이다. 평등을 자처하는 불교에서 이러한 역설을 어떻게 이해할 수 있을까.

이러한 남녀평등을 의심하게 하는 사건과 표현들이 발견됨에도 불구하고, 불교는 남녀를 평등하게 간주하고 있음은 물론이다. 붓다 본연의 입장은 또한 그러하였다고 할 수 있다. 붓다 재세 시 붓다의 제자가 되는 출가의 허용 자체가 그러하였고, 이를 반영이라도 하듯 초기불전에서는 깨친 여성들의 이야기를 밝히고 있기 때문이다. 또한 대승불교에서 선남자와 동시에 선여인을 들고 있는 것을 보아서도 그렇다. 여인성불 또한 찾아볼 수가 있다. 그런데 왜 율장에 이러한 사건과 표현이 나타났는가. 이에 대한 원인을 살펴보고자 한다.

## II. 인도 전통사회의 성차별

인도에 있어 인종차별과 성차별의 시작은 이민족인 아리안의 침입과 그들에 의한 사회 문화가 정착하고부터였다고 할 수 있다. 그들은 고도의 문화인 청동기 문화를 가지고 서력 기원 약 1,500년경부터 인도 서북부를 침입하여, 원주민인 드라비다족을 정복하고서 거기에 새로운 삶의 터전을 마련하였던 것이다.

이민족에 의한 원주민의 정복은 종족 간의 차별을 야기시켰다. 즉 인종차별을 정착시키는 것을 의미하는 것이다.

또한 이들에 의해 신들을 찬미하는 찬가인 베다가 만들어져 바라문종교가 자리잡는다. 이는 브라흐만에 유일신의 종교양태를 만들어 내고 이에게 제사 지내는 계급을 만들어 내게 된다. 즉 사제계급과 아울러 계급제도를 정착시키게 된다.

『리그베다』 10권 90송에는 신들에 의하여 한 우주적 인간 푸루샤(puruṣa)가 제물로 드려짐으로써 온 세계 전체가 생겨났다고 한다. 즉 그의 눈으로부터 해, 마음으로부터 달, 업으로부터 인드라와 아그니의 신, 그리고 숨으로부터 바람의 신 마유, 그의 배꼽으로부터 공중권, 머리로부터 하늘, 발로부터 땅, 귀로부터 사방이 생겨났다는 것이다. 뿐만 아니라, 베다 자체와 사성계급도 이 제사로 인하여 생겨났다고 한다. 즉 바라문은 그의 입이었고, 끄샤뜨리아는 그의 두 팔, 바이샤는 그의 두 넓적다리, 그리고 수드라는 그의 발이었다고 한다.[1]

아리안인들은 사성(四姓) 계급제도에서 자연히 바라문계급과 끄샤뜨리아계급을 차지하게 되었다.[2]

이 계급제도는 계급에 따라 하는 일도 구분지어 규정하게 된다. 바라문의 베다의 교수, 남을 위한 제사, 보시를 받기, 끄샤뜨리아는 인민을 보호하는 일, 바이샤는 가축을 기르는 일, 장사하는 일, 돈을 빌려주는 일, 토지를 경작하는 일, 수드라는 원망없이 다른 이에게 봉사할 것을 규정하고 있다.[3] 이것은 매우 엄격히 실행되었다. 만일 수드라가 베다의 독송을 엿듣는다면 그의 귀에 불에 녹인 쇳물을 붓거나 나무의 진을 넣고, 그가 베다를 독송하면 그 혀는 잘라 버려져야 한다는 형벌에 처하였던 것이다. 이러한 사성제도는 바라문 지상주의를 더욱 강조하기에 이른다. 계급 간의 결혼을 엄격히 배제하기에 이르고 진정한 바라문은 7대 이상을 내혼혈 없이 내려와야 한다는 주장마저도 나오게 된다. 이와 같이 고

---

1) Rg-veda X. 90, 12.
2) 이 계급제도는 피부가 흰 아리안과 피부가 까만 원주민을 구별 짓기에 피부색을 뜻하는 바르나제도라고도 한다.
3) Deepali Bhargava(1989), *Manu smriti: a sociological analysis*, 33-39 참조.

대 인도는 불교가 흥기하기 이전까지 이러한 사성제도가 보편적 문화양식으로 사회윤리로서 받아들였으며 당연시되었다.

그렇다면 여성의 지위는 어떠하였을까. 여성 차별 즉, 성차별은 어떠했는가? 우리는 흔히 인종차별과 성차별의 문제를 별개의 문제로 보기 쉽지만, 실은 이는 같은 선상의 문제이다. 인종차별은 항상 성차별 문제를 수반한다. 이러한 실례들은 근세에 이르는 서구사회, 또는 우리의 조선시대에도 찾아볼 수가 있는 것이다.

고대 인도에서는 이는 마찬가지라고 할 수 있다. 철저한 부권중심의 사회였던 것이다. 아울러 여성의 존재는 가치를 두지 않았다. 이는 바로 대(代)는 남자에 의하여 전하여 진다라고 생각하였기 때문이다. 이는 제사 때문이었다. 선조에 대한 제사는 남자가 행하지 않으면 안 된다. 남자가 없는 가정은 조령제를 지낼 수 없으므로 양친의 영혼은 조상의 영혼이 되지 못하고 망령이 되지 못한다. 인도인의 감각에서 이는 견딜 수 없는 것이다. 고따마 싯달다가 출가하는데 있어서 이러한 사회적 배경은 장애였다. 그리하여 마침내 라훌라가 태어나는 것을 보고 안심하고 출가하였다는 후대 불전이 기록하고 있는 것으로 보아 당시 사회가 얼마나 남아를 선호하였는가를 알 수가 있다. 대를 잇지 않으면 아무리 인품이 고매하다고 할지라도 이를 받아들이지 않았던 사회였던 것이다. 경서(經書)의 12정법 가운데 하나인 성남식(成男式)은 임신 후 3개월 안에 남아를 낳기를 기원하는 의식인데, 이러한 의식을 통해서도 남아선호를 엿볼 수 있다. 아들을 낳으면 기뻐하고 딸을 낳으면 슬퍼하여 비탄해 하는 것이 당시 사회의 현실이었던 것이다.

이러한 관념은 남녀 불평등사회로 이끌려져 갔다. 여성들의 평범한 의무는 결혼하는 것이었다. 남자는 단지 자신의 아내를 '아이를 낳아 대를 이어주는 이'라고 생각하게 되었으며, 이러한 관념은 쉽게 여성은 남성과 본질적으로 다르며 열등하다는 생각으로 전환하게 되었다. 즉 인도인들은 여성을 남성과 동물 사이의 중간 정도에 위치한 존재로 받아들였다. 여성을 남성과 현실적인 관계가 있는 것으로 생각하였으나, 여성과 남성은 유에 있어서는 같으나 신분에 있어서는 다른 존재로 생각하였던 것이다.

## III. 율장에 나타난 남녀불평등

불교의 문헌에서는 평등의 입장을 살펴볼 수 있지만, 이러한 남녀평등의 문제에 정면으로 맞닥뜨리게 되는 입장을 찾아볼 수 있다. 특히, 율장에서는 너무나 많은 남녀 간의 차별과 격차를 인정하고 있음을 보게 된다. 그러므로 불교의 전적에서 특히, 율장에서 남녀 불평등의 입장에 서 있다고 생각되는 것을 살펴보고, 이러한 입장은 왜 생겨났으며 이것이 과연 불교 본연의 입장에 근거하는지를 살펴보아야 할 것이다.

불교의 여성불평등 입장을 찾아볼 수 있는 것 가운데 하나는 아난의 문책을 들 수 있을 것이다. 붓다 입멸 후 열한 가지 이유를 들어 교단으로부터 문책을 받게 되는데 문책 사유 가운데는 성차별의 문제로 인한 문제가 세 가지나 적기되어 있다. 세 가지 과실로 인하여 결집에도 나중에 참가하는 곤욕을 치렀는데 그 첫 번째가 여성을 출가시켰다는 이유였다.

① 여성을 출가시킴

이것은 율장 비구니건도[4]에 기록된 이야기로서 붓다의 양모인 마하파자파티 고타미가 출가하고자 하였을 때, 석존은 이것을 인정하고자 하지 않았다. 아난은 붓다를 설득하여 마침내 여인의 출가를 인정하게 하였다. 그러나 이 결정을 승가는 탐탁지 않게 여겼고 승가의 부패와 혼란을 초래할 것이라고 하여 그를 비난하였다. 비구니건도에 의하면 이로 인하여 정법(正法)이 1000년 머물러야 할 것이 비구니 승가가 만들어졌기에 500년에 멸하였을 것이라고 개탄하고 있다. 특히나 『비니모경』에서는 아난의 과실에 대하여 7과(過)를 들고 있으며, 이 사항에 대하여만 상술하여 10사(事)[5]를 기록하고 있음을 볼 수 있다.

② 여인에게 붓다의 발을 더럽히게 함

장아함 『유행경(遊行經)』에 의하면, 붓다의 열반 후 도착한 가섭은 불족(佛足)에 이색(異色)이 있는 것을 보고 아난에게 이유를 묻자 한 노모가 비탄해 하며 손으로 불족을 만지고 눈물을 떨어뜨렸다라고 답하였다. 가섭은 그것을 듣고 기뻐하지 않았다라고 전하고

---

4) Vinayapiṭaka Ⅱ, 2-6.
5) 『毘尼母經』 권3(T24, 818bc).

있다.

### ③ 세존의 음장상(陰藏相)을 여인에게 보이게 함

『마하승기율』의 제1결집 기사에 따르면 붓다가 열반하였을 때 아난이 붓다의 음장상을 비구니에게 보였다고 한다. 또한 『잡사(雜事)』에서는 여인들 앞에서 보이게 하였다라고 기록하고 있다.

아난의 과실로 인하여 문책 받은 기록 가운데 소소계(小小戒)를 묻지 않은 것 등 열한 가지를 밝히고 있는데, 여인이 개입된 문제가 세 가지나 된다는 사실은 그냥 지나칠 수 없는 문제라고 할 수 있다. 특히 첫 번째는 확연히 차별이라 할 만한 사건으로 그로 인하여 정법을 멸한다고 보는 것은 더더욱 그렇다고 할 수 있다. 두 번째, 세 번째의 문제는 여성에 대한 부정적 인식을 엿볼 수 있을 것이다. 이러한 입장은 붓다 본연의 생각일까? 아니라면 왜 이러한 입장이 생겨났을까?

불교에 있어서 여성의 성차별에 대한 문제를 이야기할 때 빠뜨려서 안 될 문제가 비구니 팔중법(八重法)이다. 비구니 승가는 비구 승가에 종속되어 있다. 그 단적인 예가 비구니 팔중법이다. 여덟 가지 법은 그 명칭과 내용이 자료마다 각각 조금씩 다르다.

여덟 가지 법은 팔경지법(八敬支法)·팔존사법(八尊事法)·팔중법·비구니 팔경법(八敬法)·팔진형수불가과법(八盡形壽不可過法)·팔불가월법(八不可越法)·망금니(忘錦尼) 팔존경법(八尊敬法) 등으로 나타나 있는데,

보통 비구니 팔경법 또는 팔경법으로 불리고 있다.[6]

① 비록 100세 비구니일지라도 새로 계를 받은 비구를 보면, 마땅히 일어나서 맞이하고 예배하고 깨끗한 좌복을 펴서 앉기를 청하라.
② 비구니는 비구를 욕하거나 꾸짖지 말 것이며 파계(破戒), 파견(破見), 파위의(破威儀)라고 비방하지 마라.
③ 비구니는 비구의 죄를 드러내거나 기억시키거나 자백시키지 못하며, 그들의 죄를 찾는 일이나 설계(說戒)하는 일이나 자자(自恣)하는 일을 막지 못한다. 비구니는 비구를 꾸짖지 못한다.
④ 식차마나가 계를 배워 마치면, 비구에게서 대계(大戒)를 받아야 한다.
⑤ 비구니가 승잔죄(僧殘罪)를 범하면 마땅히 이부승(二部僧) 가운데서 보름 동안 마나타(摩那埵)를 행하여야 한다.
⑥ 비구니는 보름마다 비구에게 교수(敎授)하여 주기를 청하여야 한다.
⑦ 비구니는 비구가 없는 곳에서는 하안거를 하지 마라.
⑧ 비구니승이 안거를 마치면 마땅히 비구승 중에서 3사(事)를 구해야 할 것이니, 즉 보고 듣고 의심하면 자자하여야 한다.

모든 율장의 건도부에는 비구니건도라는 장이 있다. 이 장의 서두에 붓다의 양모인 마하파자파티가 붓다에게 비구니의 출가를

---

6) 『四分律』 권48(T22, 923ac).

청원하는 기록이 나온다. 처음 붓다가 카필라성에 있었을 때에는 그녀의 간청을 거절하였다. 아난의 청에 의해 마침내 여인의 출가를 허락하게 되었다. 그러나 출가를 허락하는 조건이 있었다. 그것이 바로 팔중법이었다. 이 팔중법을 수용함으로써 비구니 승가가 비로소 성립되었다. 비구니 교단의 성립으로 불교의 정법이 500년 단축될 것이라고 붓다는 탄식하였다고 전한다. 이 또한 팔중법에서 남녀차별을 인식할 수 있는 것이다.

그러나 무엇보다도 남녀에 대한 차별을 확연히 볼 수 있는 것은 바라제목차(波羅提木叉)라고 하는 계목이다. 남녀 출가자 즉, 비구·비구니가 지녀야 하는 계율에 확연한 차이를 엿볼 수 있기 때문이다. 이는 『사분율』, 『오분율』, 『마하승기율』, 빨리율 등 모든 율장에서 다소 차이가 보이지만 공통된 것이다. 『사분율』의 계율은 오늘날까지도 우리나라에서 준수하여야 할 계율로서 강조되기에 반드시 고찰되어야 할 문제이다.

『사분율』을 중심으로 하여 비구·비구니의 계율을 살펴보면, 먼저 비구는 4바라이법(波羅夷法)이다.

제1 음계(淫戒) … 음행하지 마라.
제2 도계(盜戒) … 도둑질하지 마라.
제3 살인계(殺人戒) … 사람을 죽이지 마라.
제4 대망어계(大妄語戒) … 큰 거짓말을 하지 마라.

이에 반하여 비구니는 8바라이이다. 비구의 4바라이에 비구니는 네 가지가 추가된다.

    제5 마촉계(摩觸戒) … 애무를 즐거워하지 마라.
    제6 복비구니중죄계(覆比丘尼重罪戒) … 다른 비구니의 바라이를 숨기지 마라.
    제7 수순피학비구위니승삼방계(隨順被學比丘違尼僧三謗戒) … 승가에서 추방된 비구를 따르지 말라는 충고를 세 번까지 듣고서도 거역해서는 아니 된다.
    제8 팔사성중계(八事成重戒) … 팔사를 범하여서 바라이가 되지 않도록 노력한다.

  비구니는 염심(染心)을 품고 염을 품은 남자가 다음과 같은 팔사를 행하는 것을 즐기면 바라이다. 팔사란 ① 손잡아 주는 것을 즐기며, ② 옷 잡는 것을 즐기며, ③ 함께 서 있으며, ④ 함께 말하며, ⑤ 약속하여 함께 길을 가고, ⑥ 남자가 오기를 즐겁게 기다리며, ⑦ 가려진 곳에 기다리며, ⑧ 염법을 행하고자 몸을 가까이 접촉하는 것 등이다.

  승잔법(僧殘法)은 비구 13계, 비구니 17계로서 중죄이다. 바라이죄는 범하면 승가로부터 영원히 추방되었기 때문에 바라이죄이다. 이에 반하여 승잔죄는 참회하고 속죄의 법을 이행하면 출죄(出罪)할 수 있기에 승잔이라고 한다. 이 또한 비구와 비구니의 계목에는 차이가 보인다. 먼저 비구 13승잔법은 다음과 같다.

제1 고출정계(故出精戒) … 고의로 자위하여 사정하지 마라.

제2 마촉여인계(磨觸女人戒) … 여인을 애무하지 마라.

제3 여여인추어계(與女人麤語戒) … 여인에게 성에 대한 말을 하지 마라.

제4 탄신색공계(歎身索供戒) … 자신을 찬탄하여 정조를 요구하지 마라.

제5 매가계(媒嫁戒) … 중매하지 마라.

제6 무주작방계(無住作房戒) … 시주없이 방을 짓지 말되 짓더라도 대중의 지시를 받지 아니하고 지어서는 안 된다.

제7 유주작방계(有住作房戒) … 시주가 있어 집을 짓더라도 대중의 지시를 받지 않고 지어서는 안 된다.

제8 무근바라이비방타계(無根波羅夷誹謗他戒) … 근거 없이 바라이를 범하였다고 하면서 다른 비구를 비방하지 마라.

제9 가근방계(假根謗戒) … 근거를 가상하여 비방하지 마라.

제10 파승위간계(破僧違諫戒) … 화합승가를 파괴하고도 대중의 충고를 거역하지 마라.

제11 조파승위간계(助破僧違諫戒) … 화합승가를 파괴하는 무리를 방조하면서 대중의 충고를 거역하지 마라.

제12 악성거승간계(惡性拒僧諫戒) … 악성으로 대중의 규칙을 어기고 대중의 충고를 거역하지 마라.

제13 오가빈방위승간계(汚家擯謗違僧諫戒) … 승가를 더럽혔다고 그 마음 떠나라는 충고를 거역하지 마라.

이에 반하여 비구니의 승잔죄는 17개로서 비구계보다 4개나 많다.

제1 매인계(媒人戒) … 중매하지 마라.

제2 무근바라이방타계(無根波羅夷謗他戒) … 근거 없이 바라이를 범했다고 하면서 다른 비구니를 비방하지 마라.

제3 가근방계(假根謗戒) … 근거를 가상하여 비방하지 마라.

제4 소담계(訴談戒) … 소송하지 마라.

제5 도적녀계(盜賊女戒) … 도둑질한 여자를 득도시키지 마라.

제6 사독계(四獨戒) … 혼자서 행동하지 마라.

제7 계외해거계(界外解擧戒) … 승가의 허락 없이 비구니를 사귀지 마라.

제8 수애염남자식계(受愛染男子食戒) … 염심을 품고 염심을 품은 남자가 주는 음식을 받지 마라.

제9 권수애염심남자식계(勸受愛染心男子食戒) … 염심을 품은 남자가 주는 음식을 받으라고 권하지 마라.

제10 파승위간계(破僧違諫戒) … 화합승가를 파괴하고도 대중의 충고를 거역하지 마라.

제11 조파승위간계(助破僧違諫戒) … 화합승가를 파괴하는 무리를 방조하면서 대중의 충고를 거역하지 마라.

제12 악성담승간계(惡性担僧諫戒) … 악성으로 대중의 규칙을 어기고 대중의 충고를 거역하지 마라.

제13 오가빈방위승간계(汚家擯謗違僧諫戒) … 승가를 더럽혔다고 그 마음 떠나라는 충고를 거역하지 마라.

제14 진심삼보위간계(眞心捨三寶違諫戒) … 화를 내며 삼보를 버리겠다고 말하고 충고를 거역해서는 안 된다.

제15 발기사평승승위간계(發起四評勝僧違諫戒) … 쟁사를 일으켜서 승가를 비방하고도 충고를 거역하지 마라.

제16 습근주위간계(習近住違諫戒) … 나쁜 비구니와 함께 지내면서 악행을 품기다가 충고를 받고서 거역해서는 안 된다.

제17 승승권습근주위삼간계(勝僧勸習近住違三諫戒) … 나쁜 비구니와 함께 지내며 서로 죄를 덮어주라고 가르치면서 승가의 충고를 거역하지 마라.


## IV. 불교에서 성의 평등

인도 전통사회의 계급 차별과 성차별은 시일이 지남에 따라 베다를 근거로 하는 바라문 종교의 확립과 함께 하나의 가치 체계로서 심화되어 갔다. 사성계급은 더욱 굳어져 가며 결혼이나 사회의 제약 등에 영향을 미쳤다. 이러한 사회적 배경은 순수 바라문을 찾게 되어 7대 이상의 순수한 혈통의 바라문을 고집하게 되었다. 그러나 기원전 6세기경 중서부 지방을 중심으로 하는 새로운 출가자들이 나타나 바라문 종교에 정면 도전하게 된다. 갠지스 강 평야의 계속되는 농업의 풍작과 이로 인한 무역과 상공업의 발달은 이를 더욱 부채질하였다. 이들을 우리는 자유사상가라고 하며, 바라문 계급을 제1계급으로 하는 사회로부터의 해방을 요구하게 된다. 이러한 사회 분위기 속에서 불교는 흥기하게 된다. 불교는 처음부터 계급의 사회적 모순을 지적하고 나선다. 붓다는 깨침을 통하여 파악된 진리는 모든 인간에게 보편적인 것임을 간파하셨다. 붓다는 정각(正覺)이라는 종교 체험을 통하여 인간의 평등을 굳게 믿고 명확한 언어로 카스트, 바르나 제도로 대표되는 계급이 의미 없음을 역설하였다.

> 우리는 바라문의 여자의 태(胎)에서 나와 바라문의 어머니에게서 태어난 사람을 바라문이라고 하는 것은 아니다.
> 태어남에 의해 천민이 되는 것이 아니며 태어남에 의해 바라문이 되는 것이 아니다. 행위에 의해 천민이 되며 행위에 의해 바라문이 되는 것이다.[7]
>
> 생(生)을 묻지 마라. 다만 행(行)을 물어라. 실로 불은 모든 땔나무로부터 생긴다. 천민의 집사람일지라도 유식자(有識者), 고귀자(高貴者), 감지자(感知者)일 수 있다.[8]

불교에서는 바라문의 의미를 태어난 종성에 의해 결정되는 것이 아닌 행위에 의해 결정되는 것이라는 새로운 해석을 하고 있다. 즉 초기불교에서는 이상적 수행자로서 바라문을 종성이 아닌, 계급에 의해 구분되는 것이 아닌, 행위로 구별되는 것임을 밝히고

---

7) Suttanipāta V, 136, cf. v.650.
8) Suttanipāta V, 462.

있다. 중요한 것은 계급이 아닌 얼마나 바른 행동을 하느냐 하는 것에 관심을 기울이고 있는 것이다. 행위를 바르게 잘하는 사람이 바로 바라문임을 지적한다. 이는 계급이 의미가 없음을 밝히고 있는 것이다. 빨리 상응부(相應部)에는 다음과 같은 모든 계급 평등에 관한 선언을 주목하여 볼 수 있다.[9]

> 빠하라다여! 마치 어떠한 큰 강이든지, 예를 들어 갠지스·야무나·아찌라바티·사라부·마히 강이든지, 이들이 큰 바다에 도달하면 이전의 이름을 버리고 큰 바다라고만 불리듯이, 이와 같이 빠하라다여, 모든 계급들은 귀족, 성직자, 평민, 노예이든지 이들이 여래께서 설한 가르침과 계율을 좇아서 집에서 집 없는 곳으로 출가하면, 이전의 종성을 잃어버리고 석가의 아들이라고만 불린다. 빠하라다여! 모든 계급은 귀족, 성직자, 평민, 노예이든지, 이들이 여래께서 설한 가르침과 계율을 좇아서 집에서 집 없는 곳으로 출가하면 이전의 종성은 잃어버리고 석가의 아들이라고만 불린다. 빠하다라여! 이것이 가르침과 율법에 있어서 네 번째 미증유의 희유법이며, 이것을 보고 모든 수행승은 이러한 가르침과 계율에 환희심을 낸다.

붓다는 계급과 성에 대한 차별 없이 만인에게 평등을 설하였으며 비구·비구니·우바이·우바새로서 받아들이셨다. 붓다에 있어서 중요한 것은 계급도 남성·여성도 중요한 것이 아니었다. 제자들에

---

9) Aṅguttara Nikāya Ⅳ, 139.

게도 이와 같은 사상은 마찬가지로 이어졌다. 석존을 곁에서 모시었던 아난도 당시 천민이라 하여 차별받던 마탕가의 소녀로부터 물을 받아 평온한 마음으로 물을 마셨다고 하는 일화는 불교의 카스트제도에 대한 생각을 보여주고 있다. 출가하여 비구·비구니가 되어 교단에 들어온 사람도 출신 카스트가 문제되는 일은 전혀 없었다. 교단에서는 출신성분도 누가 먼저 깨치었느냐 하는 것도 중요한 것이 아니었다. 나중에 출가한 자가 먼저 출가한 자를 단지 선배로서 예우하여 주면 그것으로 그만이었다.[10]

　석존은 성도한 지 몇 년이 지나 고향인 카필라바스투로 돌아갈 때 500인의 샤캬족 청년들을 출가시켰다. 이때 카스트제도로 말하면, 비교적 하위에 속하는 이발사 우빨리가 아침 일찍 출가하였다. 다음날 귀족 청년들이 출가하였을 때, 석존은 그들을 교단의 선배로서 우빨리에게 예배케 하였다는 일화는 이를 반증하고 있는 것이다. 또한 이른 시기에 성립된 불전『장로의 노래(Theragatha)』에는 낮은 카스트에서 출가한 몇 사람의 장로의 노래가 실려 있다. 여기에서 예를 들면 수타나 장로는 일찍이 사람들로부터 경멸을 받았던 일을 진술하고 있다. 이러한 예는 불교교단의 문호가 만인에게 개방되어 있었으며, 교단 안에서는 출신 카스트가 전혀 문제되지 않았음을 입증하여 주는 것이다. 사실 교단 내의 서열은 율전에도 법랍에 따르는 것으로 명기되어 있다. 이러한 점은 시간이 지남에도 시종일관 변하지 않았다.

　이러한 붓다의 기본적인 생각은 성차별에 있어서까지 마찬가지

---

10) Vinayapiṭaka Ⅱ, 183;『南傳大藏經』 권4, 282;『五分律』 권17(T22, 17a);『四分律』 권4(T22, 591b).

었다. 깨침의 영역에 있어서는 남녀의 구별은 중요한 것이 아니었다. 첫 여성 출가자는 다름 아닌 석존의 양어머니인 마하파자파티였다. 그녀는 출가에 뜻을 세워 처음에 카필라바스투의 니그로다 동산에 머물고 계시던 석존을 찾아가 세 번이나 교법과 계를 베풀어 달라고 하지만, 그때마다 받아들여지지 않았다. 그러나 그 후에도 그녀의 결심은 변하지 않아서 그녀 스스로 머리를 깎고 가사를 입은 다음, 같은 뜻을 가진 샤카족의 여인들과 함께 석존을 쫓아 바이샬리 강당에 이르러 정사의 문밖에 선 채로 출가의 허락을 재차 간청하였다고 한다.

이를 안타깝게 여긴 아난이 세 번이나 석존에게 간청하여 마침내 여성의 출가를 허락받기에 이른 것이었다. 이와 같이 아난이 붓다에게 허락을 받아낼 수 있었던 것은 전에 "여성도 출가하여 수행하면 궁극에는 아라한과를 얻을 수 있다"[11]고 말씀하신 적이 있었기 때문이다. 이와 같이 붓다 당시에 여성을 출가시킴으로써 깨달음의 영역에는 성차별이라는 것은 있을 수 없음을 입증하여 보여 주셨다. 여인의 출가를 쉽게 허락하지 않았던 이유야 어떠하든, 붓다 재세 시에 여인의 출가를 허용한 것 자체만으로도 이는 간과할 수 없는 큰 의의를 지니는 것이라고 할 수 있다. 왜냐하면 남녀평등을 이상으로 부르짖는 서구 사회에 있어 여성 참정권이나 여성 종교 성직자의 허용의 역사와 비교할 때, 이는 엄청난 사건이었다고 할 수 있다. 2,300년의 역사로 되돌아가 당시 사회의 입장에서 생각해 본다면, 이는 가히 혁명적 사건이라 할 수 있다.

---

11) 『四分律』권48(T22, 923a);『五分律』권29(T22, 185c);『中本起經』(T4, 158b).

마하파자파티에 이어서 석존의 아내였던 야소다라를 비롯하여 샤캬족의 여인들이 출가하였는데, 이들과 그외 여성 출가자들을 합하여 비구니 교단이 발족되었다. 교단이 성립되면서 깨달음의 영역이 남성만의 영역이 아니라는 것을 증명하듯이, 남성 출가자들을 능가하는 자질을 가지고 있어서 폭넓은 활동을 하는 자도 나타나게 되었다. 이들 비구니의 설화들은 『비구니의 노래 (Theragatha)』 등 여러 경전과 주석서에 밝혀져 있다.

쉬라바스티에 사는 상인의 딸인 빠차타라는 부모의 뜻에 맞지 않는 남자와 결혼하여 집을 나왔지만 믿고 의지하던 남편이 독사에 발을 물려 죽고, 또 두 자식도 하나는 독수리에게 채어가고 하나는 강물에 떠내려가 죽자 어쩔 수 없이 친정으로 돌아갔다. 그러나 양친과 형제들 모두가 태풍으로 쓰러진 집에 깔려 죽었다는 사실을 알고 슬픔에 몸부림치며 미친 듯이 헤매다가 석존에게 구원을 받아서 출가했다고 한다. 빠차타라가 어느 날 항아리에 물을 길어 발을 씻을 때 흘려보낸 물이 처음에는 조금 흘러갔고, 두 번째는 좀 더 앞까지 흘러갔으며, 세 번째는 더 앞까지 흘러갔다. 그렇지만 언제나 사라져 없어지는 것은 마찬가지라는 것을 안 그녀는 사람의 수명도 비록 장단은 있지만 한계가 있다는 사실을 깨닫고서 정각의 경지에 도달했다고 한다.

이와 같이 초기 불전에서는 여성으로서 출가하여 정각에 오른 일화가 적지 않게 밝혀져 있음은 중요하다. 이러한 입장은 여성을 중시여기는 입장으로 나타난다. 불교에서는 부모를 모부라 하여 순서를 거꾸로 해서 어머니라는 단어를 앞에 놓고 있으며 인도 불교 문헌을 보면, 불교도는 이 어순을 일관하여 준수하고 있다. 후에 성립한 대승불교 문헌 가운데 『정법염처경(正法念處經)』이라는 경전에는 세간에는 네 가지 은혜가 있다고 하여 어머니, 아버지, 여래, 설법의 순서로 말하고 있는데,[12] 어머니가 제일 먼저 밝혀져 있는 점을 주목할 수 있다. 붓다는 여자는 남자의 어머니이며 어느 누구도 어머니만큼 큰 존중과 공경을 받을 사람은 없으며, 남자든 여자든 어머니에게 진 빚은 갚을 수 없게 크다는 사실을 가르침으로써 여성의 지위를 향상시켰다. 차츰 붓다의 가르침을 이해하고 따르는 이들이 많아짐에 따라, 남자들은 어머니의 소중함을 이렇게 표현하기에 이르렀다.

어머니와 조국(어머니의 땅)은 마땅히 하늘보다 더 귀하고 높지 않은가.

대승불교에 이르면 이러한 문제는 좀 더 명확히 이해해볼 수가 있다. 대승경전에서는 선남자·선여인이라고 하는 호칭이 보이는데, 선여인이 중요한 의미를 갖고 있는 점에 주목해 볼 수 있다.[13] 대승경전을 주의하여 읽다 보면, 대승경전의 지지자나 설법자는 선남자(kulaputra)·선여인(kuladuhitṛ)으로 불리고 있는 것이 대단히 많다. 그런데 하나같이 선남자 외에 선여인을 내세우고 있어 남성과 여성을 평등하게 내세우고 있는 것이다. 반드시 선여인을 들고

---

12) 田上太秀(1988), 「불교여성관의 바른 이해」, 전한국불교여성회 편, 『불교의 여성론』, 53.
13) 平川彰(1968), 『初期大乘佛教の研究』, 243-282.

있어서 대승불교에 있어 여성을 평등하게 존중하는 자세가 강하였음을 보여주고 있는 것이다.

『소품반야경』「탑품(塔品)」에서는 다음과 같은 구절이 있다.[14]

> 만약 어떤 선남자·선여인이 반야바라밀을 능히 수지하고 독송하며, 설한 바와 같이 행한다면 마왕 혹은 마천, 인간 또는 비인도 그 기회를 얻지 못하여 끝끝내 요절하지 않는다. 선남자·선여인은 반야바라밀을 수지하고 독송하기 때문이다.
>
> 대승경전의 제작자가 자신의 경전을 읽히고 싶은 이는 다름 아닌 선남자·선여인이라 불리는 사람들이며, 경전을 만든 자가 목표로 하는 이가 바로 선남자·선여인이다. 만약 선남자·선여인으로서 이 경전을 듣고 수지하는 자, 그리고 모든 부처님의 이름을 듣는 자, 이 선남자·선여인은 모두 일체 제불에 의해 호념되며 모두 아뇩다라삼먁삼보리에 있어 퇴전하지 않게 된다.[15]

이처럼 선여인도 선남자와 마찬가지로 아뇩다라삼먁삼보리에 이를 수 있다고 설명하고 있다. 이는 자연스럽게 여인성불로 이어지는 것이다. 『근본설일체유부비나야약사(根本說一切有部毘奈耶藥事)』에는 여인성불 이야기를 설하고 있다. 사위성의 가난한 여인이 순정한 믿음으로 부처님의 경행처에 동전 하나를 바치면서 석가모

---

14) 『小品般若波羅蜜經』 권2(T8, 541c).
15) 『阿彌陀經』(T12, 348a).

니불과 같이 장래에 성불하고 싶다는 원을 세웠다. 이에 답하여 부처님께서는 "이 여인은 앞으로 백 세에 이르면 반드시 정각을 이루고 석가모니·여래·응공·무상정등각이라 이름하여 십호를 구족하며 ……"[16]라고 하는 당래작불(當來作佛)의 수기를 주고 있는 이야기가 밝혀져 있는 것이다.

대승경전에서는 여인성불에 관련된 많은 설명이 보이고 있다. 여인의 수기, 왕생, 성불 등에 관한 많은 설명들이 나타나고 있는 것이다. 『법화경』 「권지품(勸持品)」에서는 마하파자파티와 야소다라 그리고 학(學)·무학(無學)비구니 6천 인에게 장래작불의 수기를 준다.[17] 수기를 준다는 사실은 붓다가 되는 것을 보증한다는 의미이다. 그러한 맥락에서 용녀 성불의 이야기가 『법화경』에서는 밝혀져 있다. 또한 『무량수경』 48원 중에서 제35원은 다음과 같다.

> 설사 내가 부처가 되더라도 한 부처의 세계에 살고 있는 여인들이 나의 이름을 듣고 기쁘게 보리심을 내며 여자의 몸을 싫어하는데, 죽은 뒤에 다시 여인의 몸을 받는다면 결코 성불하지 않겠습니다.[18]

이라는 여인 왕생원이 밝혀져 있는데, 이는 정토의 세계에도 여성이 존재함을 보여주는 것이다. 『대집경(大集經)』의 「수기품(授記品)」[19]

---

16) 『根本說一切有部毘奈耶藥事』 권12(T24, 56a). 히라카와 아키라(平川彰)는 이 부분에 대하여 대승의 영향을 받아서 삽입된 것이라고 보고 있다(平川彰(1968), 『初期大乘佛敎の硏究』, 264).
17) 『妙法蓮華經』 권4(T9, 36ab).
18) 『無量壽經』 권上(T12, 268c).
19) 『大方等大集經』 권2(T13, 148a-b).

에서는 장엄화라는 마왕이 여인의 몸으로 무량한 각종의 악을 일체의 병든 중생에게 베풀고 장래 성불의 수기를 받는다. 동시에 무량한 천신들이 여인의 몸으로 중생을 제도하겠다는 서원을 세우고 수기를 받는다. 보살도를 행하기 위하여 적극적으로 여성이 되어 중생을 교화하겠다는 것이다.

　세친은 『법화론(法華論)』에서 여인의 성불을 보다 명확히 제시해 주고 있다. 비구니와 일체의 천녀가 부처님에게 수기를 받은 것은 여인이 재가이든 출가이든 보살행을 닦으면 모두 불과를 증득할 수 있음을 시현하는 것이다. 『화엄경』 「입법계품(入法界品)」에서는 선재동자가 구법하는 53선지식을 들고 있는데, 이 가운데는 휴사우바이·자행동녀·구족우바이·부동우바이·사자안신비구니·바수밀다여인·구바녀·마야부인·현승우바이·유덕동녀 등의 여인들이 등장하고 있음을 볼 수 있다. 선재가 휴사우바이를 찾아갔을 때 휴사우바이는 다음과 같이 문답한다.

"선남자여, 나는 오직 보살의 해탈문을 얻었으니, 나를 보거나 듣거나 생각하거나 나와 함께 있는 이나 나를 이바지하는 이는 모두 헛되지 아니하리라. 선남자여, 만일 중생으로서 선근을 심지 못하고 선지식을 가까이하지 못하며, 어떤 중생이나 나를 보기만 하면 다 아뇩다라삼먁삼보리에서 물러나지 아니한다. 선남자여, 나는 항상 시방세계에서 오직 부처님을 보고 법을 들으며 여러 보살과 함께 있느니라."

선재동자가 여쭈었다. "거룩하신 이는 아뇩다라삼먁삼보리심을 낸 지 얼마나 오래되었으며 얼마나 오래면 아뇩다라삼먁삼보리를 얻게 됩니까?"

휴사우바이가 대답하였다. "나는 과거 연등부처님에게서 범행을 닦고 공경하며 공양하면서 법문을 들었고, 그전부터도 그러하였음을 기억한다. 선남자여, 보살의 행은 모든 곳에 두루 들어가 다 증득하고, 모든 세계를 다 깨끗이 하고자 함이므로 온갖 세계를 다 깨끗이 하면 나의 서원도 마칠 것이고, 모든 중생의 번뇌와 어리석음을 다 없애면 나의 서원도 만족할 것이니라."

『화엄경』에서는 이상과 같이 여성 또한 아뇩다라삼먁삼보리심을 얻었음을 보여주고 있다. 대승의 커다란 수레에서는 남성과 여성의 분별이 없음을 보여주고 있다. 이것은 불교의 근본적인 입장이라고 할 수 있다. 그러기에 여성이 붓다를 대신하여 설법하는 『승만경(勝鬘經)』이 성립되기에 이른다. 『승만경』에서는 여성의 성품을 가진 자라야 성불할 수 있다는 사상까지 밝히고 있다.

## V. 남녀차별적 표현에 대한 이해

불교에서는 남녀평등을 이상으로 하고 있지만 다소 이에 의심이 가는 몇 가지 문제가 주목된다. 특히 비구니 계율은 남녀차별이라고 인식하기에 충분한 계목이 많이 발견되지만, 오늘날까지도 우리나라에서는 그 준수가 요구되기도 한다. 이는 물론 비구계도 마찬가지이지만 시대정신에 맞지 않는 것이다. 그렇다면 왜 당시 이와 같은 남녀 차별적인 문제가 생기게 되었을까.

첫째는 당시 인도 사회제도의 반영이라고 할 수 있다. 당시에는 앞서 밝힌 바와 같이 바라문 종교체계가 사회제도로서 자리 잡아 기득권을 획득하고 있었다. 불교를 비롯하여 자유사상가들이 B.C 6세기경부터 새로운 종교 사상으로서 자리잡기 시작하였으나 아직까지 사회제도로서 자리잡지 못하였다. 불교는 성립 당시 중인도에 국한되었다. 베다를 중심으로 하는 바라문 종교가 사회 모든 방면에 영향을 발휘하고 있었다. 자유사상가의 종교들이 정면으로 바라문 종교를 부정하여 강력하게 비판하고 나온 편에 반하여 불교는 방편(upaya)이라는 방법을 취한다. 그리하여 교리에 있어서도 많은 부분을 받아들인다. 업(業)이라든가 해탈이라는 개념을 수용한다. 물론 용어만을 받아들일 뿐 실제로는 그 개념을 달리한다. 그대로 받아들이는 것이 아니라 불교적으로 이해하여 수용한다. 충돌을 피하는 방법을 취한다. 이것을 불교에서는 방편이라고 할 수 있으며, 중도주의의 실현이라고 할 수 있을 것이다. 그러므로 불교는 당시 빠른 시일 안에 많은 사람들에게 보편적 종교로서 자리잡을 수 있었다. 만약 사회제도를 강력하게 부정하고 나선다면 당시 자유사상가의 종교와 같이 단명하였을 것이며 폭넓은 지지를 받지 못하였을 것이다. 당시 인도에서 바라문 종교에서 기인하는 성차별이 기존 사회제도였다. 석존은 어느 때인가 코살라국의 왕과 대화를 나누고 있는데, 그때에 마침 왕비 말리카가 딸을 낳았다는 전갈을 받자 왕은 미칠 듯이 절망하여 비탄에 잠기는 것이었다. 이를 보고 '깨달으신 분'은 다음과 같이 말씀하였다.

> 오, 왕이여! 동요하지 마라.
> 이 아이는 앞으로 증명할 것이다.
> 그가 사내아이보다 더 뛰어난 자손임을
> 이 아이는 현명하고 덕망 있게 자라
> 남편의 어머니를 존경하는 충실한 아내가 될 것이며,
> 이 아이의 아들은 장차 선행을 하며,
> 위대한 왕국을 통치하게 될 것이다.
> 신성한 아내는 참으로 나라의 길잡이가 될 것이다.

불교의 기본 입장은 어디까지나 평등을 주장하지만 당시 성차별이 보편화된 사회질서로 자리잡고 있었다. 그러기에 불교에서는 남녀가 똑같이 평등하다고 내세울 수 없었다. 근본 입장은 어디까지나 평등이지만 많은 조건을 추가함으로써 비판을 피할 수 있었던 것이라 생각된다. 그에 대한 반영이 비구니 팔중법이며 비구니 계율이 아닌가 한다. 이러한 조항과 단서를 부가함으로써 사회의 비판을 피할 수 있었으리라 생각된다. 예를 들어 만일 유교가 가치 질서로 자리 잡았던 조선시대에 남녀가 똑같이 평등하다고 주장하며, 과거제도에 남녀가 동등하게 응시하여 관직에 동등하게 등용되어야 한다고 주장하는 자가 있다면 이러한 주장이 합리적으로 받아들여질까? 이러한 주장은 환영받기보다는 오히려 비판받을 것이 분명하다. 지혜의 종교를 표방하는 불교는 이러한

결과를 뻔히 예측하고 있었으며 알고 있었던 것이다. 불교가 이미 붓다 당시에 여성 출가를 허용한 것은 그 자체만 보더라도 혁명과 같은 것이었다. 단 몇 가지 조항만으로 여성도 깨달음의 길에 들어설 수 있게 열어 놓은 것이다. 비구니 계율이 비구 계율보다 많은 것은 단지 방편이며 사회제도의 반영이라고 보아야 할 것이다. 그럼으로써 여성도 사회 여론의 비판을 희석시키고 깨달음의 길에 나설 수 있었으며 실제로 깨달음을 얻었던 것이다.

둘째로 생각해 볼 수 있는 것은 경전 결집자와 편찬자의 의도이다. "여러 사람의 이익을 위해, 여러 사람의 안락을 위해, 세상 사람들과의 공감을 위해, 그리고 하늘의 신들과 인간의 이익과 안락을 위해 가라. 두 사람이 한 길을 가지 마라. 처음에도 중간에도 끝에도 이로운 표현이 잘 갖추어진 법을 설하라"라는 전도 선언에 밝혀진 이상으로 불교는 짧은 시간 안에 많은 사람에게 전도되었다. 이에 따라 수많은 젊은이들이 앞다투어 출가하였다. 누구에게나 열려 있는 가르침이기에 계급에 상관없이 앞다투어 출가한 것이다. 그럼에도 상류계급의 사람들이 많이 출가하였다. 바라문 계급과 크샤트리아 계급의 젊은이들이 보다 많은 부류를 차지하였다. 자연스럽게 붓다 입멸 뒤 이들이 교단을 이끌었다. 이들은 불교가 평등을 이상으로 하여야 함에도 불구하고 아직까지 성차별에 대한 인식을 떨쳐버리지 못한 것 같다. 특히, 두타제일의 가섭 같은 이는 이러한 보수성이 강하였던 분 같다. 두타와 보수성은 많은 연관을 찾을 수가 있다. 의식주에 대한 4의지의 전통을 바로 두타에서 이어받고 있기 때문이다. 그러한 배경 하에 붓다의 입멸 뒤 결집을 주관한 가섭은 아난을 문책한 것이었다.

당시 불교 교단 내에는 아난·부루나 등을 위시한 진보적 사상의 소유자와, 가섭을 중심으로 한 보수적인 비구들이 병존하고 있었으며, 불멸 직후에는 가섭을 중심으로 한 보수적인 세력이 교단을 주도해 나갔음을 알 수 있다. 따라서 보수적인 장로 비구들이 결집한 경·율에 진보적인 사상이 받아들여졌을 리가 없다. 더욱이 비구니 교단에 대한 사실은 보수적인 비구 장로들의 눈에 비친, 가섭의 취향에 맞는 것만 송출되고 기술되었을 가능성이 짙다.[20]

예를 들어, 우리가 지금 경주에 가서 볼 수 있는 통일신라가 아닌, 고신라를 대표하는 문화유물들은 거의 다 진평왕과 선덕대왕 때 만들어진 것이다. 『삼국사기』를 쓴 김부식은 지독히도 비진보적인 여성관을 갖고 있었는데, 그가 선덕여왕조 끝머리에 "중국에서도 왕후는 있어도 여성 황제를 세운 일이 없는데 음양의 원리를 거역하고 여자를 왕으로 세운 것은 참말로 난세의 처사였으며, 나라가 망하지 않은 것이 다행이다"라고 논하면서 또 "약한 돼지가 뛴다"고 빈정댄 것은 여왕 시절 문화가 별 볼일 없어야 하는데 오히려 찬란히 피어났음을 역설로 표현한 구절인 것이다. 이처럼 결집자나 편찬자의 의식에 따라서 달라질 수 있다. 경전의 편찬자들은 대부분 붓다의 진정한 본의와는 다르게 성차별의 의식을 아직 떨쳐버리지 못한 것 같다.

셋째로는 후세의 삽입, 추가된 것이라고 볼 수 있다.[21] 마하파자파티에 의한 비구니 교단의 설립을 말하고 있는 것으로 『오분율』,

---

20) 전해주(1986), 「比丘尼敎團의 成立에 대한 考察」, 『한국불교학』 11, 339.
21) 전해주는 오장설이 후세에 추가된 것이라고 지적하고 있다. 아울러 그 성립

『중아함경』,『구담미기과경』 등을 들 수 있다. 이들 경전과 율장에서는 비구니 교단의 설립을 이야기하면서 그 말미에 여인은 범천왕, 제석, 마왕, 전륜성왕, 부처가 될 수 없다는 여인 오장설이 나오는데, 비구니 교단의 설립을 기술하는 경전과 율장 가운데 다른 곳에서는, 예를 들어 『사분율』[22] 등에서는 교단 설립 문제는 동일하게 묘사되어 있으나 오장설에 대한 설명은 없다. 그러므로 이 부분은 후세에 추가·부가된 것으로 볼 수 있다.

『증일아함경』에서는 모니왕녀의 이야기를 통하여 오장설이 나오는데, 빨리 증지부(增支部) 8집 41경에는 모니왕녀의 이야기조차도 없다.

넷째는 사회를 유지하기 위한 의도였다고 추정하여 볼 수 있다. 자유와 평등을 이상으로 하는 불교는 성립하자마자, 많은 사람들에게 호응을 받았다. 앞을 다투어 출가하는 자들이 늘어났다. 불교 문헌들에는 앞다투어 젊은이들이 출가하였으므로 많은 여성들은 불안해하였고, 남편과 자식들이 혹시나 출가할까 염려하여 문고리를 단속하였다는 기록이 보이고 있다. 불교는 처음부터 열렬한 지지를 받았던 것이다. 그렇다면 이와 같은 분위기에서 여성마저 출가한다면 사회는 어느 누가 지탱하며 감당할 것인가. 당시 사회 분위기는 바라문 종교는 범행기, 가주기, 임서기, 유행기를 거치도록 하였으며 자유사상가의 등장은 사문의 출현을 의미하는 것이었다. 임서기와 유행기와 같은 출가한 사문의 등장은 사회 유

---

에 대하여 기원전 1세기경에 성립되었다고 보고 있다. 전해주, 「변성성불론의 비판적 검토」, 전한국불교여성회 편, 『불교의 여성론』, 72-75.

22) 『四分律』 권57(T22, 992a).

지의 공백을 의미한다. 이러한 분위기는 사회 전체의 유지를 위해서는 전적으로 긍정적인 것만은 아니었다. 젊은이들의 앞다툰 출가는 사회의 공백을 의미하는 것이었다.

붓다가 성도하신 뒤에 중생교화에 진력하시는 가운데 고향으로 돌아가서 아들 라훌라를 출가시켰고, 아버님 정반왕을 귀의시킬 때 부왕이 간청에 의하였기는 하지만 붓다는 비구들에게

> 비구들이여, 어린 사람으로서 부모의 허락을 받지 아니한 경우에는 출가시키지 말아야 한다.

라는 당부는 이러한 맥락에서 이해할 수 있을 것이다.

불교는 본래 어머니를 가정에 두고서 훌륭한 벗으로서는 없어서는 안 될 존재라고 생각했다. 확실히 아버지의 존재가 중심인 것을 인정했지만 그 이상으로 불교에서는 어머니의 존재가 중시되었다.

초기불교의 경전 가운데 어떤 신의 물음에 대하여 석존은 다음과 같이 대답하고 있다.

> 신: 누가 방랑자의 벗입니까? 누가 가정의 벗입니까? 사고가 났을 때 무엇이 벗이 되는 것일까요? 무엇이 내세의 벗이 되는 것일까요?
> 석존: 카라반의 주인이 방랑자의 벗이 됩니다. 어머니가 가정의 벗입니다. 붕우가 사고가 났을 때 벗이 됩니다. 그리고 자신이

만든 도덕이 내세의 벗이 됩니다.[23]

이러한 상황에서 여성마저 남성과 동동하게 출가한다면 사회체제는 제대로 유지되지 못할지 모르는 것이었다. 그런 맥락에서 이와모토 유타카(岩本裕)의 다음과 같은 지적은 의미 있다.[24]

부처님은 종교상의 성자일 뿐 아니라 위대한 불교의 관리자였다. 부처님은 불교 교단과 일반 사회와의 사이에 문제가 일어나는 것을 염려하신 것이다. 부처님의 염려는 다수의 제자들을 통솔하는 지도자로서는 당연한 것이다. 부처님이 여성을 차별한 것은 아니다.

다섯째는 교단을 유지하기 위한 방법이었다고 할 수 있다. 비구니 출가를 억제하고자 한 의도로 해석하여 볼 수 있는데, 비구니 교단의 성립으로 말미암아 정법이 전해지는 기간이 500년이나 짧아졌다고 하는 전설도 이를 뒷받침하는 것이다. 불음행을 엄격히 주장하는 교단에서 이성이 참가한다는 것은 그것만으로도 타락의 요인을 증가시키는 것이 있다. 만약 비구니 승가가 먼저 있었다고 한다면 비구 승가의 성립 역시 그 같은 엄중한 조건 속에서 이루어졌을 것이다. 비구니 계율 속에서 성에 관련된 조문이 적지 않게 발견되는 것은 이를 보증하는 것이다. 물론 이러한 맥락에서 생각할 수 있다. 불교의 계율 제정은 수범수제(隨犯隨制)에 의하여

---

23) 『相應部經典』 권1 「자남경」
24) 岩本裕(1985), 『佛敎と女性』, 202.

제정된다. 교단 가운데서 위반 행위가 있으면 그것에 의하여 하나의 계율이 제정되는 것이다. 비구니의 계율이 비구보다 100개나 많다고 하는 것은 그만큼 교단에 위해되는 행위를 위반한 이가 많았다고 생각할 수도 있다. 그럼으로써 교단을 유지하기 위해 계율을 추가한 것이 아닌가 한다.


## VI. 나오는 말

불교는 평등을 주장한다. 인종과 계급의 평등은 물론 성의 평등을 밝히고 있다. 그 가운데서 본 장에서는 성의 평등에 대한 문제를 주제로 하여 밝혀 보았다. 특히 율장 가운데 나타난 남녀차별의 문제를 어떻게 이해하여야 하며 왜 그러한 차별이 보이는가에 대한 문제를 살펴보았다. 아난이 여성을 출가하게 하였다는 이유로 교단에서 문책을 받는 일을 위시하여, 아무리 출가한 지 오래되는 비구니일지라도 비구의 지도를 받아야 한다는 비구니 팔중법, 여성오장죄 등은 아무래도 평등을 흐리게 하며, 특히나 계율 가운데는 확연한 차별을 살펴볼 수 있다. 비구니의 계율 조목에 상당한 차이가 나는 것이다. 평등을 자처하는 불교에서 이러한 역설을 어떻게 이해할 수 있을까.

이와 같이 율장 가운데 남녀평등을 의심하게 하는 사건과 표현들이 발견됨에도 불구하고 불교는 남녀를 평등하게 간주하고 있다고 보아야 한다. 붓다 당시 여성 출가의 허용, 초기불전에서는 깨우친 여성들의 이야기를 밝히고 있기 때문이다. 또한 대승불교에서 선남자와 동시에 선여인을 들고 있는 것을 보더라도 그렇다. 여인성불 또한 찾아볼 수가 있다. 그러면 왜 율장에 이러한 사건과 표현이 나타났는가? 이에 대한 원인으로 다음과 같은 이유를 상정하여 볼 수 있을 것이다.

첫째, 당시 인도 사회제도의 반영이라고 할 수 있다.
둘째, 경전 결집자와 편찬자의 의도라고 볼 수 있다.
셋째, 후세의 삽입 추가된 것이라고 볼 수 있다.
넷째, 사회를 유지하기 위한 의도였다고 추정하여 볼 수 있다.
다섯째, 교단을 유지하기 위한 방법이었다고 할 수 있다.

이와 같은 이유 등으로 인하여 율장을 비롯한 불교의 제 문헌에서는 남녀를 차별하는 사건과 표현이 나타난 것이 아닌가 한다.

이 글은 「律藏에 나타난 男女差別의 問題」(『불교학보』 32, 동국대학교 불교문화연구원, 1995, 243-260)를 수정·보완한 것이다.

제10장

# 원광의 세속오계에 대한 재고

## I. 들어가는 말

원광(圓光, 550-630 또는 640)은 6세기 후반에서 7세기 전반에 신라에서 살았다. 그가 살았던 시기는 신라에 있어서는 정치적으로나 사상적으로 매우 중요한 시기였다. 주변 정세가 급변하면서 이에 따른 새로운 가치 체제를 요구하게 되었으나, 그 토대가 될 수 있는 불교에 대한 이해는 깊지 못하였다.

원광은 이러한 시대적 요청에 따라 중국 유학을 감행하였고 고국에 돌아와 마침내 세속오계(世俗五戒)를 창안하였다. 그에 의해 창안된 세속오계는 그 어디에서도 전례를 찾아볼 수 없을 정도로 독창적이었다. 특히 임전무퇴(臨戰無退), 살생유택(殺生有擇) 등의 조항은 불교적으로 이해하기 쉽지 않기 때문에 세속오계의 사상성을 둘러싸고 적지 않은 논의가 있어 왔다. 종래 화랑오계(花郎五戒)라는 견해, 유교에서 구하는 입장, 불교에서 구하는 입장, 유교·불교·도교의 삼교(三敎) 조화에서 구하는 입장, 또한 삼교 조화와 더불어 신라인의 고유 정신이라 할 수 있는 전통습속이라는 입장 등 다양한 견해가 제기되어 왔다.

그러나 원론으로 돌아가 본다면, 한 인물의 사상을 직접적으로 그 어느 하나로부터 구한다는 것은 사실 불가능하다고 할 수 있다. 그가 출가사문일지라도 어찌 불교경전만을 탐독하였겠으며, 이로부터만 영향을 받았다고 할 수는 없기 때문이다.

불교만 본다고 하여도 다양한 종교 사상과의 교섭 속에서 형성되어 가는 것이다. 그럼에도 불구하고 우리는 불교라고 하는 것이다. 인도·중국·한국의 불교사상은 각기 다르지만 모두 불교사상이라고 한다. 그러므로 원광의 세속오계 사상을 하나의 근거를 들어 유교적 사상이나 삼교 조화의 사상에서 나왔다고 하는 것은 부차적인 문제라고 보인다.

원광이 불교 출가자였으며 또한 그가 세속오계라는 단어를 사용하였다는 점은 먼저 세속오계가 불교 가운데 이해될 수 있음을 밝히는 것이라 하겠다. 따라서 불교사상 가운데 구체적으로 세속오계와 관련한 사상을 찾을 수 있느냐 하는 점과 세속오계를 계로서 이해할 수 있는가 하는 점을 가능한 사실적 근거에서 접근해 보아야 한다고 생각한다.

이러한 이유에서 필자는 그 사실적 근거로서 『열반경(涅槃經)』에 주목하고자 한다. 그는 중국에서 『열반경』을 수학하였으며 정통하였음을 여러 자료를 통하여 확인할 수 있었기 때문이다. 따라서 본 장에서는 세속오계를 『열반경』과 관련지어 이해될 수 있는가를 밝혀보고자 한다.

## Ⅱ. 세속오계에 대한 사상 검토

세속오계는 어느 시대 어느 나라에서도 그 유례를 찾아보기 어렵다. 제26대 진평왕(眞平王) 22년 수(隋)에서 유학하고 돌아온 원광이 귀산(貴山)과 추항(箒項)이라는 신라의 두 젊은이에게 종신의 계로 삼을 한마디를 구하였을 때 주었다고 밝혀져 있다.

> 현사(賢士) 귀산은 사염부(沙染部) 사람이다. 같은 마을의 추항과 더불어 벗을 삼았는데 두 사람이 서로 이르기를 "우리들이 사군자로 더불어 놀 것을 기약하면서 먼저 마음을 바르게 하고 몸을 닦지 않으면 남에게 욕됨을 면치 못할까 두려우니 어찌 도를 어진 이에게 묻지 않으리오"하였다. 때에 원광법사가 수나라에 들어갔다가 돌아와 가슬갑(嘉瑟岬)에 머물고 있다고 함을 듣고 두 사람이 문에 나아가 고하기를 "속세의 선비가 몽매하여 아는 바가 없사오니 원컨대 한 말씀 들려주시어 종신토록 경계를 삼고자 하옵니다"고 하였다. 원광은 이르기를 "불교에서는 보살계가 있는데 조항이 열이 있으나 너희들은 신하와 자식된 몸이니 아마 감당하지 못할 것이다. 지금 세속오계가 있으니 첫째는

충(忠)으로서 임금을 섬기는 것이요, 둘째는 효(孝)로써 어버이를 섬기는 것이요, 셋째는 신(信)으로써 벗과 사귀는 것이요, 넷째는 전쟁에 임하여 물러서지 않는 것이요, 다섯째는 생물을 죽이되 가려서 하는 것이오니 너희들이 이를 실천함에 소홀히 하지 말라고 하였다."[1]

귀산 등은 다른 것은 이미 가르침을 받았으나 산 것을 죽임에 있어서 가려서 하라는 말씀을 잘 깨닫기 어렵다는 의문에 대하여 원광은 다음과 같이 대답한다.

여섯 재계일과 봄, 여름에 죽이지 않는 것이니 이는 때를 가리는 것이다. 말·소·닭·개 등의 가축을 죽이지 말며, 고기 한 점도 안 되는 작은 것을 죽이지 않는 것이니 이는 대상을 가리는 것이다. 이것도 필요한 정도만 하고 많이 죽이기를 구하지 않는 것은 세속의 선계(善戒)라고 하겠다.[2]

이상이 원광의 세속오계에 대한 출처이다. 여기서 의문이 드는 것은 네 번째 전쟁에 임하여 물러서지 않는 조항과 다섯째 생물을 죽이되 가려서 하라는 조항일 것이다. 전쟁에서 물러서지 않는 것과 생물을 죽이되 가려서 하라는 것은 모두 살생을 전제로 하는데 불교에서는 출가자와 재가자 모두 계율로서 살생을 절대적으로 금지하기 때문이다. 그러므로 귀산 등은 이에 대하여 당연히 의문

---

1) 「義解」, 『三國遺事』 권4(H6, 342a).
2) 「義解」, 『三國遺事』 권4(H6, 342a).

을 표명하였다고 보인다. 세속오계의 불교적 출처를 찾기란 쉽지 않다. 때문에 종래 그 사상성을 둘러싸고 다양한 견해가 제시되었다. 그 견해들은 크게 다섯 가지로 나누어 볼 수 있을 것이다.

첫째, 세속오계가 화랑오계라고 하는 견해
둘째, 세속오계가 유교적 사상에서 나왔다고 하는 견해
셋째, 세속오계가 불교적 사상에서 나왔다고 하는 견해
넷째, 세속오계가 불교, 유교, 도교의 삼교 조화에서 나왔다고 하는 견해
다섯째, 세속오계가 전통습속에서 나왔다고 하는 견해

## 1. 화랑오계라고 하는 견해

이는 세속오계를 화랑도의 근본정신인 것처럼 이해하는 견해로서 이선근의 주장에 기인한다.

> 이상의 기록 가운데 화랑의 오계라고 명시한 바는 없으나 불교의 고승인 원광법사가 귀산 등에게 일러 주되, '너희들은 남의 신자라는 전제 아래 보살십계를 권하지 않고 신자가 지켜야 할 당시의 세속오계로서 대신한 것'이니 국가적인 연대로 보아 이즈음은 화랑도가 전성하였던 시기요, 국가적인 방침과 권위 아래 청년교육과 청년훈련의 지침이 되었던 터이라, 어느 모로 비추어 보든지 불교승이 보살십계(菩薩十戒) 이상으로 당대 청년에게 권

할 수 있는 것이라면 비록 '계(戒)'이었음이 틀림없다. 세속은 보편을 의미하니 당대 청년들에게 보편화된 교육이라면 화랑도의 소신 이외에 별것이 없다고 믿어지기 때문이다.[3]

이에 역사학계의 견해도 찬동하고 있는 입장이다. 이기백은 그의 견해에 대하여 다음과 같이 찬동하는 견해를 밝힌 바 있다.

> 둘째로 문제되는 것은 이들 덕목이 화랑도(花郞徒)와는 어떤 견해에 있느냐 하는 것이다. 일반적으로 세속오계는 화랑도의 도덕률인 것으로 전해지고 있는 것과는 달리 기록상으로 아무런 관계가 없는 것으로 되어 있다. 즉 귀산과 추항은 모두 화랑도, 낭도도 아닌 것으로 되어 있다. 그러므로 원광은 이들 덕목을 꼭 화랑도를 위해서라기보다는 일반 청년들을 위하여 주었을지도 모를 일이다. 그러나 당시의 청년들의 대표적인 존재가 화랑도였다는 점, 그리고 화랑도 속에는 승려들이 끼어 있어서 도덕적 교육에 일정한 구실을 담당하고 있었다는 점 등에 비추어서 화랑도의 덕목으로도 생각할 수가 있다고 생각한다.[4]

이와 같이 원광의 세속오계를 화랑오계로 보는 견해는 일반적으로 역사학계에서 받아들여지고 있다. 왜냐하면 대부분 화랑의 덕목에 세속오계를 들어놓고 있기 때문이다. 그러나 현존자료에 따르면 세속오계를 화랑오계라 확정 지을 수 있는 근거는 발견되

---
3) 이선근(1993),『花郞道』, 15-16.
4) 이기백(1994),『新羅思想史硏究』, 110.

지 않는다. 우리가 볼 수 있는 현존자료에서는 세속오계는 어디까지나 당대에 명성 있는 원광법사가 종신토록 지킬 교훈의 말씀을 듣고자 찾아온 두 젊은이인 귀산과 추항에게 국민으로서 지켜야 할 다섯 가지의 도리를 일러 주었을 뿐이다. 그 어느 곳에서도 화랑오계 또는 화랑이라는 단어는 보이지 않는다. 물론 비록 명문상으로는 직접적인 기록이 없다고 할지라도 이상과 같은 사학적 사유 방법이 전혀 불가능한 것은 아니다. 그렇다고 하여 자료에도 없는 사실을 문학적인 미화나 추리만으로 그 역사성이나 표현을 바꾸어 단정 지을 수는 없다.

만일 아무런 사적 고증도 없이 기존 사실을 편의상 또는 단순한 집착만으로 그러려니 하고, 그 성격이나 명칭을 바꾸어 버린다면 그것은 역사적 사실이라고 할 수가 없다. 이는 문학작품이나 허구적 유추(fictional analogy)에 지나지 않는 것이다. 물론 문학적 표현이나 가상적인 유추가 전혀 가치 없다고 할 수는 없다. 다만 그것은 말 그대로 문학적이고 창의적인 유추이며 표현일 뿐이다. 그 자체가 역사적 사실(historical fact)일 수 없는 것이다. 역사적 사실이 발견되지 않는 한 세속오계는 화랑오계라고 할 수 없으며 오직 세속오계일 뿐이다.

## 2. 유교적 사상이라는 견해

원광이 세속오계에 대한 사상성 추구에 있어 유교적 사상에서 파악하고자 하는 주장이 세속오계를 화랑오계라는 주장과 더불어 제기되어 있다. 이병도는 원광의 세속오계를 밝히는 부분에서 다음과 같이 밝히고 있다.

> 진평왕 때의 고승 원광법사는 귀산, 추항의 두 청년의 청익(淸益)에 대하여 불가에 보살십계가 있으나 남의 신자가 된 그들에게는 지키기 어려우므로, 특히 세속오계를 주겠다하고 사군이충(事君以忠), 사친이효(事親以孝), 교우이신(交友以信), 임전무퇴(臨戰無退), 살생유택(殺生有擇) 등의 다섯 가지 표어를 들었다. 이것은 순전히 유교의 덕목 - 충(忠), 효(孝), 신(信), 용(勇), 인(仁)에 의하여 보인 것이니, 살생유택도 유가의 사상이요, 불가의 사상은 아니다. 불가에서는 살생을 십악업(十惡業)의 하나로 하여 절대 엄금하는 까닭이다.[5]

그는 원광의 세속오계가 전적으로 유교 덕목임을 강조하고 있다.

> 승려인 원광이 이와 같이 세속적인 유교 도덕에 의하여 두 청년을 지도한 것은 역시 그의 말과 같이 상대방이 세속인이기 때문에(그가 유교에도 겸도(兼道)한 이유도 있었을 것이다) 세속에 적응하도록 노력하려고 그와 같이 말한 바이지만, 어떻든 현실을 존중하고 시대 도덕과 국가정책에 적응한 것임을 알 수 있다.[6]

---

5) 이병도(1985), 『韓國古代史研究』, 70.
6) 위의 책, 769.

이러한 견해는 이기백에 의해서도 표명되고 있다.

> 그럼에도 불구하고 이들 덕목이 유교에서 주장하는 기본 덕목들과 일치한다는 점은 역시 간과할 수가 없을 것으로 믿는다. 이들 덕목의 유래를 혹은 불교에서 찾아보려는 시도도 있는 듯하나, 적어도 이들 덕목이 불교의 기본사상과 직결될 수는 없다. 게다가 원광은 노장(老莊)과 유학을 널리 읽고 제자(諸子)와 사서(史書)를 연구했다.[7]

계속해서 이기백은 "원광 자신은 승려였지만 세속인에게 오히려 이러한 유교 덕목이 적합하다고 믿고서 이를 주었다는 설이 온당할 것으로 생각한다. 다시 말하면 신라인은 당시의 사회가 요구하는 덕목을 유교의 그것으로 표현한 것이다. 이것은 또 그들이 유교에 대하여 가지는 관심의 각도를 드러내 주는 것이다. 그리고 이러한 관심에 대하여 유교가 부응할 수 있었다는 이야기가 되기도 한다"라고 하여 세속오계가 유교적 사상에 근거한다는 주장을 하고 있다.

이기백은 구체적으로 원광이 노장과 유학을 널리 읽고 제자와 사서를 연구했다는 『속고승전』에 밝혀져 있는 사실을 그에 대한 구체적인 논거로서 밝히고 있다.

---

7) 이기백(1994), 『新羅思想史硏究』, 202.

## 3. 불교적 사상이라는 견해

원광의 세속오계가 불교의 사상에 연원을 두고 있다는 견해가 제기되었다. 이러한 주장은 세속오계가 전적으로 유교의 덕목에 근거한 사상이라는 견해와 삼교의 주장에 근거했다는 견해에 대하여 불교학계에서 나온 견해이다. 세속오계는 어디까지나 불교에 입각한 윤리임을 처음으로 주장한 이는 안계현이었다. 그는 다음과 같이 주장한다.

> 이상 우리는 세속오계에 관하여 약간의 언급을 일삼아 왔는바 따라서 애국진충(愛國盡忠)의 정화(精華)이었던 화랑이 그 이념으로서, 그 정신으로서 세속오계가 지니는 신라 사회·사상·문화상의 의의를 설정시킬 수 있을 것이다. 즉 유연(有緣)의 불국토인 신라를 더욱 발전시키고 정법을 수호하기 위하여 신라를 침범하는 것은 조(調)하여야 할 것이니, 살생유택과 임전무퇴가 마련되고 불국토 신라에 태어난 보은감사(報恩感謝)로서 사군이충과 사친이효가 마련되었고 아울러 불교의 근본인 신(信)을 제시하여 국민생활, 사회생활의 도덕 생활규범으로서 오계(五戒)라 한 것이라 하겠다. 오계를 중국인과 같이 오상(五常)·오행(五行)사상의 윤리도덕에 배정시키어 이해치 않고, 순전히 국가생활을 위주로 새로이 오계를 따로 제한 이 세속오계는 불교에 입각한 신라인의 윤리요, 국가생활의 규범이었다.[8]

정병조는 7세기 초반의 불교와 유교의 무게, 원광은 어디까지나 불교인이라는 사실 등을 들어 세속오계는 원광의 대승적 보살 윤리임을 밝히고 있다.

세속오계로 대변되는 이 시기는 원광이 지도자로서의 풍화를 드 높인 때이기도 하였다. 화랑의 지도이념이라 알려져 오는 이 세 속오계는 아직도 일반인들에게 유·불·선 삼교의 융합이라는 어 정쩡한 교훈으로 전수되는 듯하다. 그러나 원광은 불승(佛僧)이 었다. 필자는 이 세속오계가 근거하고 있는 불교적 원리를 제시 하였으며, 그것은 보살계 사상에 근거한 대승윤리의 실천임을 주장한 바 있다.[9]

정병조는 세속오계는 다름 아닌 보살계에 근거한 대승률(大乘律)이라고 주장하고 있다.

7세기 초반의 불교와 유교 무게를 가늠하여 보자. 만약 신라 유 교의 연원을 설총으로부터 잡는다면, 이때는 설총의 아버지 원 효 큰 스님도 아직 태어나기 이전의 일이다. 역사의 순환 속에 유교가 등장하고 더구나 그것을 국시로 삼던 조선이라는 시대까 지를 경험한 오늘의 안목에서 이 세속오계를 보고 있는 것이다. 원광의 시대는 앞서 지적한 대로 통일의 염원이 팽배하던 시기 였다. 그때 국가에 대한 충성, 혹은 부모에 대한 효친은 구태여

---

8) 안계현(1960), 「新羅人의 世俗五戒와 國家觀」, 『韓國思想』 3, 81-97.
9) 정병조(1990), 「圓光法師」, 불교신문사 편, 『한국불교인물사상사』, 19.

유교의 것이라고 고집할 필요조차 없는 자연발생적 덕목이다. 더구나 원광의 백고좌도량(百高座道場) 등 소위 호국적 법회를 주관하던 당대의 고승이었다는 점을 잊어서는 안 된다. 그러나 보다 근원적인 것은 원광이 불교인이었다는 사실이다. 만약 필자에게 제자들의 좌우명을 정해달라고 했다 치자. 그러면 나는 이것을 불교에서 부족하니까 첫째는 기독교에서 따오고, 두 번째는 유교에서 그리고 세 번째는 이슬람교에서 따서 이렇게 하라고 할 수 있겠는가? 이것은 지극히 평범한 상식이다. 그런데도 그 실천행이 우연하게 유교의 덕목과 일치한다는 점만으로 세속오계를 삼교융합(三敎融合)으로 운운하는 것은 전혀 그 시대 정신을 통찰하지 못한 결과라고 본다. 필자는 이 세속오계야말로 바로 원광의 대승적 보살윤리였다고 믿는다.[10]

그는 계속하여 통일 이전에 유포된 유·불의 영향력을 상기할 때, 불교 쪽이 훨씬 신라인들에게 밀착되었으리라는 점, 그리고 전기는 윤리강령은 대소승 불교전적을 통해 그 연원을 충분히 도출할 수 있다는 점, 특히 작자 원광은 불승이었다는 점 등을 미루어 마땅히 불교적 해석을 행해야 한다고 보았다. 아무리 원광이 유교에 밝은 학승이었다고 하더라도 원광은 불교 수행승이었다. 그에게서 의도적으로 불교적인 색채를 감소시키려고 하는 것은 결코 순리라고 말할 수는 없을 것이라는 논조를 띠고 있다.

---

10) 정병조(1990), 「圓光法師」, 불교신문사 편, 『한국불교인물사상사』, 19.

## 4. 삼교 조화적 사상이라는 견해

원광의 세속오계를 유교의 사상에서 나왔다는 견해, 불교의 사상에서 나왔다는 견해와 더불어 유교·불교 그리고 도교의 삼교의 조화에서 나왔다는 주장이 제기되었다. 이러한 주장은 일반적이며 보편적인 견해로서 받아들이고 있다. 이 견해는 김충렬에 의해 제기되었다. 그는 먼저 신라라는 국가가 유교, 도교, 불교의 삼교 조화를 현실화한 국가임을 밝히고 있다.

당시 신라가 섭취한 중국의 유교는 선진(先秦) 시대의 실천도의를 중시하는 원시유가사상이었으며 도교는 종교적인 것보다는 자연주의의 노자와 지혜주의의 장자(莊子)를 통합한 정신자유의 도가사상(道家思想)이다. 그리고 불교는 이미 중국화된 천태(天台)·화엄(華嚴)과 순수종교적인 열반(涅槃), 정토(淨土), 미륵사상(彌勒思想)이 성행하던 때였으므로 받아들인 삼교가 모두 이상국가를 현실 위에 건설하는 데 각기 중요한 측면을 담당하는데 아주 적합했다고 할 것이다. 유교의 도의(道義) 규범은 인간의 의미와 가치 소재를 자각하게 했고, 도교의 정신자유는 생활의 낭만과 슬기를 확대시켰고 불교의 불국정토는 이상을 현실화 구체화시켰다. …… 사실 원광의 세속오계는 그 조건 자체로 볼 때, 불가의 계목보다는 오히려 유가오륜(儒家五倫)에 가깝다. 그러나 여기서 주의해야 할 것은 살생유택도 그것을 불교만의 것으로 보아서는 안 되는 것이다. 그러므로 원광의 세속오계는 그것이 원광이 승려라 해서 불교에서 사상의 배경을 찾아서는 안 되고 물론 유교에서만 찾아도 안 된다는 점이다. 원광이 불제자가 되기 전에 이미 유학이나 도교에 조예가 깊었다는 것과 진(陳)이나 수(隋)에 유학했을 때 그곳 사정이 이미 삼교조화 사상이 이론적으로 특히 불승들의 주동적인 노력에 의해 성숙되었다는 것과 불교 자체에 있어서도 신행(信行)이 삼계불교(三階佛敎)를 제자계(第子階)의 범부(凡夫)를 구제하는데 현실적으로 적합할 수 있는 불교로 해석되고 또 계획되고 큰 관심을 끌고 있었던 때였다. 원광의 이러한 인격이 매개되어 중국에서도 실현해 보지 못한 삼교융합사상이 신라라는 국가 현실 위에서 화랑을 주역으로 실현되었으니 그야말로 삼교정신, 국가관념, 화랑 인격이 삼위일체(三位一體)되었고 이 삼위가 일체가 되는 데 교량이 된 이가 원광이고 보면 신라의 삼국통일의 영광은 한 좌명장(佐名將)에게만 돌릴 것이 아니라 당시 정신의 귀의요 세상의 온상이었던 불교의 대덕에게도 돌려야 된다고 본다.[11]

이와 같이 세속오계는 원광이 창안한 것이라고 보며 그 근본사상을 불교뿐만 아니라 유교, 도교의 삼교 조화의 사상에 근거했다고 보고 있다.

세속오계들에 대한 사상성 추구에 있어서는 대략 세 가지 견해 다시 말해 유교, 불교, 도교 등에서 근거하는 견해가 제기되었

---

11) 김충렬(1971), 「花郎五戒의 思想背景考」, 『亞細亞硏究』 14(4), 214-215.

다. 세속오계에 대한 사상성 추구에 있어 다양한 입장에서의 접근은 그 하나하나의 근거를 조명하여 볼 때 나름의 타당성을 지닌다 하겠다. 이러한 견해들은 각기 외래의 종교(유교, 도교, 불교)사상에서 즉 외적요인에서 그 근거를 찾는 것에 공통점을 가진다고 할 수 있다. 그러나 신라의 외적요인 보다도 내적요인에서 찾아보자는 주장이 제기되었다. 김영태는 다음과 같이 지적하였다.

> 그렇다고 한다면 신라인 고유의식, 정신에서 찾을 수 없는 것일까? 기존 연구의 공통되는 특성의 하나는 한결같이 그 원인을 외적인 면에서 찾고 있는 것이다. 물론 이러한 일면을 부정하지는 않는다. 오히려 적극적으로 받아들이는 입장이다. 그러나 이 연구성과들은 내적인 신라인의 고유정신, 의식적인 영역을 고려하지 못했다. 『삼국유사(三國遺事)』등 현존자료에서 보면 세속오계를 설한 원광 이전 특히 불교나 유학 충(忠), 효(孝), 신(信), 용(勇), 인(仁)이 강조되고 있음을 볼 수가 있다. 그러므로 원광의 세속오계의 사상적 근원을 추구하는데 있어서는 종래의 연구 성과라 할 수 있는 유교·불교·도교 등 외래 종교사상의 근원적 추구와 아울러, 내적인 요소라 할 수 있는 신라인의 고유정신이라 할 수 있는 전통 습합(習合)의 연구 또한 아울러 검토되어야 할 것이다.[12]

이처럼 세속오계에 대한 사상성 문제를 둘러싸고 다양한 견해

---

12) 김영태, 『민족문화와 불교』, 66-67.

가 제기되어 왔으며 각 견해는 나름의 논거를 가지고 있음을 살펴보았다. 그러나 이 문제는 여러 요인들을 살펴보기 이전에 불교 안에서 충분히 검토되어야 할 것이다. 원광은 불교 출가승이었다는 점 또한 그가 세속오계라고 하여 계라는 단어를 사용하였다는 점은 이에 대한 당위성을 밝혀준다. 따라서 세속오계와 관련한 불교사상 그리고 세속오계가 불교의 계로서 이해될 수 있는지의 문제를 사실적 근거에서 접근하고자 한다.

## III. 원광의 『열반경』 연구

원광의 전기는 어느 인물보다도 비교적 상세히 전하고 있다. 우리는 원광의 전기를 통하여 신라에서의 불교 수용과정을 밝혀 볼 수 있을 것이다. 그러나 무엇보다도 이를 통하여 원광에 대한 이해와 더불어 세속오계에 대한 사상적 배경이 무엇인가를 헤아려 볼 수 있지 않을까 한다. 원광의 전기를 밝히고 있는 현존자료로는 『속고승전』, 『고본수이전(古本殊異傳)』, 『삼국사기』 그리고 『해동고승전』이 남아 있다. 그리고 앞의 전기는 모두 『삼국유사』에 실려 있으나 각기 전하고 있는 내용들이 조금씩 다르다. 현존자료 가운데 원광에 대한 속성, 출신, 출가 시기, 중국 유학 동기와 출발, 중국에서의 수학 내용은 각기 다르게 전하고 있는 것이다.

그러나 세속오계와 관련된 문제를 살펴보기 위해서는 먼저 중국에서의 수학한 내용이 구체적으로 무엇이었는가를 밝혀보는 일이 우선이라 생각된다. 중국 유학은 그의 생애에 있어 그의 사상을 정립시키는 가장 중요한 시기였으며, 중국에서 귀국한 후 바로 세속오계의 창안이 이루어지기 때문이다. 즉 세속오계는 중국 유학 중 정립된 사상의 결정이라고 보이는 것이다. 그러므로 그의 중국 유학에 대하여 밝혀보는 것은 대단히 중요하다. 먼저 『속고승전』에서는 다음과 같이 밝힌다.

> 해동에 살아서 조상의 풍속이 면원(綿遠)하고 마음이 크고 넓으며 글짓기를 좋아하고 도가와 유교의 경전을 섭렵하고 제자와 사기를 연구하여 그 문장은 삼한에 이름 높았다. 그러나 해박함이 오히려 중국에 부끄러우므로 마침내 친한 친구를 멀리 떠나 강개로운 뜻을 품고 바다를 건넜으니 나이는 25세였다. …… 그러므로 『열반경(涅槃經)』과 『성실론(成實論)』을 얻어 심부(心府)에 쌓아 간직하였으며 삼장의 경론을 두루 찾았다.
> 신은 이르기를 "나의 나이는 거의 삼천 년이나 되었는데 신술(神術)이 가장 장하니 이와 같은 것은 작은 일이라. 어찌 놀랄 거리가 되랴. 다만 나는 장래의 일을 모르는 것도 없고, 천하의 일에 통달하지 않는 것도 없다네 그려. 이제 생각하니 법사가 다만 이곳에서만 머무른다면 비록 스스로만의 이익은 있겠지만 남에게 이롭게 하는 공덕은 기약하기 어려울 것이니, 만일 현재에 높은 이름을 드날리지 못한다면 미래의 승과는 얻을 수 없을 것이니, 어찌 중국에서 불법을 배워 와서 이 나라의 혼미한 무리를 열어주지 않겠는가" 한다.

법사는 "중국에 가서 도를 배우려는 것은 나의 평소의 소원이었으나 바다와 육지가 멀리 막히어 스스로 통할 수 없었을 따름입니다" 하였더니, 신이 중국으로 가는 계획을 상세히 가르쳐 주었다. 법사는 그 말을 쫓아 중국에 들어가 11년 동안을 머물렀다.

그리고 『삼국유사』에서는 다음과 같이 전한다.

신라 황륭사(皇隆寺) 승려 원광의 속성은 박 씨이다. 본디 삼한에 살고 있었다. 삼한은 변한(弁韓)·진한(辰韓)·마한(馬韓)이며 원광은 곧 진한 사람이었다. 해동에 살아서 조상의 풍속이 면원하고 마음이 크고 넓으며 글짓기를 좋아하고 도가와 유교의 경전을 섭렵하고 제자와 사기를 연구하여 그 문장은 삼한에 이름 높았다. 그러나 해박함이 오히려 중국에 부끄러우므로 마침내 친한 친구를 멀리 떠나 강개로운 뜻을 품고 바다를 건넜으니 나이는 25세였다. …… 곧 구족계를 받고 강사(講肆)를 유역(遊歷)하여 가모(嘉謨)를 두루 궁구하고 미묘한 말들을 해득하여 세월을 허비하지 않았다. 그러므로 『열반경』과 『성실론』을 얻어 심부에 쌓여 간직하였으며 삼장의 경론을 두루 찾았다. 또 오(吳)나라 호구산(虎丘山)에 들어가 염불과 선정을 계속하고 각관(覺觀)을 잊지 않으니 지친 마음을 쉬려하는 뭇 사람들이 임천(林泉)에 구름처럼 모여들어 함께 사아함(四阿含)을 두루 섭렵하여 공적이 팔정(八定)에 올랐으며 밝고 착함을 행하기 쉽고 깊고 곧음이 이지러지지 않았다. …… 이때 신사 한 사람이 산 아래에 집을 두고 원광에게 강의를 청하였으니 굳이 사양하고 허락하지 않더니 성심껏 요청하기에 드디어 그 뜻을 좇아『성실론』을 통한 뒤에『반야경』을 강의하였는데 그 해석이 명쾌하여 명성이 날리고 겸하고 아름다운 수사로써 글뜻을 엮어내니 듣는 자들이 기뻐하여 마음에 흡족하였다.[13]

또한『고본수이전』에서는 다음과 같이 밝히고 있다.

법사는 그 말을 좇아 중국에 들어가 11년 동안을 머물렀다. 삼장을 널리 통하고 아울러 유술을 배웠다. …… 법사가 처음 중국으로부터 돌아왔을 제 본조의 군신이 공경하고 높이어 스승을 삼았고 늘 대승경전을 강설하였다.[14]

마지막으로『해동고승전』은 다음과 같다.

그는 도교와 유교에 정통했으며 문학을 좋아하여 깊이 빠져들곤 하였다. 또한 그는 고매한 사상의 소유자로서 시끄럽고 복잡한 곳을 싫어하였다. …… 그리하여 원광은 진평왕 11년(589) 봄 3월에 드디어 진나라로 유학을 가게 되었다. 스님은 그곳에서 여러 불교 강원을 찾아다니면서 열심히 교육을 받았다. 그때 그는『성실론』과『열반경』및 삼장 가운데 여러 가지 논의 진수를 깨달았다. 그후 그는 큰 야망을 품고 다시 오나라의 호구산으로 들어갔

---

13) 「義解」,『三國遺事』 권4(H6, 340).
14) 「義解」,『三國遺事』 권4(H6, 341b).

다. 그곳에서 스님은 신도들의 요구에 따라 『성실론』을 강의하였으며, 이후로 그를 사모하여 그의 강의를 듣고자 몰려드는 사람들이 고기비늘처럼 줄을 이었다. …… 한편 원광은 개황(開皇)연간(581~600)에 처음으로 유행했던 『섭대승론(攝大乘論)』을 열심히 공부하여 수나라 서울에 그 명성이 자자하였다.[15]

이상에서 살펴보았듯이 각전에서 전하는 원광의 중국 수학 내용은 다르다. 『속고승전』에서는 원광을 중국 유학 전에 도가와 유가, 제자와 사기를 연구했다고 하며 중국에 건너가서는 『열반경』, 『성실론』, 삼장 그리고 사아함을 섭렵하였으며 『성실론』과 『반야경』을 강의하였다고 한다. 『고본수이전』에서는 삼장을 통하고 아울러 유술을 배웠다고 하며, 『해동고승전』에서는 『성실론』, 『열반경』 및 삼장 가운데 여러 가지로 진수를 깨달았으며 『성실론』을 강의하였다고 밝히고 있다.

그런데 각 전에서는 거의 공통으로 『열반경』을 밝히고 있음을 보게 된다. 귀산과 추항이라는 신라의 두 젊은이에게 세속오계라는 가르침을 주기 직전, 중국 유학 중 어느 경전보다 『열반경』 연구에 몰두하였음을 알 수 있다. 따라서 『열반경』의 사상과 세속오계를 관련지을 수는 없는가 하는 문제가 제기된다. 즉 세속오계는 『열반경』 이해에서 창안될 수 있는 것이 아닌가 하는 점이다.

원광이 중국에서 돌아와 신라의 두 젊은이인 귀산과 추항에게 세속오계를 주었다는 사실은 그가 중국에서 공부한 『열반경』 사상

---

15) 장휘옥(1991), 『海東高僧傳硏究』.

의 영향을 통해 창안되었으리라는 가능성을 높게 한다. 그런 점에서 『열반경』의 사상 특히 계율사상과 관련하여 살펴보는 것은 대단히 중요한 일이다. 이는 『열반경』을 통하여 세속오계와 관련지을 수 있는 사상을 발견할 수 있는가 하는 문제이다. 그러기 위해서는 먼저 『열반경』의 이해가 필요하다.

원광이 중국에서 돌아와 본 조국인 신라가 처한 상황은 『열반경』이 성립되었을 당시의 불교교단의 상황은 여러 가지 점에서 유사함을 알 수 있다. 『열반경』 성립 당시 인도의 역사적 상황은 전쟁이 끝난 뒤에 찾아오는 물질적 풍요로 인하여 가치관은 혼란되어 갔으며 사회는 사치와 퇴락으로 몰고 갔다. 이를 반영하듯 불교교단 또한 걷잡을 수 없는 상황으로 흘러갔다.

교단 상황은 최고조의 위기에 달하였음을 경전에 나타난 표현을 통하여 볼 수 있다. 사람들은 밥을 먹기 위해 출가하였으며, 이런 사람들에 의해 법을 수호하는 청정한 비구들이 쫓겨나고 다치고 죽임을 당했다는 표현 등은 당시의 시대 상황을 단적으로 가름하여 볼 수 있다 하겠다.

그런데 이러한 상황과 아울러 특히 주목되는 것은 일천제(一闡提, Icchantika)의 등장이다. 일천제의 등장으로 교단은 더욱 혼란하고 어지러워진다. "파계(破戒)는 일천제를 이른다"라는 표현은 이들로 인하여 얼마나 정법이 위협을 받았는가를 단적으로 말하여 준다. 『열반경』에 있어 이러한 일천제에 대한 강조적인 언급은 일천제의 출현으로 인한 불·법·승 삼보(三寶)에 대한 위기감의 반영이라고 할 수 있다. 일천제의 등장뿐만 아니라 삼종승(三種僧)에 대하여도 언급하고 있는데 삼종승은 범계잡승(犯戒雜僧), 우치승(愚癡僧), 청정승(淸淨僧)이다.

이러한 일천제와 삼종승 등에 대한 언급은 『열반경』 성립 당시의 사회 상황과 교단 양상을 보여주는 것이다. 이러한 현실은 계율의 새로운 요청을 요구하게 된다. 기존의 계율로서는 현실을 대처할 수 없으므로 자연히 정법호지(正法護持)를 강조하지 않을 수 없다. 그러므로 정법구주(正法久住)를 위해 계율의 필요성이 강조되어 진다.[16]

율의 제정목적이 정법에 오래 머물게 하는데 있듯이 『열반경』의 시대, 즉 정법이 흔들리고 있을 때는 자연히 계율이 강조되며, 또한 정법호지 차원의 계율이 중시될 수밖에는 없을 것이다. 그러기에 경전은 계율을 범하거나 정법을 파계하는 자를 엄격히 다스려야 함을 강조한다. 구체적으로 「장수품(長壽品)」에서는 다음과 같이

---

[16] 본래 율이 처음으로 제정되었을 때도 율의 제정 근거로서 율장에는 십리(十利, dasa atthavaso, daśānuśaṃsāḥ)가 설해진다. (1) 승가의 건전성을 위해, (2) 승가의 안주(安住)를 위해, (3) 악인(惡人)의 억제를 위해, (4) 선비구(善比丘)의 안주를 위해, (5) 현세의 번뇌를 끊기 위해, (6) 미래세의 번뇌를 끊기 위해, (7) 믿지 않는 자를 믿게 하기 위해, (8) 이미 믿고 있는 자를 믿게 하기 위해, (9) 정법(正法)을 오래 머물게 하기 위해, (10) 율을 중히 여기게 하기 위해 율의 제정 근거를 열 가지 항목으로 들지만 특히 주목되는 것은 제9의 정법을 오래 머물게 하기 위해서(Saddhammaṭṭhitiya)이다. 십리는 모든 율장에 설명되어 있다. 『사분율(四分律)』에는 '십구의(十句義)'로서 번역되어 있으며, 『승기율(僧祇律)』에서는 '십종이익(十種利益)'이라고 번역되어 있지만 다른 율에서는 '십리(十利)'라고 번역되었다. 원어는 『빨리율』에서는 dasa atthavaso라고 한다. 이것은 십종의 이익 근거라는 의미일 것이다. 『번역명의대집(翻譯名義大集)』에서는 daśānuśaṃsāḥ라고 한다. anuśaṃsā에도 칭찬의 의미도 있지만 공덕이익(功德利益)의 의미도 있다. 따라서 십리라고 번역할 수 있다. 그러나 『빨리율』과 『번역명의대집』에서는 용어가 다르므로 『사분율』의 십구의의 원어도 이와는 다를지도 모른다. 平川彰, 석혜능 역(2003), 『원시불교의 연구』, 250 참조.

설명한다.

> 계율을 범하거나 정법을 파계하는 이를 보면 곧 구견(驅遣)·가책(呵責)·거처(擧處) 등을 짓느니라. 만일 선한 비구가 법을 파괴하는 이를 보고도 그냥 두고 구견·가책·거처를 하지 아니하면, 이러한 사람은 불법의 원수요. 만일 구견·가책·거처를 한다면 이들은 나의 제자요, 진실한 성문이니라.[17]

정법을 파괴하는 이를 보면 소극적이 아닌 적극적인 태도를 취하여야 함을 강조하고 있다. 아무리 선한 비구일지라도 정법을 파괴하는 이를 묵시한다면, 이는 바로 불법의 원수임을 강경한 어조로 설명한다. 계속하여 정법을 파괴하는 자가 있다면 임금과 대신과 사부대중이 합심하여 엄격히 다스려야 함을 보여주고 있다.

> 왕이나 사부대중이 마땅히 모든 학인들을 권면하여 계율과 선정과 지혜로 하여금 점점 나아가게 할 것인데, 만일 이 세 가지 법을 배우지 아니하면서 게으르고 계행을 범하고 바른 법을 파괴하는 이가 있으면 임금과 대신과 사부대중들은 마땅히 엄하게 다스려야 할 것이다.

즉 정법을 파괴하는 이는 교단과 국가차원에서 강경하게 다스려야 한다는 것이다. 이러한 문제는 임금과 대신이라는 언급으로

---

17) 『大般涅槃經』 권3(T12, 620c).

미루어 단지 교단만의 문제가 아닌 국가차원의 문제로서 해결하고자 했음을 보여준다. 이러한 상황은 『열반경』 성립 당시 즉 대승 중기인 기원 후 2-4세기경 인도의 국가적 사회 상황을 반영한 것이다. 이러한 사회 상황 아래서는 정법이라는 문제가 강조될 수밖에 없고, 자연히 계의 문제도 이러한 입장에서 강조되는 해석이 요구되어 진다. 그러므로 『열반경』에서는 정법호지의 계가 그 기반을 이루고 있다. 『열반경』 시대, 즉 정법이 흔들리고 있을 때는 계율이 자연히 강조되며, 정법 호지 차원의 계율이 중시될 수밖에는 없다. 『열반경』 「장수품」에서는 열반의 삼덕(三德)을 명확히 한 것에 이어서 「금강신품(金剛身品)」에서는 정법호지를 역설하고, "붓다는 정법을 호지하였기에 금강불괴신(金剛不壞身)을 얻었다"라고 설명하여, "비구·비구니·우바새·우바이는 정법을 호지하라"라고 설해 호법의 과보는 광대무량인 것을 주장한다.

> 선남자여! 그러한 인연으로 비구·비구니·우바새·우바이는 마땅히 부지런히 바른 법을 수호할 것이다. 법을 수호하는 과보는 한량없이 크고 넓으니라.
> 선남자여! 그러기에 법을 보호하려는 우바새는 칼과 작대기를 들고 법을 지니는 비구를 옹호해야 하느니라. 설사 오계를 갖추어 받아 가지었다 할지라도 대승인이라고 하지 못하지만 오계를 받지 않았더라도 정법을 보호한다면 대승이라고 할 수 있다. 바른 법을 수호하는 이는 도검이나 병장기를 들고 법사(法師)를 호위할 것이니라.[18]

우바새는 오계 등을 받지 않고 도검(刀劍) 등을 가지고 살생 등의 죄를 범하여도 이 행위가 법을 지키기 위한 것이라면 그것은 파계가 아니라는 것이다. 불멸 후 오탁악세(五濁惡世)에는 국토는 황란하여 사람들은 기아에 굶주리며 이러한 시대에 발심 출가하는 무리들이 나타나 정법을 호지하는 자마저도 축출하기도 하며 살해하기도 하는 시대였다. 이러할 때 정법을 위해 칼과 작대기를 지니는 것은 파계가 아니라고 밝힌다. 불자의 기본인 오계보다도 오히려 정법을 더욱 중히 여기는 것이다.

> 임금이나 대신이나 장자나 우바새들이 법을 수호하기 위해서는 비록 칼이나 작대기를 가지더라도 그 사람은 계행을 갖는 이라고 말할 수 있다.[19]

즉 정법호지를 위해서는 오계를 받지 않고 위의(威儀)을 닦지 않고 칼이나 작대기를 가지고 지키는 것이 인정된다. 그리고 그것과 반대로 계를 가지고 있음에도 이양(利養)을 위해 파계자와 동거하는 자는 파계잡승이며 우치승이라는 것이다. 자리이타와 호지정법이라는 점에서 계상을 지녀야 함을 밝히고 있다. 정법호지와 자리이타에서 계관(戒觀)에 다소의 탄력성을 지니게 하여 때로 오계를 수지하지 않고도 칼이나 작대기 등을 가진다 할지라도 정법호지를 위해서라면 인정하는 데까지 나가고 있다. 그렇다고 이러한 입장이 계상(戒相)의 수지를 결코 부정하는 것이 아니다. 그러므로 다

---

18) 『大般涅槃經』 권3(T12, 624a).
19) 『大般涅槃經』 권3(T12, 624a-b).

음과 같은 표현이 보인다.

> 보살이 작은 계율까지도 견고하게 수호하려는 마음이 금강과 같으며, 보살마하살이 네 가지 중대한 계율이나 돌길라(突吉羅)마저도 소중하게 여기고 견고하게 생각함이 차별이 없으며…….[20]

이 호지정법의 계율은 「사의품(四依品)」이하에서 구체적으로 나타난다. 정법에 대한 인식이 한 걸음 더 나가고 있다.

> 선남자여! 만일 비구가 계율을 범하고도 교만한 생각으로 덮어두고 참회하지 아니하면 이 사람은 참으로 파계한 것이겠지만, 보살마하살이 법을 보호하기 위하여서 계를 범하는 것은 파계라고 하지 않나니, 왜냐하면 교만한 생각은 없고 드러내어 참회하는 까닭이니라.[21]

계를 범하였다고 하더라도 법을 보호하기 위한 것이라면, 그것은 파계가 아니라는 것이다. 그러므로 계에 대한 인식도 어디까지나 정법의 차원 여부에서 다시 해석되어야 함을 강조한다. 정법의 차원이냐 아니냐에 따라서 그것이 지계(持戒)도 될 수 있으며, 실계(失戒)도 될 수 있음을 명확히 하고 있다. 이러한 계율에 대한 새로운 해석은 『열반경』에서 볼 수 있는 계율에 대한 독자적 해석이라고 할 수 있다. 그러므로 『열반경』에서 보이는 계율은 어디까지나

---

20) 『大般涅槃經』 권11(T12, 674a).
21) 『大般涅槃經』 권6(T12, 641a).

정법차원의 계율관인 것이다.

이상에서와 같이 『열반경』에서는 정법의 건립이 중시된다. 이 양을 위해 홀로 공처(空處)에 앉아서 아라한과 같이 하여 성인이라 생각하는 것은 과인법(過人法)에 떨어져 망어계(妄語戒)에 해당하여 4바라이법(波羅夷法)에 위배된다. 정법의 건립을 위해서 아라한이라 생각하는 것은 대승법을 개현(開顯)하는 것이므로 "너희들 모두 불성(佛性)이 있어 나와 너는 마땅히 여래의 도지에 안주하여 아뇩다라삼먁삼보리를 이루며 무량공덕의 모든 번뇌결(煩惱結)의 다함을 얻는다"[22]라고 설하는 자는 과인법에 떨어진다고 이름하지 않는 것을 설한다. 「장수품」에서 지법(持法)의 비구는 훼법자를 다스려야 하지만, 「사의품」에는 "정법호지를 위한 파계자를 거처(擧處)하지 않으며 또한 호법을 위해서라면 파계함이 있을지라도 그것은 파계라고 하지 않는다"라고 밝히어 정법에 대한 인식이 한 걸음 더 나가고 있다.

다시 8종부정물(八種不淨物)의 수축(受畜)에 대해서도 정법호지를 위해서라면 허용한다.

> 선남자여! 어떤 이가 말하기를 여래가 중생들을 불쌍히 여기어 시기를 잘 아나니, 시기를 잘 알므로 가벼운 것을 무겁게 말하고 무거운 것을 가볍게 말하였다. 여래는 제자들에게 단월(檀越)이 있어 필요한 것들이 공급되어 부족함이 없음을 잘 알고 있다. 붓다는 이러한 사람에게는 노비나 금·은이나 수레나 집이나 밭이

---

22) 40권본『大般涅槃經』권6(T12, 405c); 36권본『大般涅槃經』권7(T12, 646b); 6권본『大般泥洹經』권5(T12, 882c).

나 곡식 따위를 받아 두기도 하고 판매하거나 바꾸는 것을 허락하지 않는다. 그러나 만약 제자들에게 단월로부터 공급이 없어 기근을 당했을 때는 정법을 건립호지하기 위해서라면 나는 제자들에게 노비, 금, 은, 수레나 집이나 밭이나 곡미를 수축하여 필수품을 판매하거나 바꾸는 것을 허락한다.[23]

『열반경』에서는 정법을 위해서라면 부정물 수축마저도 허락한다. 계에 대하여 파격적인 해석을 하고 있다.『열반경』은 계에 대하여 유연한(flexible) 태도를 지닌다.『열반경』에서는 정법호지에 대한 계의 입장은 경전 전반에 걸쳐 일관되어 흐르고 있다. 모든 계에 대한 이해가 정법의 차원에 서 있는가, 아닌가에 달려 있다. 그러므로 설명되는 모든 계의 중심이 정법호지의 계인 것이다. 이를 기반으로 하여『열반경』에서는 다양한 계상이 보이고 있다.

그렇다면『열반경』의 정법호지가 중심이 되는 계는 본래 계의 입장에서 볼 때 과연 타당한가 하는 또 다른 문제가 제기될 수가 있다. 그러나 계라는 의미는 자발성이라는 의미를 지녀 개변의 가능성을 열어 놓고 있으며, 또한 붓다가 '소소계(小小戒)는 버려도 좋다'라는 말씀을 통하여 볼 때도『열반경』의 이러한 주장은 계의 근본적인 입장에서 벗어난 것이 아니다. 여하튼『열반경』의 이러한 계에 대한 해석은 원광에게 큰 영향을 주었음에 틀림없다. 그에게 있어서는 신라가 바로 불국토였으며 따라서 정법이었다. 신라를 보호하기 위해서는『열반경』과 같은 자율적인 계의 해석이 필요하

---

23)『大般涅槃經』권6(T12, 402b).

였을 것이다.

## IV. 나오는 말

원광은 신라에 있어 정치적 사상적 국가적으로 매우 중요한 시기였던 6세기 후반에서 7세기 초반 신라에서 활약하였다. 그의 전기는 자세히 전해지고 있어 당시 신라 초기의 불교사상을 자세히 볼 수 있다.

그의 전기를 통하여 신라라는 시대적 사회적 배경 속에서 그가 어떠한 활동을 하였는가를 가늠하여 볼 수 있다. 여기에서 필자가 문제를 삼은 것은 그가 사회 교화의 이념으로 보여준 세속오계에 대한 문제이다. 이 세속오계는 원광의 중심 사상으로 그를 이해하는 데 있어 핵심 문제이다. 그는 중국에서 조국에 돌아와 세속오계라는 비전을 제시하여 신라 초기 불교를 사회에 확립시켜 그 발전적 토대를 마련하였기 때문이다.

세속오계는 종래 다양한 해석이 있어 왔다. 화랑오계로 해석하기도 하였으며 그에 대한 사상성 추구에 있어서도 유교에서 구하는 입장, 불교에서 구하는 입장, 유교·불교·도교의 삼교 조화에서 구하는 입장 등이 있어 왔다.

그러나 이러한 문제에 앞서 원광이 불교 출가자이며 그리고 그가 세속오계라는 계라는 단어를 사용하였다는 점은 먼저 세속오계가 불교 가운데 이해될 수 있는지를 살펴보아야 한다고 생각한다.

　이러한 이유에서『열반경』과 관련하여 논의를 전개시켜 보았다.『열반경』은 바로 원광이 중국에서 수학하였고 정통한 경전이기 때문이었다.『열반경』에서는 파격이라 할 수 있는 새로운 계의 해석이 보이고 있다. 우바새는 오계 등을 받지 않고 도검 등을 가지고 살생 등의 죄를 범하여도 이 행위가 법을 지키기 위한 것이라면 그것은 파계가 아니라는 설명이 나타난다. 이러한『열반경』의 자율적 계율관은 원광에게 큰 영향을 주었을 것이다. 원광에게 있어서는 신라는 불교를 꽃피울 불국토라고 생각하였는지도 모른다. 따라서 신라를 지키는 것은 바로 정법을 지키는 것이며, 이런 이유로 살생유택과 임전무퇴 등과 같은 세속오계가 창안되었다고 보인다.

이 글은 「圓光의 世俗五戒에 대한 再考」(『불교학보』 40, 동국대학교 불교문화연구원, 2003, 105-124)를 수정·보완한 것이다.

# 참고문헌

### 원전자료

T 『대정신수대장경』
H 『한국불교전서』

Digha Nikāya
Majjhima Nikāya
Saṃyutta Nikāya
Aṅguttara Nikāya
Khuddaka Nikāya
Suttanipāta
Vinaya Piṭaka
Ṛg-veda

『南傳大藏經』
『長阿含經』(T1)
『中阿含經』(T1)
『雜阿含經』(T2)
『別譯雜阿含經』(T2)
『增一阿含經』(T2)

『中本起經』(T4)

『道行般若經』(T8)

『小品般若波羅蜜經』(T8)

『妙法蓮華經』(T9)

『大方廣佛華嚴經』(T9)

『大寶積經』(T11)

『法鏡經』(T12)

『郁迦羅越問菩薩行經』(T12)

『無量壽經』(T12)

『阿彌陀經』(T12)

『大般涅槃經』(T12)

『大方等大集經』(T13)

『大乘入楞伽經』(T16)

『正法念處經』(T17)

『彌沙塞部和醯五分律』(『五分律』)(T22)

『彌沙塞五分戒本』(T22)

『彌沙塞羯磨本』(T22)

『摩訶僧祇律』(T22)

『摩訶僧祇律大比丘尼戒本』(T22)

『四分律』(T22)

『四分僧戒本』(T22)

『十誦律』(T23)

『薩婆多毘尼毘婆沙』(T23)

『根本說一切有部毘奈耶』(T23)

『根本說一切有部苾芻尼毘奈耶』(T23)

『根本說一切有部毘奈耶藥事』(T24)

『根本說一切有部毘奈耶雜事』(T24)

『毘尼母經』(T24)

『梵網經』(T24)

『大智度論』(T25)

『十住毘婆沙論』(T26)

『大毘婆沙論』(T27)

『梵網經菩薩戒本疏』(T40)

『四分律删繁補闕行事鈔』(T40)
『摩訶止觀』(T46)
『釋禪波羅蜜次第法門』(T46)
『觀心論』(T46)
『三國遺事』(T49)
『高僧傳』(T50)
『續高僧傳』T50)
『梵網經菩薩戒本持犯要記』(H1)
『梵網經菩薩戒本私記』(H1)
『菩薩戒本疏』(H2)
『梵網經古迹記』(H3)
『三國遺事』(H6)
『顯正論』(H7)
『禪家龜鑑』(H7)
『修禪結社文科釋』(H10)
『大日本佛敎全書』118
『日本史料』

이능화

    1968,『朝鮮佛敎通史』, 서울: 경희출판사.

N. Tatia ed

    1976, *Prātimokṣasūtram of the Lokottaravādimahāsāṅghika School*, Patna: K. P. Jayaswal Research Institute, (Tibetan Sanskrit Works Series 16).


# 2차자료

김성철

    2003,「출가자의 삶과 재가자의 수행 목표」,『불교와 문화』54, 대한불교진흥원.

中村元

    1991,『思想の自由とジャイナ敎』[決定版] 第10巻, 東京: 春秋社.

    1993,『原始佛敎』, 정태혁 역, 서울: 東文選.

목정배
  2001, 『계율학 개론』, 서울: 장경각.
조준호
  2003, 「초기경전에 나타난 재가자의 위상과 신행생활」, 『불교평론』 14, 불교평론사.
  2008, 「출가와 재가가 나누어진 사상적 이유」, 『불교평론』 35, 불교평론사.
五戒把持運動國際本部
  1995, 『五戒把持』, 서울: 불지사.
이상규
  2004, 『전해오는 부처의 가르침 Ⅶ』, 서울: 해조음.
이자랑
  2002, 「율장에 나타난 不同住(nānāsamvasaka)에 관하여」, 『인도철학』 11(2).
  2003, 「초기불교 교단의 종교의식과 생활」, 『불교평론』 14, 서울, 불교평론사.
  2009, 『나를 일깨우는 계율이야기』, 서울: 불교시대사.
이태원
  2000, 『초기불교 교단생활』, 서울: 운주사.
사사키 시즈카(佐々木閑)
  2007, 『출가, 세속의 번뇌를 놓다』, 원영 역, 서울: 민족사.
사토 미츠오(佐藤密雄)
  1972, 『原始佛敎敎團の硏究』, 東京, 山喜房佛書林.
  1991, 『초기불교교단과 계율』, 김호성 역, 서울, 민족사.
신성현
  1997, 「초기불교교단과 국가와의 관계 -율장을 중심으로-」, 『불교학보』 34.
  2002, 『대승계율연구』, 서울: 해조음.
  2008, 「驅出羯磨에 대한 小考」, 『한국불교학』 51.
히라카와 아키라(平川彰)
  1968, 『初期大乘佛敎の硏究』, 東京: 春秋社.
  1989, 『인도불교의 역사』上, 이호근 역, 서울: 민족사.
  1991, 『原始佛敎とアビダルマ佛敎』, 東京: 春秋社
  1993, 『초기대승불교의 종교생활』, 심법제 역, 서울: 민족사.
  1997, 『佛敎漢梵大辭典』(編), 東京: 靈友會.
  1999, 『大乘佛敎槪說』(공저), 정승석 역, 서울: 김영사.
  2003, 『원시불교의 연구』, 석혜능 역, 서울, 민족사.

2002,『비구계의 연구Ⅰ』, 석혜능 역, 서울: 민족사.
   2003,『원시불교의 연구』, 석혜능 역, 서울: 민족사.
   2010,『비구계의 연구Ⅲ』, 석혜능 역, 서울: 민족사.
와타나베 쇼코(渡邊照宏)
   1983,『經典成立論』, 김무득 역, 서울: 경서원.
아카누마 치젠(赤沼智善)
   1967,『印度佛敎固有名詞辭典』(編), 京都: 法藏館.
   1981,『原始仏敎之硏究』, 京都: 法藏館.
모치즈키 신코(望月信亨)
   1995,『불교경전 성립의 연구』, 김진열 역, 서울: 불교시대사.
미야모토 쇼손(宮本正尊)
   1944,『大乘と小乘』, 東京: 八雲書店
마츠타니 후미오(增谷文雄)
   1984,『佛陀時代』, 목정배 역, 서울: 경서원.
나가이 마코토(長井眞琴)
   1936,『南方所傳佛典の硏究』, 東京: 中文館書店.
윤고암
   1993,『菩薩戒本梵網經』(증의), 보성문화사.
가마타 시게오(鎌田茂雄)
   1996,『중국불교사』, 정순일 역, 서울: 경서원.
   1988,『한국불교사』, 신현숙 역, 서울: 민족사.
불교신문사 편
   1997,『불교경전의 이해』, 서울: 불교시대사.
최기표
   2006,「초기 천태교단의 계율」,『한국불교학』45, 한국불교학회.
黃有福·陳景富
   1995,『한중 불교문화 교류사』, 권오철 역, 서울: 까치.
최원식
   1993,「신라 보살계사상사 연구」, 동국대학교 대학원 박사학위논문.
박호남
   1992,「불교율장의 성립과 대승율의 발달 연구」, 한국정신문화연구원 박사학위논문.

허흥식
　　1991, 「지공의 무생계첩과 무생계경」, 『서지학보』 4, 한국서지학회.
　　1997, 『고려로 옮긴 인도의 등불』, 서울: 一潮閣.
강유문
　　1928, 「내장선원일별」, 『불교』 46·47, 불교사.
동산대종사 문집편찬위원회 편
　　1996, 『東山大宗師文集』, 부산: 범어사.
채인환
　　1986, 「백제불교계율의 전래와 전파」, 『한국불교학』 11, 한국불교학회.
이시다 미즈마로(石田瑞磨)
　　1995, 『일본불교사』, 이영자 역, 서울: 민족사.
타가미 다이슈(田上太秀)
　　1988, 「불교여성관의 바른 이해」, 전한국불교여성회 편, 『불교의 여성론』, 서울: 保林社.
전해주
　　1986, 「比丘尼教團의 成立에 대한 考察」, 『한국불교학』 11, 한국불교학회.
　　1988, 「변성성불론의 비판적 검토」, 전한국불교여성회 편, 『불교의 여성론』, 서울: 保林社.
오노 호도(大野法道)
　　1954, 『大乘戒經の研究』, 東京: 理想社.
이와모토 유타카(岩本裕)
　　1985, 『佛教と女性』, 東京: 第三文明社.
이선근
　　1993, 『花郎道』, 형설출판사.
이기백
　　1994, 『新羅思想史研究』, 서울: 일조각.
이병도
　　1985, 『韓國古代史研究』, 서울: 박영사.
안계현
　　1960, 「新羅人의 世俗五戒와 國家觀」, 『韓國思想』 3, 한국사상연구회.
정병조
　　1990, 「圓光法師」, 불교신문사 편, 『한국불교인물사상사』, 서울: 민족사.

김충렬

    1971,「花郎五戒의 思想背景考」,『亞細亞研究』14(4), 아세아종교연구협의회.

김영태

    발행년 미상,『민족문화와 불교』, 서울: 동국대학교 불교대학.

장휘옥

    1991,『海東高僧傳研究』, 서울: 민족사.

후나야마 도루(船山徹)

    1996,「疑經『梵網經』成立の諸問題」,『佛教史學研究』39-1, 京都: 佛教史學會.

Brewster, E. H

    1996,『고타마 붓다의 생애』, 박태섭 역, 서울: 시공사.

Deepali Bhargava

    1989, *Manu smriti: a sociological analysis*, Jaipur: Rawat Publications.

R. D. Vadekar

    1939, *Pātimokkha*, Bhandarkar Oriental Research Institute.

Uma Chakravarti

    2004,『고대인도사회와 초기불교』, 박제선 역, 서울: 민족사.

Ven. Ñāṇamoli Thera

    1969, *Pātimokkha*, Mahamakutarajavidyalaya.

## 신성현(申星賢)

동국대학교 불교학부 교수.
동국대학교 불교학과를 졸업하고 동 대학원에서 석사, 박사학위를 취득. (사)한국불교학회 부회장, 불교교육연합회 수석부회장, 동국대학교 생사문화산업연구소장, 동국대학교 중앙도서관장, 동국대학교 불교대학(원)장을 역임하였다.
『대승계율연구』등의 저서를 비롯해 계율, 교단사, 불교윤리와 관련한 연구들이 있다.

## 불교공동체와 계율

2025년 10월 20일 초판 1쇄 인쇄
2025년 10월 30일 초판 1쇄 발행

| | |
|---|---|
| 지은이 | 신성현 |
| 펴낸이 | 정창진 |
| 펴낸곳 | 여래 |
| 출판등록 | 제2025-000065호 |
| 주소 | 서울시 마포구 잔다리로 7길 12, 1층 (서교동) |
| 전화번호 | 02-871-0213 / 070-4084-0606 |
| 전송 | 0504-170-3297 |
| ISBN | 979-11-90825-28-3 93200 |
| Email | yoerai@naver.com |
| blog | naver.com / yoerai |

값은 뒤표지에 있습니다.

※ 저자와의 협의에 따라 인지를 생략합니다.
※ 잘못된 책은 구입하신 서점에서 바꿔드립니다.
※ 이 책의 저작권은 저자에게 있습니다. 서면에 의한 저자의 허락 없이 내용의 일부를 인용하거나 발췌하는 것을 금합니다.